Study on "Three Rights Separation" of Rural Homestead based on Amartya Sen's Feasible Ability Theory

基于阿马蒂亚·森可行能力理论的农村宅基地“三权分置”研究

王艳西 著

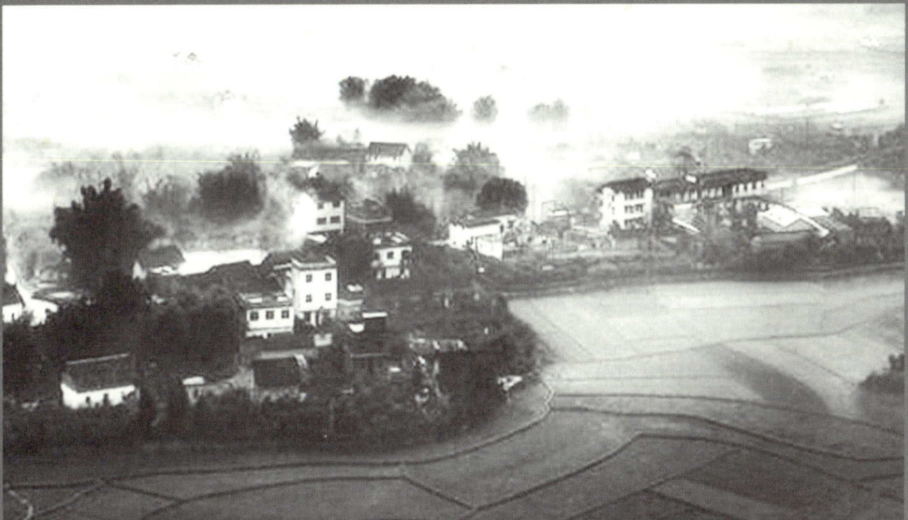

中国财经出版传媒集团
经济科学出版社
Economic Science Press

图书在版编目（CIP）数据

基于阿马蒂亚·森可行能力理论的农村宅基地“三权分置”研究/王艳西著．—北京：经济科学出版社，2021.11

ISBN 978－7－5218－3227－3

Ⅰ.①基…　Ⅱ.①王…　Ⅲ.①农村－住宅建设－土地制度－研究－中国　Ⅳ.①F321.1

中国版本图书馆 CIP 数据核字（2021）第 248352 号

责任编辑：杨　洋　赵　岩
责任校对：齐　杰
责任印制：王世伟

基于阿马蒂亚·森可行能力理论的农村宅基地“三权分置”研究

王艳西　著

经济科学出版社出版、发行　新华书店经销

社址：北京市海淀区阜成路甲 28 号　邮编：100142

总编部电话：010－88191217　发行部电话：010－88191522

网址：www.esp.com.cn

电子邮箱：esp@esp.com.cn

天猫网店：经济科学出版社旗舰店

网址：http://jjkxcbs.tmall.com

北京季蜂印刷有限公司印装

710×1000　16 开　17.5 印张　300000 字

2022 年 3 月第 1 版　2022 年 3 月第 1 次印刷

ISBN 978－7－5218－3227－3　定价：70.00 元

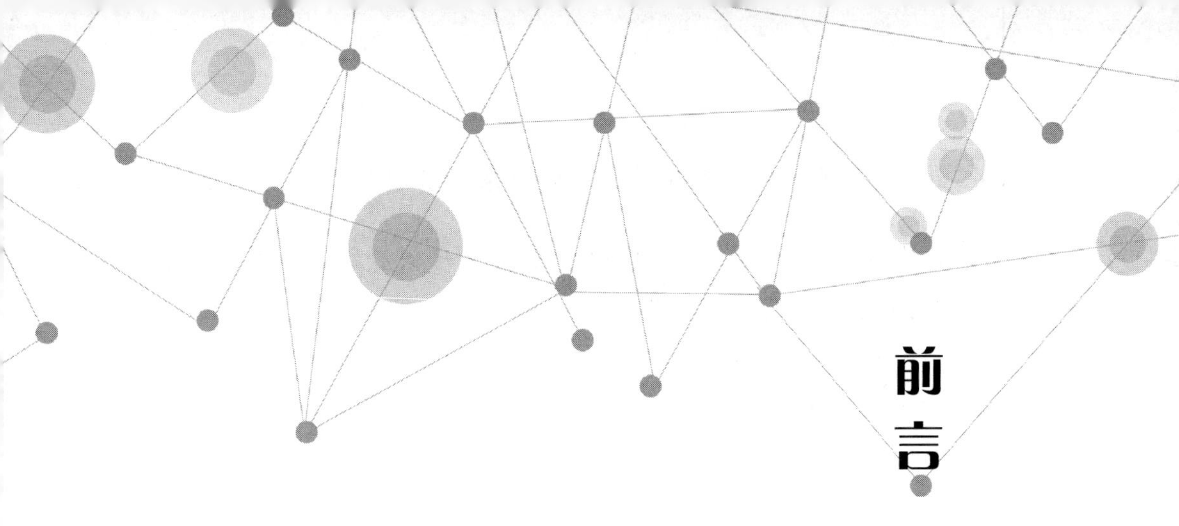

前言

“人民日益增长的美好生活需要和不平衡不充分的发展之间的矛盾”已成为我国社会的主要矛盾。在此背景下，提高农户财产性收入、盘活农村闲置宅基地成为乡村振兴战略的重要内容。为此，中共中央和国务院在2018年中央一号文件《中共中央 国务院关于实施乡村振兴战略的意见》中正式提出要探索“宅基地所有权、资格权、使用权‘三权分置’”，即农村宅基地“三权分置”。但作为一项重大制度创新，农村宅基地“三权分置”改革的系列理论基础问题还尚未得到系统解决。如农村宅基地“三权分置”与乡村振兴的关系为何？农村宅基地“三权分置”改革的理论基础是什么？农村宅基地集体所有权、农户资格权和使用权的权利性质、权利边界及其相互关系是什么？农村宅基地“三权分置”的实现形式及其效果如何？这些问题能否得到系统阐释事关农村宅基地“三权分置”改革及“乡村振兴战略”的成败。

基于此背景，本书以农村宅基地“三权分置”作为研究主题，以阿马蒂亚·森（Amartya Sen）可行能力理论为基础，对农村宅基地“三权分置”进行系统性的探索研究，以期为解决上述问题作出一定的贡献。首先，系统梳理了国内外相关研究文献，在参考借鉴已有研究成果的基础上确立了研究方向和研究重点；其次，通过在阿马蒂亚·森可行能力理论分析框架下阐释乡村振兴背景下“三农”问题的核心在于农户发展这一命题，构建了以“农户可行能力”为核心的农村宅基地“三权分置”理论分析框架；再次，从定量角度对农村宅基地“三权分置”的实际效果进行了实证研究；最后，在本书所构建的农村宅基地“三权分置”理论分析框架下，分别对农村宅基地“三权”分置后集体所有权、农户资格权和使用权的权利性质、权能配置及实现形式等问题展开研究，并提出了相应政策建议。

本书由8章构成，核心内容分为四大部分：第一，农村宅基地“三权分置”改革相关文献的理论综述，即第2章内容；第二，农村宅基地“三权分置”改革的理论分析框架，即第3章内容；第三，农村宅基地“三权分置”改革的制度效果，即第4章内容；第四，农村宅基地集体所有权、农户资格权和使用权的分项研究及其政策建议，即第5章、第6章、第7章的内容。

基本内容及观点如下：

第1章，导论。本部分主要介绍本书的研究背景与意义、研究目的与研究内容、研究方法与技术路线、基本概念界定等，并介绍研究的预期创新及不足。

第2章，文献综述。本部分内容主要是结合本书研究思路对农村宅基地“三权分置”相关研究成果进行了梳理。本章从阿马蒂亚·森可行能力理论的拓展与应用、农民（农户）发展的理论基础与实践、农村宅基地制度及其资源配置以及农村宅基地“三权分置”四个方面对相关国内外文献进行了系统梳理，为确立本书的研究思路提供理论基础。

第3章，构建了基于阿马蒂亚·森可行能力理论的农村宅基地“三权分置”理论分析框架。首先，梳理乡村振兴背景下农户发展所面临的问题，并运用阿马蒂亚·森可行能力理论重新审视了农户发展问题。在此基础上，提出乡村振兴背景下农户发展的核心在于提高农户的可行能力，并进一步提出了农户可行能力的基本内容。其次，分析梳理了现行宅基地制度形成过程及主要内容，并在此基础上分析了现行宅基地制度对农户可行能力的影响。分析表明，现行宅基地制度对农户宅基地使用权的过度限制使得农户无法获得平等的土地财产权，这进一步全面制约了农户可行能力的实现。乡村振兴背景下解决“三农”问题的核心在于全面提高农户可行能力。因此，为促进农户实现其可行能力，必须改革现行宅基地制度，具体而言，就是必须要实行农村宅基地“三权分置”。最后，从集体所有权、农户资格权和使用权三个维度阐释了农村宅基地“三权分置”与实现农户可行能力之间的关系。

第4章，以农户可行能力的实现为核心，运用熵权—模糊综合评价法对西部地区L县农村宅基地“三权分置”后农户福利水平进行实证评价。首先，在借鉴已有研究成果基础上，构建了以农户可行能力为核心的农户福利水平评价指标体系；其次，运用随机抽样问卷调查方法对L县典型村庄农村宅基地“三权分置”后农户可行能力实现情况进行了调查；再次，运用熵权—模糊综合评价法对上述典型村庄农户福利水平进行了实证评价；最后，进一步讨论了农户福利评价相关问题及本章实证评价结果的政策含义。结果表明，农户在参与农村宅基地“三权分置”后整体而言福利水平得到改善。

第5章，分析了农村宅基地集体所有权的实现路径。首先，从农民集体的属性、组织形式、职能分工等方面分析了农村宅基地集体所有权主体构建问题；其次，从保障农户可行能力实现角度出发，在阐述集体所有权属性基础上按照“存量”+“增量”的思路探讨了集体所有权的权能配置问题；最后，在上述分析基础上提出了农村宅基地集体所有权的具体实现形式。

第6章，分析了农村宅基地农户资格权的实现路径。首先，从人役权视角考察了农户资格权的性质；其次，从农户资格权权利性质出发，结合农村宅基地利用的实际情况探讨了农户资格权的权能配置问题；最后，从保障农户资格权实现角度出发提出了相应制度建议。

第7章，分析了农村宅基地之使用权的实现路径。首先，系统梳理归纳了农村宅基地使用权流转面临的困境；其次，从农村宅基地“三权分置”后宅基地之使用权的性质出发对上述困境进行了重新审视；最后，在上述基础上构建了农村宅基地之使用权的流转制度。

第8章，结论与展望。本部分总结了全书的研究结论，并简要探讨了本选题需进一步研究的方向。

本书可能的创新之处：

第一，构建了农村宅基地“三权分置”的理论分析框架。本书以阿马蒂亚·森可行能力理论为基础，并结合中国乡村振兴背景下农户发展的实践，初步构建了以农户可行能力为核心的农村宅基地“三权分置”理论分析框架。这一理论分析框架有助于从理论上对农村宅基地“三权分置”改革进行阐释。

第二，实证评价了农村宅基地“三权分置”后的农户福利水平。本书以阿马蒂亚·森可行能力理论为基础，以农户可行能力实现为核心，构建了包括居住条件与环境、家庭经济、市场机会等7个方面功能性活动在内的农户福利水平评价指标体系；并以西部地区L县典型村庄为研究对象，运用熵权—模糊综合评价法对农村宅基地“三权分置”后农户福利水平进行了评价。本书提出的评价思路有助于为农村宅基地“三权分置”改革效果评估提供借鉴。

第三，系统分析了农村宅基地集体所有权的实现路径。本书认为集体所有权应为一种“物权”并提出集体所有权主体应为依法成立、具有独立法人地位的集体经济组织，在此基础上探讨了集体所有权的实现形式。

第四，系统分析了宅基地农户资格权的实现路径。本书提出农户资格权是一种特殊的人役权，具体权能包括宅基地分配请求权、宅基地监督管理权等，并进一步从取得机制等方面构建了农户资格权的实现机制。

第五，系统分析了宅基地之使用权的实现路径。本书提出农村宅基地

“三权分置”后的使用权在权利性质上应为地上权。在此基础上，本书提出农户使用权直接流转、“共建共享”式的宅基地原址开发、集体建设用地增减挂钩下的宅基地异地规模开发、使用权转性为集体经营性建设用地、使用权从而入市交易等方式以实现宅基地之使用权。

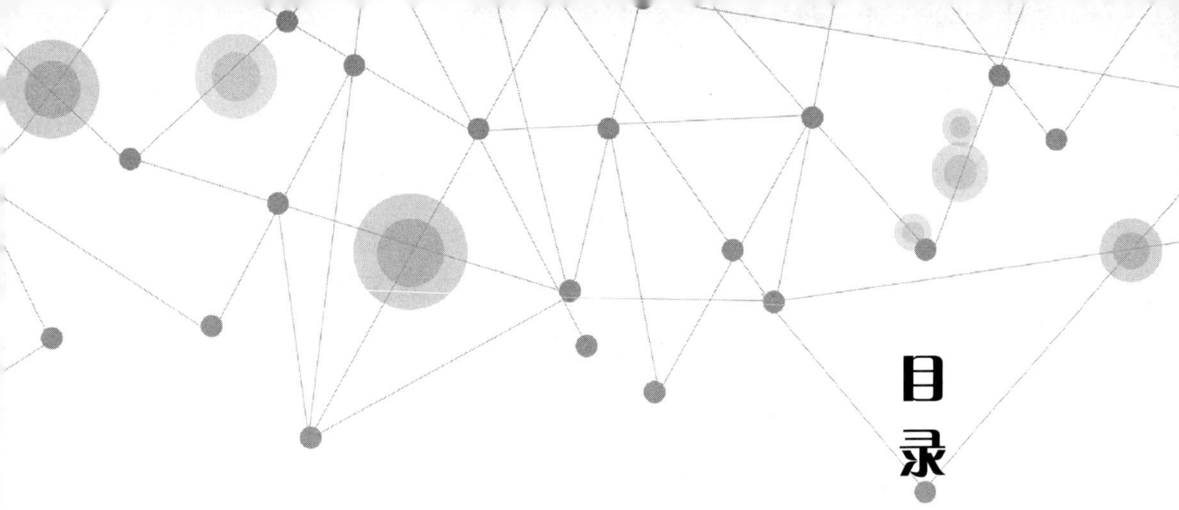

目录

第1章 导　论

1.1　研究背景与意义

1.1.1　研究背景

1.“乡村振兴战略”的实施要求推动农村宅基地产权制度改革

新时代我国社会的主要矛盾由“人民日益增长的物质文化需求与落后的生产力之间的矛盾”转化为“人民日益增长的美好生活需要和不平衡不充分的发展之间的矛盾”。① 长期以来，城乡发展不平衡是我国经济的突出特征，因此也就成为进一步深化经济体制改革需要予以解决的重大问题。为此，习近平总书记在中国共产党第十九次全国代表大会工作报告

① 习近平．决胜全面建成小康社会夺取新时代中国特色社会主义伟大胜利——在中国共产党第十九次全国代表大会上的报告［EB/OL］. 2017－10－27.

（以下简称“报告”）中指出，要“实施乡村振兴战略”，并将农村土地制度改革作为实施“乡村振兴战略”的重要内容。报告指出：“农业农村农民问题是关系国计民生的根本性问题，必须始终把解决好‘三农’问题作为全党工作重中之重。要坚持农业农村优先发展，按照产业兴旺、生态宜居、乡风文明、治理有效、生活富裕的总要求，建立健全城乡融合发展体制机制和政策体系，加快推进农业农村现代化。”① 农村宅基地作为农村最主要的集体建设用地类型，是乡村振兴不可或缺的生产要素。盘活农村宅基地资源是实现农村“产业兴旺”“生态宜居”“生活富裕”的内在要求，也有助于实现“乡风文明”和“治理有效”。但在现阶段农村宅基地产权制度下，农村宅基地生产要素功能难以有效实现。为加快推进乡村振兴战略的实施，亟须改革农村宅基地产权制度。这是本书将“农村宅基地‘三权分置’”作为研究指向的重要制度背景。

2. 提高农户* 财产性收入要求从理论层面明晰农村宅基地的资产属性

中国共产党历来重视解决“三农”问题，截至 2022 年中共中央从改

---

① 决胜全面建成小康社会夺取新时代中国特色社会主义伟大胜利——在中国共产党第十九次全国代表大会上的报告［EB/OL］. 新华网，2017－10－27.

* 中央相关文件和法律中关于“三农”等相关问题的表述一般都采用“农民”的称谓。“农民”一词最早出自《谷梁传·成公元年》：“古者有四民。有士民，有农民，有工民，有商民。”“农民”一般指长期从事农业生产的人。在现行用法中，“农民”一般有三种用法：一是作为一种职业或身份，长期从事农业生产的人；二是统指农民总体；三是具指农民个体。而“农户”则侧重于强调由农村集体经济组织成员构成的、居住于农村或从事农业的“家庭”。结合本书的研究对象——农村宅基地“三权分置”，我们认为采用“农户”这一概念更加合适：一是“农村宅基地‘三权分置’”的官方表述采用的是“农户资格权”而不是“农民资格权”；二是按照现行法律规定，农村宅基地的管理和使用都是以“户”为单位，而不是以“农民”个人为单位；三是乡村振兴背景下，宅基地的产权人或者实际使用人已不局限为从事农业，因此，以“农民”作为宅基地产权主体已不准确；四是从农村经济社会现实来看，“家庭经济”特征仍很明显，尤其是“农民”个人宅基地相关权利比如收益权、处置权等的实现都建立在“家庭”的基础上。基于此，我们认为相对于“农民”，以“家庭”或者“户”作为基本单位研究农村宅基地“三权分置”更加合适。

革开放以来已经连续发布第19个以“三农”为主题的中央一号文件。党的十八届三中全会重申：“赋予农民更多财产权利……赋予农民对集体资产股份占有、收益、有偿退出及抵押、担保、继承权。”党的十九大强调要“拓宽居民劳动收入和财产性收入渠道”。但是，从国家统计局公布的数据来看，我国农村居民人均财产性收入占全部收入的比例仍十分低，2018年农村居民家庭人均财产性净收入为342.10元，占当年人均纯收入14617.00元的2.34%。[①] 目前，农户最为重要的财产就是土地尤其是宅基地。但宅基地等的财产权性质在相关法律法规中被制约，这是对农户财产性收入的剥夺。所以，党中央的文件多次提出，必须从制度上进行改革，“赋予农民更多的财产权利”。提高农户财产性收入的最主要途径之一就是实现宅基地使用权的财产权性质，这就要求按照市场机制重塑农村宅基地产权，明确宅基地使用权的资产属性。但这一改革路径所面临的根本性问题就是集体所有制与市场化之间的兼容问题。这就需要在理论上解决以下问题。在提高农户财产性收入的同时农村土地集体所有权如何得到行使及其经济实现方式为何？如何从理论上基于市场化视角重新界定宅基地使用权和集体所有权之间的权利界限和相互关系？宅基地使用权的保障功能和经济功能的关系如何以及如何通过产权重塑实现二者的平衡？如何协调农民集体、农户和新型经营主体之间的关系并建立合理的收益分配机制？“无偿、无限期”取得的宅基地使用权如何转化为符合市场机制要求的独立产权？宅基地使用权的福利性质和保障性质在市场化条件下如何体现？集体建设用地与宅基地之间转化途径为何？集体产权制度应如何设计才能在发挥集体优势的同时保障农户个体权利？等等。学术界针对上述问题进行了大量研究，但尚未取得较为一致的观点。对这些理论问题的研究和解答是实现农村宅基地财产属性的前提。这些问题若不能在理论上得到阐明，那么农村土地产权制度改革将是“无本之木”，难以达到保障农户获

① 资料来源：《中国统计年鉴（2019）》。

得财产性收入的制度改革目标，“乡村振兴”更无从谈起。农村宅基地“三权分置”是在兼顾宅基地保障功能基础上实现宅基地生产要素功能的伟大制度创新。但目前学界对该制度创新的研究还不够系统和深入，对一些事关改革成败的重大问题还未研究透彻。因此，亟须学界对农村宅基地“三权分置”进行广泛而深入的研究。这是本书将“农村宅基地‘三权分置’”作为研究指向的重要理论背景。

3. 农村剩余劳动力大量进城务工，盘活农村闲置宅基地成为当务之急

随着我国工业化和城镇化进程加快，国民经济高速增长，农民进城务工获得的经济收入大大超过务农收入。随着农民对城镇特别是我国东部沿海一带城镇务工的超高工资率预期，全国富余劳动力涌向了沿海一带的大中城市。2018 年全年农民工总量 28836 万人，约占农村 15 ~64 岁人口的 70%，本地农民工 11570 万人，占农民总量的比例为 40. 12%，外出农民工 17266 万人，占农民总量的比例为 59. 88%。[①] 随着大量农村剩余劳动力进城，农村宅基地闲置问题日益突出。据中国社会科学院农村发展研究所课题组 2019 年 1 ~2 月对 140 个村庄宅基地闲置状况的调查，样本村庄宅基地闲置率平均为 10. 7%，样本村庄中宅基地闲置率最高的达到 71. 5%，约 40% 的村庄宅基地闲置率在 10% 以上。[②] 在此背景下，盘活闲置宅基地就成为优化农村土地资源配置的迫切要求。尽管我国农村自 20 世纪 80 年代就在探索土地资本化的途径，特别是进入 21 世纪以来，农村土地流转已经成为获得土地收益的一个重要途径。实践中，农用地流转相关制度设计已日趋成熟，但农村宅基地流转尚处于试点探索过程中，顶层制度设计未取得突破性进展。究其根本原因，宅基地的福利性和保障性特征

---

① 资料来源：《中华人民共和国 2018 年国民经济和社会发展统计公报》。

② 魏后凯等. 中国农村经济形势分析与预测（2018 ~2019）［M］. 北京：社会科学文献出版社，2019（4）：228 -248.

以及制度供给的滞后使得闲置的宅基地难以重新利用或者退出。因此，为这些闲置和低效利用的宅基地“寻找出路”就成为迫切需要解决的现实问题。在大量农村剩余劳动力进城务工的背景下，要通过农村宅基地产权制度改革盘活农村宅基地，优化农村土地利用结构，以建设成“产业兴旺、生态宜居、乡风文明、治理有效、生活富裕”的新农村。这是本书将“农村宅基地‘三权分置’”作为研究指向的重要实践背景。

4. 农村宅基地“三权分置”改革迫切需要推进理论与政策研究

2015 年 1 月，中共中央办公厅和国务院办公厅联合印发《关于农村土地征收、集体经营性建设用地入市、宅基地制度改革试点工作的意见》，标志着我国改革完善农村宅基地制度进入试点阶段。2017 年党的十九大明确要求“深化农村集体产权制度改革，保障农民财产权益，壮大集体经济”。2018 年 1 月 15 日，国土资源部部长姜大明在全国国土资源工作会议上表示，要完善农民闲置宅基地和闲置农房政策，探索宅基地所有权、资格权、使用权“三权分置”。2018 年中央一号文件《中共中央 国务院关于实施乡村振兴战略的意见》正式提出要探索农村宅基地“三权分置”。十三届全国人大一次会议重申要“探索宅基地所有权、资格权、使用权分置改革”。因此，毫无疑问，农村宅基地“三权分置”改革已成为国家推动农村宅基地制度改革的重大制度创新。但农村宅基地“三权”性质、权利边界、实现方式等基础理论问题尚未得到解决。也正是由于这一原因，尽管中央做出了开展农村宅基地“三权分置”改革的决策，但并未给出比较具体的改革方案。而是将较大的自由裁量权赋予了宅基地制度改革试点地区。但无论如何，必须尽快明晰农村宅基地“三权分置”改革相关理论基础并出台国家层面的改革方案。只有如此，地方探索才有章可循、有法可依。

1.1.2 研究意义

1. 农村宅基地“三权分置”研究有利于完善土地经济学、农村土地产权理论等，丰富中国特色社会主义政治经济学理论基础

土地的社会主义公有制是中国特色社会主义政治经济学的核心内容。新时代构建中国特色社会主义政治经济学必须将进一步完善土地社会主义公有制作为基础内容。现行农村集体所有权和宅基地使用权“二权分离”的制度对于我国改革开放四十多年来的快速发展做出了重大贡献。但随着社会主义市场经济纵深发展，“二权分离”的宅基地土地制度已滞后于农村土地利用的现实。因此，需要结合改革实践，进一步创新和完善农村宅基地制度：农村宅基地“三权分置”突破了现行集体所有权和宅基地使用权“二权分离”的产权格局，构造起新时代兼顾公平与效率的农村宅基地产权新格局，是对农村土地产权理论的重大创新；农村宅基地“三权分置”研究在充分尊重经济规律和市场经济逻辑的前提下，针对我国农村土地制度改革和实践中遇到的问题，从制度创新的层面予以合理的解释并提出对策建议，无疑也是对农村土地利用及制度等方面的土地经济学经典理论如地租理论、集体所有制理论、用途管制理论、区域经济理论等的进一步发展。因此，农村宅基地“三权分置”研究有利于完善土地经济学、农村土地产权理论等，丰富中国特色社会主义政治经济学理论基础。

2. 农村宅基地“三权分置”研究有利于进一步推动乡村振兴与农业转移人口市民化

城乡二元结构背景下促进乡村振兴和农业转移人口市民化成为我国社会发展尤其是农村发展迫切需要解决的问题。现阶段农村发展面临的核心问题是城乡发展的不平衡不充分：（1）相当部分乡村劳动人口处于不稳定的就业状态，突出表现为数量庞大的农民工群体在城镇与乡村之间、农业与非农产业之间“候鸟式”的就业状态；（2）城乡居民之间过大的收入差距，2018年城镇居民和农村居民人均可支配收入比和人均支出比分别为2.69和2.15；[①]（3）现代化背景下农村农户居住环境亟须改善，如2018年农村燃气普及率仅为22.52%，对生活污水集中处理行政村比例为20%，农村宽带接入用户比例仅为27.9%；[②]（4）城乡基本公共服务均等化“任重而道远”，如2018年城市与农村每千人口医疗卫生机构床位数之比为1.91，每千农村人口乡镇卫生院床位数更只有1.43；[③]（5）城乡二元社会保障制度下，农村社会保障还存在保障范围窄、保障水平低等问题；[④]（6）城乡二元分割的户籍制度和土地制度既阻碍农业转移人口向城镇转移又降低了农业转移人口对“市民化”成本的分担能力从而抑制了农业转移人口市民化过程。作为农户拥有的最为主要的财产和生产要素，宅基地资产功能无法实现是造成城乡发展不平衡不充分的重要原因之一。现行宅基地制度对农村宅基地资产功能的限制导致农村宅基地无法在市场规律作用下自由流转以及用于最佳用途。这就限制了农村宅基地这一闲置的巨大资源和资产对拉动农村经济发展、促进农户增收以及农业转移人口市民化等的作用。农村宅基地“三权分置”改革对于盘活闲置低效利用的农村宅基地、促进农户财产性收入增加和稳定就业以及加快农业转移人口“市民化”等具有重要意义。

---

① 资料来源：《中华人民共和国2018年国民经济和社会发展统计公报》。

② 国家统计局社会科技和文化产业统计司．中国社会统计年鉴［M］．北京：中国统计出版社，2019（12）：253－338.

③ 资料来源：《中国统计年鉴（2019）》。

④ 秦继伟．农村社会保障的多重困境与优化治理［J］．甘肃社会科学，2018（3）：16－22.

3. 农村宅基地“三权分置”研究是对中央农村宅基地制度改革顶层设计的细化与落实

2018 年中央一号文件《中共中央国务院关于实施乡村振兴战略的意见》提出：“完善农民闲置宅基地和闲置农房政策，探索宅基地所有权、资格权、使用权‘三权分置’，落实宅基地集体所有权，保障农户资格权和农民房屋财产权，适度放活宅基地和农民房屋使用权”。[①] 党的十三届全国人大一次会议重申要“探索宅基地所有权、资格权、使用权分置改革”。自此，农村宅基地“三权分置”成为农村宅基地制度改革的方向。各试点地区先行先试，探索出诸多有益实践。但从中央到各地方对农村宅基地“三权分置”的目标、路径等仍存在众多分歧。农村宅基地“三权分置”研究在系统研究农村宅基地“三权分置”相关理论基础之上，还将集体所有权的权利内容、农户资格权的权利性质和权利内容以及使用权的权利性质和权利内容等作为重要的研究内容。在明确农村集体所有权、农户资格权和使用权的权利内容基础上，还需构建农村集体所有权、农户资格权和使用权的具体实现形式。因此，农村宅基地“三权分置”研究是对中央农村宅基地制度改革顶层设计的细化与落实，具有重要的政策意义。

1.2 研究目的与内容

1.2.1 研究目的

本书的总体目的在于以农村宅基地“三权分置”的实现为核心，立

① 中央人民政府．中共中央国务院关于实施乡村振兴战略的意见［DB/OL］. 2012 - 3 - 5.

足于提高农户可行能力促进农户发展，系统研究农村宅基地“三权”的功能和内在联系，为优化和创新农村宅基地“三权分置”制度改革提供理论支撑和决策参考。本书的具体研究目标如下：

第一，从促进农户长远发展出发，基于阿马蒂亚·森可行能力理论构建农村宅基地“三权分置”的理论分析框架，从经济学视角为农村宅基地“三权分置”改革提供理论解释。

第二，基于理论分析框架，以西部地区L县为研究对象，考察农村宅基地“三权分置”改革在实现农户可行能力方面的效果。

第三，基于理论分析框架和西部地区L县农村宅基地“三权分置”改革的实践，对集体所有权、农户资格权和使用权权利性质、权利内容等问题进行研究并提出具有政策意义和实践意义的农村宅基地“三权分置”实现形式。

1.2.2 研究内容

全书在总体结构上可分为开篇、理论分析、实证研究、制度建议和结语五个部分，共计8章（见表1－1）。具体来说，第1章和第2章是本书的开篇部分，是整个研究的基础和起点。第3章是本书的理论分析部分，是整个研究的关键环节，构成本书的理论基础。第4章是本书的实证研究部分，将从定量角度回答农村宅基地“三权分置”制度对农户可行能力的实际影响。第5章、第6章和第7章是本书的制度建议部分，将分别对集体所有权、农户资格权和使用权实现的相关问题进行研究。第8章是本书的结语部分，该部分将整合全书的研究结论，提出本书的研究结论以及后续研究方向。

作为本书的第一部分，第1章和第2章的目的在于阐明本书的研究背景和研究意义，梳理和总结前人的研究成果和经验。第1章主要阐述本书的研究背景与意义、研究目的与研究内容、研究方法与技术路线、基本概念界定等，并介绍研究的预期创新及不足。力图通过本章内容使读者能够对本书有一个整体性的把握。

表1-1 本书章节安排

章节	研究主题
第1章	导论
第2章	文献综述
第3章	农村宅基地“三权分置”：基于阿马蒂亚·森可行能力理论的分析框架
第4章	农村宅基地“三权分置”后农户福利评价：基于西部地区L县的调查数据
第5章	集体所有权：主体构建、权能配置与实现形式
第6章	农户资格权：权属定位、权能配置与制度供给
第7章	使用权：流转困境、理论审视与制度建构
第8章	结论与展望

宅基地问题是“三农”问题的重要内容之一，一直以来广受学界关注。尽管农村宅基地“三权分置”这一制度改革是2018年才正式提出，但学界已对此开展了不少相关研究工作并取得了不少有益成果。基于此，本书通过文献综述的方式总结梳理了与本书直接相关的国内外相关文献，把握农村宅基地相关研究的进展情况，以为本书后续研究奠定理论基础及指明研究方向。具体来说，本书从阿马蒂亚·森可行能力理论、农民发展、农村宅基地以及农村宅基地“三权分置”等方面对相关文献进行了梳理。在此基础上，本书提出农村宅基地“三权分置”研究应该强化的方面，从而明确本书要解决的问题。

作为本书的第二部分，第3章的主要任务是从理论上阐释农村宅基地“三权分置”制度的合理性，解决“为什么要实施农村宅基地‘三权分置’”的问题并提出本书的分析框架。从逻辑结构上来讲，目的在于实现本书第一个研究目的。本章从阿马蒂亚·森可行能力理论和乡村振兴背景下农户发展相结合的角度提出了农户可行能力的概念并具体阐述了农户可行能力包含的具体内容。进一步，本章将分析现行宅基地制度下农户上述可行能力的实现问题，重点阐述现行宅基地制度对农户可行能力的制约。最后分析农户可行能力与农村宅基地“三权分置”之间的关系。

实践是检验真理的唯一标准。作为本书的第三部分，第 4 章的主要任务在于分析农村宅基地“三权分置”改革对农户可行能力的实际影响。从逻辑结构上来讲，目的在于实现本书第二个研究目的。以西部地区 L 县为例，通过定量评价方式对农村宅基地“三权分置”后农户的福利水平进行评价。首先以阿马蒂亚·森可行能力理论为框架构建了农户福利水平评价指标体系，然后运用熵权—模糊综合评价法对选取的样本区域农户福利水平进行了定量评价。

作为本书的第四部分，第 5 章、第 6 章和第 7 章的主要任务是对集体所有权、农户资格权和使用权权利性质、权利内容和实现形式等进行研究，以期实现“理论服务于实践”的研究初衷。从逻辑结构上来讲，本部分目的在于实现本书第三个研究目的。第 5 章主要从宅基地集体所有权主体的构建、集体所有权权能配置和集体所有权实现形式三个层次探讨应如何“落实宅基地集体所有权”的问题。首先，从理论和实践双重视角分析提出农村集体所有权主体应为依法成立、具有独立法人地位的农村集体经济组织，并应厘清其与村民委员会、村党支部等的关系。其次，从农村集体经济组织应更好履行其经济功能出发，阐述了农村集体所有权应包含的具体权能。最后，在阿马蒂亚·森可行能力理论框架下提出农村集体所有权的实现形式。

农户资格权作为新创设的权利类型，明确其权利性质、权能内容及实现形式对于农村宅基地“三权分置”制度改革具有重要意义。第 6 章的主要任务就是在分析农户资格权权利性质基础上提出其应包含的权利内容并进行相关制度设计。首先，本章以人役权理论为视角分析考察现行宅基地制度，提出农村宅基地“三权分置”后的农户资格权应为一种特殊的人役权。其次，在承认农户资格权为人役权基础上，从保障农户可行能力出发提出农户资格权应包含的具体权能。最后，从取得机制、有偿使用机制等方面对“保障农户资格权”的制度供给问题进行了探讨。

“放活宅基地使用权”是此次农村宅基地“三权分置”改革的重点内容。第7章的主要任务就是针对如何“放活宅基地使用权”提出对策建议。首先，本章从宅基地使用权流转的实践出发，指出了使用权流转面临的主要困境。其次，从理论层面对使用权流转困境进行了分析。最后，从使用权流转原则、总体思路以及具体流转方式等方面提出了相应建议。

作为本书的最后一部分，第8章是全书的总结和对未来研究方向的展望。

1.3 研究方法与技术路线

1.3.1 研究方法

1. 以阿马蒂亚·森可行能力理论为基础的经济学分析方法

阿马蒂亚·森可行能力理论以人们享有的自由作为发展的核心内容，并以功能性活动来测度人们的福利水平。阿马蒂亚·森可行能力理论是本书的理论基础。本书将农村宅基地“三权分置”纳入农户可行能力的分析框架进行研究。本书第3章从阿马蒂亚·森可行能力理论和乡村振兴背景下农户发展相结合的角度出发提出了农户可行能力的概念并具体阐述了农户可行能力的三个层次："生存能力""财产权利""发展能力"。进一步分析现行宅基地制度下农户上述可行能力的实现问题，重点阐述现行宅基地制度对农户可行能力的制约。最后分析农户可行能力与农村宅基地"三权分置"之间的关系："生存能力"——农户资格权；"财产权利"——使用权；"发展能力"——集体所有权。除此之外，本书第4章也是基于该理论，以农户应享有的"生存能力""财产权利""发展能力"三层次可行能力和7个方面功能性活动为核心构建了农户福利评价指标体系并实证评价了农村宅基地"三权分置"后农户的福利水平。本书第5章、第6章和第7章则从提高农户"发展能力""生存能力""财产权利"角度分别研究探讨了集体所有权、农户资格权和使用权经济实现方式的相关问题。

2. 熵权—模糊综合评价的定量分析方法

本书在第三部分基于农户可行能力构建了农户福利评价指标体系以对农村宅基地"三权分置"后农户福利水平进行评价。在构建农户福利评价指标体系后，指标体系权重系数的确定及评价方法的选择就成为需要解决的两个重要问题。为尽可能避免主观赋权方法造成的权重系数不确定性和过于主观等问题，本书采用了客观赋权法中的熵权法，根据样本数据变异性获得唯一的权重系数向量。"农户福利"以及众多评价指标概念自身具有的模糊性限制了评价方法的选择范围。基于此，本书采用模糊综合评价法作为"加总"各评价指标观测值以得到农户总体福利水平值的方法。

1.3.2 技术路线

本书的技术路线如图1-1所示。

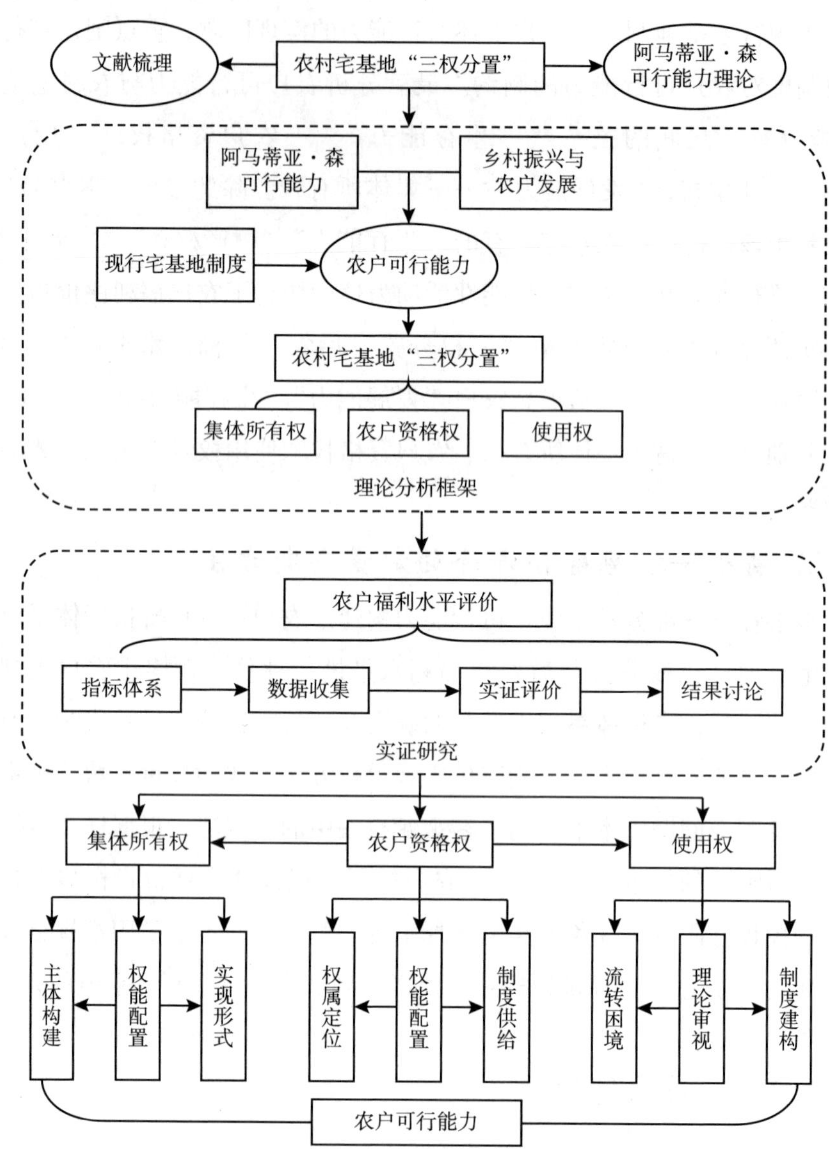
文献梳理
农村宅基地“三权分置”
阿马蒂亚·森
可行能力理论
阿马蒂亚·森
可行能力
乡村振兴与
农户发展
现行宅基地制度
农户可行能力
农村宅基地“三权分置”
集体所有权
农户资格权
使用权
理论分析框架
农户福利水平评价
指标体系
数据收集
实证评价
结果讨论
实证研究
集体所有权
农户资格权
使用权
主体构建
权能配置
实现形式
权属定位
权能配置
制度供给
流转困境
理论审视
制度建构
农户可行能力

图1-1 本书的技术路线

1.4 基本概念界定

1.4.1 宅基地

单纯从字面来看，“宅基地”指所有用于建造房屋及相应附属设施以供人们居住和生活使用的地块。但从我国法律体系和土地管理实践来看，“宅基地”一词具有独特的含义。一般而言，宅基地是指集体所有土地上农村居民的住宅用地。“宅基地”法律术语首次出现在1962年颁布的《农村人民公社工作条例（修正草案）》,[①] 意指归生产队所有但由社员修建房屋所占的土地。此后，“宅基地”一词在我国农村土地制度中占据着重要的位置，不断出现在各种政策文件及法律法规中如《中华人民共和国土地管理法》（以下简称《土地管理法》）[②] 等。但一直未有专门的法律法规或文件对“宅基地”进行专门解读。2007年颁布的《中华人民共和国物权法》（以下简称《物权法》）正式确认宅基地使用权的用益物权地位。《物权法》第一百五十二条规定：“宅基地使用权人依法对集体所有的土地享有占有和使用的权利，有权依法利用该土地建造住宅及其附属设施。”基于此，我们认为：宅基地是农民集体成员为建造住宅及其附属设施依法向集体申请无偿分配的集体所有土地，包括有建筑物的宅基地和没有建筑物的空白宅基地。从实践中宅基地的具体形态来看，“宅基地”不

---

① 《农村人民公社工作条例（修正草案）》（1962）第四章第二十一条规定：“生产队范围内的土地，都归生产队所有。生产队所有的土地，包括社员的自留地、自留山、宅基地等，一律不准出租和买卖。”

② 《土地管理法》（2019）第九条规定：“农村和城市郊区的土地，除由法律规定属于国家所有的以外，属于农民集体所有；宅基地和自留地、自留山，属于农民集体所有。”

仅是农户的住宅用地，还包括了农户部分生产和生活所必需的各种辅助设施用地（院坝以及林盘等）。

我国农村宅基地制度语境下的宅基地具有如下特征。(1) 宅基地的获得受到身份限制。一般而言，只有具有农村集体经济组织成员身份的农户才可以向所在的农村集体经济组织申请按照规定分配一定面积的宅基地。(2) 农户获得的宅基地使用权是无偿无限期的用益物权。作为宅基地使用权人的农户对宅基地享有占有、使用的权利，有权在宅基地上建设房屋和附属物。(3) 每户村民向农村集体经济组织只能申请一处宅基地。① 这里的“户”主要是指户籍管理户口簿中记载的同一家庭“户”。(4) 宅基地的取得需要履行法律规定的程序。② (5) 宅基地使用权具有单独不可流转性。在我国宅基地使用权单独是不具有流通性的，不能买卖，也不能用于抵押等。但可按照“地随房走”原则连同建于其上的房屋一同流转。

1.4.2 农村宅基地“三权分置”

农村宅基地“三权分置”作为当前阶段我国农村宅基地制度改革的前沿热点，于2018年初首次正式提出。原国土资源部部长姜大明于2018年全国国土资源工作会议上首次提出要探索试点农村宅基地“三权分置”。随后，2018年2月4日发布的2018年中央一号文件《中共中央国务院关于实施乡村振兴战略的意见》正式提出要“探索宅基地所有权、资格权、使用权‘三权分置’，落实集体所有权，保障农户资格权和农民房屋财产权，适度放活宅基地和农民房屋使用权，不得违规违法买卖宅基

---

① 《土地管理法》(2019) 第六十二条规定：“农村村民一户只能拥有一处宅基地，其宅基地的面积不得超过省、自治区、直辖市规定的标准。”

② 按照《土地管理法》(2019) 等相关法律规定：农村村民建住宅，由本人提出用地申请，经村民会议或农村集体经济组织全体成员讨论同意后，在本集体经济组织或村民小组张榜公布，公布期满无异议的，报乡（镇）人民政府审查批准。

地，严格实行土地用途管制，严格禁止下乡利用农村宅基地建设别墅大院和私人会馆。”① 从上述内容来看，农村宅基地“三权分置”指的是将农村集体所有权、农户资格权和使用权“三权分置”。从现有政策文件来看，农村宅基地“三权分置”主要针对闲置宅基地和闲置农房，同时对具体使用权“放活方式”也有严格限制，主要表现为必须符合用途管制、不得利用农村宅基地建设别墅大院和私人会馆、不得利用农村宅基地开展商品住宅开发以及城镇居民不得购置农村宅基地等方面。从农村宅基地利用实践来看，尽管有部分宅基地是长期处于闲置状态因而需要加以盘活，但更多的宅基地是处于低效利用状态的。因此，从政策的普适性来看，我们认为应将农村宅基地“三权分置”的范围从闲置宅基地和闲置农房拓展为包括闲置宅基地、低效利用宅基地等在内的农户依法取得的宅基地。基于此，我们认为农村宅基地“三权分置”是指：为盘活农户依法取得的闲置和低效利用宅基地（包括房屋），按照集体所有权、农户资格权和使用权“三权分置”——农民集体享有集体所有权、农户享有农户资格权、宅基地实际开发或经营使用者享有使用权——的基本思路，在符合规划和用途管制前提下采取多种形式、多种用途开发利用宅基地。

农村宅基地“三权分置”是对现行农村集体所有权、农户宅基地使用权“二权分离”产权结构的创新与突破。在农村集体所有权、农户宅基地使用权“二权分离”的产权结构下，集体所有权逐渐“虚化”，农村集体经济组织作为集体所有权主体的地位得不到体现；农户宅基地使用权独特的身份属性使得市场机制在宅基地资源配置中无法发挥作用。农村集体所有权、农户宅基地使用权“二权分离”的产权结构对集体经济发展、农户增收、宅基地优化配置等形成制约，进而阻碍乡村振兴的实现。而农村宅基地“三权分置”改革目的就在于突破现行“二权分离”制度的弊

① 中央人民政府．中共中央国务院关于实施乡村振兴战略的意见［EB/OL］．2012－03－05.

端：通过“落实宅基地集体所有权”一方面重新强化定位农村集体经济组织在宅基地管理和利用的作用与角色，发挥农村集体经济组织保障农户“住有所居”和实现宅基地财产价值等方面的积极作用；另一方面促进集体经济发展以更好坚持社会主义劳动群众集体所有制的主体地位。农户资格权和使用权“分置”是为剥离宅基地身份属性和财产属性，“分置”后形成的农户资格权主要体现宅基地身份属性实现宅基地对农户的福利保障功能，在包括社会保障制度在内的各项制度还不健全的情况下，农户资格权的设置对于保护农户权益维护农村社会和谐稳定具有重要意义。从产权功能视角来看，农村宅基地“三权分置”后的使用权应是“私法”意义上的用益物权，主要作用在于实现宅基地的要素功能和资产价值，通过使用权的市场化流转与配置将市场机制引入宅基地资源的配置过程中，将社会资本引入宅基地的开发利用过程。

1.4.3 可行能力

“可行能力”概念由阿马蒂亚·森首创。阿马蒂亚·森的经济学研究缘起于其对发达国家和发展中国家社会政治经济发展的巨大差距、民众生活水平的巨大反差及严重不平等的现实所作的深入思考。在深入考察贫困与饥荒原因的过程中，阿马蒂亚·森提出了其独具特色的权利贫困思想。阿马蒂亚·森所谓的权利是指“一个人‘利用各种能够获得的法定渠道以及所获得的可供选择的商品束的集合’”。① 阿马蒂亚·森的权利贫困思想起源于其对饥饿问题的思考，其发现人们之所以面临饥饿，大部分情况下不是因为现实世界中不存在足够的食物，而是由于人们缺乏获得足够食物的手段或途径，进一步而言，是人们没有被赋予获得足够食物的权

① 马新文．阿马蒂亚·森的权利贫困理论与方法述评［J］．国外社会科学，2008（2）：69－74.

利。换言之，饥荒的原因在于个人交换权利的下降。阿马蒂亚·森提出在以私人所有制为基础的市场经济中，人们至少应该拥有以下四方面的权利：一是“以贸易为基础的权利”；二是“以生产为基础的权利”；三是“自己劳动的权利”；四是“继承和转移权利”。[①] 这四方面的权利构成了人们所有权的基础，形成人们的初始所有权，是一种“禀赋权利”[②]。但在高度分工的市场经济下，人们还必须通过市场交换获得大部分个人所需的商品或服务。因此，人们必须将自己已经拥有的东西通过贸易、交换或两者结合方式转换为另一组商品。阿马蒂亚·森将一个人所能获得的各种商品的组合称为这个人所拥有东西的交换权利。交换权利体现了对于一种所有权组合，一个人所拥有的机会。而个人交换权利的大小取决于其在“社会经济结构中的地位、生产方式、社会保障以及就业权利等因素”。[③] 而这种转换关系，阿马蒂亚·森称之为“交换权利映射”。“交换权利映射”则取决于“一个社会中的法律、政治、经济和社会特征以及人们在社会中所处的地位”。[④] 尽管权利贫困思想为我们分析贫困问题开辟了一个全新的视角，但该方法本身存在一些缺陷。阿马蒂亚·森将这些缺陷归纳为以下几方面：一是权利本身不容易被具体界定；二是权利关系只重视社会既定法律框架内的权利，而对不合法的财产转移现象无能为力；三是影响人们实际消费水平的因素除权利之外还包括其他因素；四是权利方法

---

① ［印］阿马蒂亚·森. 贫困与饥荒［M］. 王宇，王文玉，译. 北京：商务印书馆，2017：2－4.

② 马新文. 阿马蒂亚·森的权利贫困理论与方法述评［J］. 国外社会科学，2008（2）：69－74.

③ ［印］阿马蒂亚·森. 贫困与饥荒［M］. 王宇，王文玉，译. 北京：商务印书馆，2017：6－9.

④ ［印］阿马蒂亚·森. 贫困与饥荒［M］. 王宇，王文玉，译. 北京：商务印书馆，2017：57.

重在分析饥饿，而饥饿与饥荒中的死亡具有显著区别。[①] 基于对权利方法缺陷的认识，阿马蒂亚·森提出要以“可行能力剥夺”来分析贫困问题。[②] 以此认识为基础，阿马蒂亚·森在后续不断地研究中，逐渐提出了更具有普遍意义的可行能力理论。阿马蒂亚·森以可行能力为基本内容的自由发展观与马克思主义“人的全面自由发展”理论一脉相承。[③] 阿马蒂亚·森认为经济发展的首要目的是人的发展，即“人们实际能够做什么和成为什么”。[④]“发展可以看作是拓展人们享有的真实自由的过程”，而真实自由或者实质上的自由应该是“一个人选择有理由珍视的生活的实质自由——即可行能力。……是实现各种可能的功能性活动组合的实质自由”，即人们选择不同生活方式的自由。[⑤] 因此，发展的实质就是消除人们所面临的各种限制以拓展人们“有理由珍视的各种形式的实质自由”[⑥]。这是阿马蒂亚·森对一些传统主流社会正义理论如功利主义、自由主义等的批判。[⑦] 人的全面发展就其内涵而言，应是一个多维度的、具有时代性的概念。具体而言，人的全面发展从其内涵上来讲应是权利平等和能力不断提高基础上人们能够自由选择其自身所认为有价值的生活方式的状态。尽管从定义上来讲，可行能力的概念是清晰的。具体来说，可行

---

① ［印］阿马蒂亚·森. 贫困与饥荒［M］. 王宇，王文玉，译. 北京：商务印书馆，2017：60-62.

② 刘晓靖. 阿马蒂亚·森以“权利”和“可行能力”看待贫困思想论析［J］. 郑州大学学报（哲学社会科学版），2011，44（1）：24-27.

③ 汪毅霖. 基于能力方法的福利经济学——一个超越功利主义的研究纲领［M］. 北京：经济管理出版社，2013（5）：90-95.

④ Anand S.，Ravallion M. Human-development in poor countries-on the role of private incomes and public-services［J］. Journal of Economic Perspectives，7（1）：133-150.

⑤ ［印］阿马蒂亚·森. 以自由看待发展［M］. 任赜，于真，译. 北京：中国人民大学出版社，2012，9（1）：62-63.

⑥ ［印］阿马蒂亚·森. 以自由看待发展［M］. 任赜，于真，译. 北京：中国人民大学出版社，2012（9）：62-64.

⑦ Arun M. Onur. Beyond the Conventional—A Sociological Criticism of Sen's Capability Approach［J］. Journal of Economy Culture and Society，2018（58）：229-245.

能力既可以由一个人实际达到的功能性活动向量来表示，也可以用一个可以自由选择的各种相互替代的功能性活动组合来表示，“拥有”与“选择”同等重要。[①] 但阿马蒂亚·森也认为要准确界定和测度可行能力的具体内容是比较困难的，但集中注意某些特定的可行能力变量如就业等是公共政策评价的一个比较实用的方法。[②] 特定情况下可行能力具体内容应在公共推理和讨论的基础上经过相互权衡来确定。[③] 同时，阿马蒂亚·森也尝试对比较重要的自由类型进行归纳，提出了五种类型的“工具性自由”：“政治自由”“经济条件”“社会机会”“透明性保证”“防护性保障”。[④] 但仍稍显笼统，很难直接用于分析和评价公共政策。努斯鲍姆（Nussbaum）在这方面取得了突破性的进展，发展了一个确定性的“中心人类能力”清单，使得阿马蒂亚·森可行能力理论具有了更强的操作性。努斯鲍姆“中心人类能力”清单主要包括十个方面的内容：（1）生存；（2）身体健康；（3）身体完整；（4）判断力、创造力和思考能力；（5）感情；（6）实践动机；（7）与社会建立良好关系；（8）与其他物种和谐相处；（9）消遣；（10）对个人环境的控制。[⑤]努斯鲍姆直接将身体健康、舒适的居住环境、人的自由迁徙、拥有财产、平等的财产权、平等的就业机会等作为“中心人类能力”的具体内容。

---

① ［印］阿马蒂亚·森．以自由看待发展［M］．任赜，于真，译．北京：中国人民大学出版社，2012（9）：72.

② ［印］阿马蒂亚·森．以自由看待发展［M］．任赜，于真，译．北京：中国人民大学出版社，2012（9）：68－71.

③ Sen A. Capabilities，lists，and public reason：Continuing the conversation［J］．Feminist Economics，2004，10（3）：77－80.

④ ［印］阿马蒂亚·森．以自由看待发展［M］．任赜，于真，译．北京：中国人民大学出版社，2012（9）：31－33.

⑤ 王艳萍．克服经济学的哲学贫困：阿马蒂亚·森的经济思想研究［M］．北京：中国经济出版社，2006（3）：189－192.

1.5 本书可能的创新与不足

1.5.1 本书可能的创新

1. 以阿马蒂亚·森可行能力理论为基础构建了农村宅基地“三权分置”的理论分析框架

农村宅基地“三权分置”作为一项政策设计，虽已正式试点，但从理论上而言，还未构建起系统的理论基础。本书以阿马蒂亚·森可行能力理论为基础对农村宅基地“三权分置”与农户可行能力之间的关系进行了系统阐释。本书从阿马蒂亚·森可行能力理论和乡村振兴背景下农户发展相结合的角度出发提出了农户可行能力的概念并具体阐述了农户可行能力包含的具体内容：农户可行能力应由低到高依次分为“生存能力”“财产权利”“发展能力”三个层次。进一步地，本书分析了现行宅基地制度下“生存能力”“财产权利”“发展能力”的实现情况，重点阐述现行宅基地制度对农户可行能力的制约。最后分析农户可行能力与农村宅基地“三权分置”之间的关系：集体所有权的产权功能主要在于通过农村集体经济组织来更好地实现农户“发展能力”层次的可行能力；农户资格权的产权功能主要在于通过明晰权利的方式更好地实现农户“生存能力”层次的可行能力；宅基地之使用权的产权功能则主要在于通过剥离宅基地身份属性以及强化宅基地的用益物权属性更好地实现农户宅基地“财产权利”层次的可行能力。

2. 基于农户可行能力视角运用熵权—模糊综合评价法对农村宅基地“三权分置”后农户福利水平进行评价

从制度优化视角看，对试点地区农村宅基地“三权分置”改革后农户福利水平进行准确评价有助于我们系统评判该项制度改革的政策效果，对于下一阶段制度改革方向和路径选择具有重要意义。但从已有研究看，学界目前关于农村宅基地“三权分置”后农户福利水平评价的研究还基本处于空白，只有个别文献尝试对农村宅基地“三权分置”后农户福利水平的变化进行了初步研究，但指标体系设计、样本选择范围、评价方法选择等方面还有很大完善空间。基于此，本书以阿马蒂亚·森可行能力理论为基础，构建了包括对农户福利水平具有重要影响的功能性活动在内的农户福利评价指标体系，并运用熵权—模糊综合评价法对农户福利水平进行了较为客观的评价。评价结果表明，农村宅基地“三权分置”改革对于农户福利状态具有积极影响，具体体现为“生存能力”和“发展能力”的明显改善，但“财产权利”层次的可行能力未得到改善。

3. 本书认为集体所有权应为一种“物权”并提出集体所有权主体应为依法成立、具有独立法人地位的集体经济组织，在此基础上探讨了集体所有权的实现形式

“落实宅基地集体所有权”是坚持农村土地集体所有制主体地位的内在要求。针对农村土地集体所有权主体“虚置”的弊端，本书提出应通过立法明确规定包括农村宅基地在内的农村集体土地的所有权主体为依法成立、具有独立法人主体地位的农村集体经济组织。作为集体所有权主体，农村集体经济组织在保障农户既有宅基地财产权利基础上可采取多种方式盘活利用农村闲置、低效利用的宅基地。为抵制可能的侵害以及考虑到发展集体经济的需要，本书认为集体所有权具有“物权”属性并提出在保障农户现有宅基地财产权益基础上的稳固“存量”权能、赋予“增量”权能的权能配置思路：维持并适度强化农村集体经济组织对农户宅基地使用权的初始分配权和收回权，通过土地征收制度改革、宅基地制度改革以及集体经营性建设用地入市等赋予农村集体经济组织对“集体经营性建设用地”“集体建设用地指标”，以及“宅基地（住房）开发经营”

等的“增量”占有权、“增量”使用权及其收益权和“增量”处置权及其收益权。最后，在明晰主体和权能配置基础上从保障农户可行能力视角提出了集体所有权的具体实现形式。

4. 本书提出农户资格权是一种特殊的人役权并提出了具体的制度建议

在考察分析现行宅基地产权制度的特征后，依据人役权理论提出农村宅基地“三权分置”后的农户资格权应是一种特殊的人役权；并从宅基地分配、持有、流转、退出等宅基地实际利用过程出发探讨作为特殊人役权的农户资格权应包含的权能，这些权能包括宅基地分配请求权、宅基地监督管理权等；基于对农户资格权权利性质和权能内容的分析，本书提出可从取得机制等方面构建农户资格权的实现机制。

5. 本书认为使用权在权利性质上应是一种用益物权——地上权，并提出多种实现形式

本书借鉴大陆法系地上权制度提出农村宅基地“三权分置”后的使用权应塑造成为地上权。在此基础上，本书从改革实践需要出发将分析重点转向具体流转模式的构建，提出农户使用权直接流转、“共建共享”式的宅基地原址开发、集体建设用地增减挂钩下的宅基地异地规模开发、使用权转性为集体经营性建设用地、使用权从而入市交易等方式。为破解政府“土地财政”难题和加强政府对使用权流转市场的宏观调控，提出应探索开征土地增值税。本书所提出的多样化使用权流转模式充分考虑到了农村宅基地利用的实践情况，能够为各地推进使用权流转提供足够的政策工具。

1.5.2 本书的不足

农村宅基地“三权分置”试点改革开展的期限尚短，只有少部分试点县在开展相关制度改革试点，取得实质性进展的试点县就更少。这一客观现实导致本书无法采用大样本进行更加全面深入的分析。样本范围的有限性造成本书在以下两方面存在不足之处：一是实证研究部分主要对西部地区域内的L县进行了农户福利水平评价，但由于全国范围内各试点地区差异较大，本书实证研究的结论可能无法充分反映全国层面农村宅基地“三权分置”的实践情况；二是本书所提对策建议中有部分建议可能在目前还未有地区进行实践，因此，部分政策建议的有效性还有待后续更长时期内、更大空间范围的实践加以验证。

第2章 文献综述

2.1 阿马蒂亚·森可行能力理论的拓展与应用

阿马蒂亚·森的可行能力理论源于其对以印度为代表的发展中国家所面临的贫困与饥荒等问题的研究。该理论的核心是以可行能力为核心内涵的人的自由与发展。阿马蒂亚·森可行能力理论突破传统以物质收入和个人效用为主要标准的福利测度方式，开创了以人们享有的功能性活动和可行能力来测度福利水平的先河。自阿马蒂亚·森可行能力理论问世以来，国内外学者不断拓展和应用该理论分析了众多相关问题。

经过对近几年国外学者相关研究的梳理，发现阿马蒂亚·森可行能力理论在国外学界得到了大量应用，研究领域也较为广泛。众多学者应用阿马蒂亚·森可行能力理论研究的问题涉及宪政人权、自然灾害、企业价值创造与企业治理、教育、社会治理、犯罪治理、宗教参与、社会正义、能源利用、城市政策、水资源供给、野生动物保护、青少年发展等。金·莱恩·谢佩尔（Scheppele Kim Lane，2012）在阿马蒂亚·森相关理论基础上强调了赋予个人权力的重要性。古奇·伊丽莎白（Gooch Elizabeth，2019）运用阿马蒂亚·森可行能力理论分析了中国“三年困难时期”，认为原因不是自然粮食的短缺，而是人们获得粮食的途径被切断了。加里加·伊丽莎白（Garriga Elisabet，2014）运用阿马蒂亚·森可行能力理论研究了利益相关者能力对于企业价值创造的重要关系。迪布拉·米根（Dibra Migen，2018）运用阿马蒂亚·森能力方法评估了企业重组对员工的影响并强调要赋予员工对公司经济决策方面的广泛参与权。德塞萨尔·塔德塞萨尔（Decesare Tadecesar，2019）从理论层面分析了可行能力与民主教育之间的关系并以塞内加尔民主教育为例指出民主教育可以提高个人的社会和政治参与能力。泰特（Tait，2013）探讨了阿马蒂亚·森能力方法在远程教育方面的应用，认为该方法在考察远程教育和电子学习方面具有潜力。卡尔森·朱莉安娜（Carlson Juliana，2016）认为阿马蒂亚·森能力方法对于重新塑造社会工作教育认证标准委员会（EPAS）的若干能力和实践行为具有重要意义。类似的还有沃克·梅勒妮（Walker Melanie，2015）的研究。塔诺斯·班蒂斯林等（Thanos Bantis Lin et al.，2020）运用阿马蒂亚·森能力方法评估了平等水平及其与交通有关的社会排斥之间的关系。林翔（2014）着重分析了阿马蒂亚·森可行能力分析框架中机构的作用，探讨了不同利益相关者在社会发展中的代理作用及其对实现社会福利的作用。希恩·玛丽贝思（Shinn Marybeth，2015）基于阿马蒂亚·森能力方法分析了社区心理学对提高社区边缘性群体能力从而改善其生活状态的积极作用。史密斯·查里萨（Smith Charisa，2016）将阿马蒂亚·森可行能力理论运用到儿童犯罪行为的解决方案中。琼等（2016）基于阿马蒂亚·森可行能力理论分析了社会关系、技能发展和就业能力对青少年受教育机会和未来福祉的影响。塞维琳·德内林等（Séverine Deneulin et al.，2017）认为阿马蒂亚·森的能力方法可以成为发展和宗教参与之间关系的理论基础，并基于此提出了促进发展和宗教参与的建议。埃米尔·以色列等（Emil Israel et al.，2020）运用阿马蒂亚·森可行能力分析框架实证研究了以色列中部地区的空间社会正义问题，研究表明一个人在社会空间中的位置和生活环境之间的相互关系影响着他或她的生活机会。罗西·戴等（Rosie Day et al.，2016）借鉴阿马蒂亚·森能力方法研究了能源问题并提出了能源贫困概念。阿林丹·比斯瓦斯（Arindam Biswas，2019）以阿马蒂亚·森能力方法为基础分析了印度城市政策对实现包容性城市增长的影响。弗朗西斯科·M. 吉梅利等（Francesco M. Gimelli et al.，2018）运用阿马蒂亚·森能力理论研究了全球水资源供应问题，认为应以该理论作为解决获得水服务的权利不平等问题的理论指导。迈克尔·斯特朗等（Michael Strong et al.，2020）运用阿马蒂亚·森能力理论实证分析了狩猎禁令对农村社区人们福利水平的影响，发现禁止狩猎的非物质影响加剧了人们对自然保护造成的物质损失的不满。格里·雷德蒙德等（Gerry Redmond et al.，2019）对澳大利亚年轻人的研究表明，在衣食住行方面遭受严重剥夺的经历与羞耻感、被排斥参与、受教育程度低有关。

我国学界也积极运用阿马蒂亚·森可行能力理论对中国问题进行了系列研究。仔细梳理已有文献，可以发现近年来国内关于可行能力的研究主要围绕农村贫困问题及农村制度改革对农户福利水平的影响两个方面展开。程玲（2019）认为农村妇女贫困的根源是可行能力的不足与缺失，因而反贫困政策需要构建社会性别平等的社会环境以及在制度安排和资源配置方面更有效地瞄准贫困妇女以提升妇女可行能力为目标；李冰（2019）运用可行能力理论的分析框架研究了农村贫困的治理问题，认为农村贫困治理要发扬伦理关怀精神，精准扶贫；方珂等（2019）基于阿马蒂亚·森“贫困源于基本可行能力被剥夺”这一观点，提出精准扶贫要关注贫困群体的发展能力；高帅等（2016）基于个人可行能力运用 Biprobit 模型对农村人口多维贫困状态的持续与改变问题进行了研究，认为发展和消除不平等是扶贫的根本路径。但近年来随着国家在扶贫方面取得的巨大成就以及农村系列制度改革的开展，学界开始运用阿马蒂亚·森可行能力理论研究具体的农村改革政策对农户福利水平的影响。如高进云等（2011）基于可行能力理论构建了农户福利评价指标体系对农地城市流转前后农户福利水平变化进行了研究。胡清华等（2019）运用阿马蒂亚·森可行能力理论对土地征收对农户福利的影响进行了评价。国内对阿马蒂亚·森可行能力理论的应用除了集中在上述两个方面外，还零散的用于分析了其他方面的问题。如相丽玲等（2016）运用阿马蒂亚·森可行能力理论分析了国内信息贫困问题，提出要建立健全信息援助制度体系、加强信息基础建设的援助以及强化信息素养教育与培训。马存利（2012）运用阿马蒂亚·森可行能力理论分析了农村环境保护问题。方福前等（2019）以阿马蒂亚·森的能力方法理论为基础，通过建立结构方程模型对城镇居民功能空间内的福利状况进行了实证分析。

2.2 农民发展的理论基础与实践

2.2.1 马克思主义经济学“人的全面而自由的发展”

关于人的全面发展思想，人类很早以前就有相关论述。但只有马克思和恩格斯首先对这一问题进行了科学的历史分析。马克思关于人的发展的相关理论主要集中于《犹太人问题》《〈黑格尔法哲学批判〉导言》《1844年经济学哲学手稿》《德意志意识形态》《共产党宣言》《资本论》等著作中，核心为“人的全面而自由的发展”。马克思将人的发展分为自然发生的“人的依赖关系”“以物的依赖性为基础的人的独立性”和“自由的个性”三个阶段。[①]“自由的个性”阶段是马克思的人的发展的最高

① 秦龙. 马克思从“共同体”视角看人的发展思想探析［J］. 求实，2007（9）：11－15；张军. 马克思人的发展三形态论析［J］. 社会科学辑刊，2002（1）：7－12；杨文圣.《1844年经济学哲学手稿》中的人的发展三形态［J］. 求索，2018（1）：181－185.

阶段，也是共产主义的终极价值追求。这种“自由”可以在满足物质需要的生产中实现（Kandiyali J.，2014）。社会生产力的发展是人的“自由”得以实现的最终决定力量（乔荣生等，2019）。这种生产过程中的劳动是为了社会利益、为了共同利益的自由劳动（Joseph I. Zajda，1980）。在这一阶段，每个人都能够实现“全面而自由的发展”。马克思关于人的全面发展思想的起点是“现实的个人”——具体来说是资本主义生产关系中“异化”的劳动者——无产阶级，资本主义生产关系中商品拜物教、货币拜物教和资本拜物教三大观点下全社会呈现出非人化和反人道的性质①。并由此得出未来社会的目标是无产阶级乃至全人类的解放，每个人的全面而自由的发展。在马克思观点里，无产阶级“不要求享有任何一种特殊权利，因为它的痛苦不是特殊的无权，而是一般无权，它不能再求助于历史权利，而只能求助于人权”②。这种“一般无权”表现为劳动者是资本主义条件下的“自由人”，除了劳动力外一无所有（Andrew Cumbers & Neil Gray，2020）。“工人阶级的解放应该由工人阶级自己去争取，工人阶级的解放斗争不是要争取阶级特权和垄断权，而是要争取平等的权利和义务，并消灭任何阶级统治。”③ 恩格斯进一步将这种平等的权利和义务扩展到人的基本权利。政治民主是自由的必要条件④。马克思主义共产主义理想则体现了对人类全面发展的最高追求。当然，正如詹金斯（Jenkins J. L.，1996）所指出的，全面发展并不意味着个人每一个潜在的才能的发展。马克思在《资本论》中强烈表达了这一理想，认为人类发展的最高理想是“自由人联合体”“以每个人的全面而自由的发展为基本原则的社会形

---

① 吴向东．论马克思人的全面发展理论［J］．马克思主义研究，2005（1）：29－37.

② ［德］马克思．黑格尔法哲学批判［M］．中共中央马克思恩格斯列宁斯大林著作编译局，译．北京：人民出版社，1963：1－16.

③ 童建挺主编．第一国际第六次（日内瓦）代表大会文献［M］．北京：中央编译出版社，2015：347－349.

④ William L. Niemi. Karl Marx's sociological theory of democracy：Civil society and political rights［J］. The Social Science Journal，2010，48（1）：39－51.

式”：“管理上的民主，社会中的博爱，权利的平等，普及的教育，将揭开社会的下一个更高的阶段，经验、理智和科学正在不断向这个阶段努力。这将是古代氏族的自由、平等和博爱的复活，但却是在更高形式上的复活。①” 由此可见，马克思主义所追求的正是每个人全面而自由的发展。而在马克思经典理论中，自由具有双重含义：第一重含义是物质生产的自由，是“对维持人的生存、满足人的生活必须来创造社会财富的自由权的追求”；第二重含义是“以发展人类能力本身为目的（内在目的）的自由，它是人的本质力量，包括体力和脑力的、生产技能、管理社会公务、科学、文化、道德、艺术等方面能力全面发展的体现，它是人在更高层次上享有的自由权利”，是真正意义上全面发展之自由②。总之，从全面自由发展视角考察，一个社会体系既要注重人各方面能力的全面发展，又要注重实现权利的“人人平等”③。“人的自由发展”主要是指人能够摆脱外部力量强制而按照人“固有”的内在本性并将其转化为生存和发展的现实活动；而“人的全面发展”主要包括人的劳动能力、人的需要和人的社会关系的全面发展。④ 而从发展的具体内容来看，“人的自由而全面的发展”包括以下几方面：一是人的需要的满足，包括自然需要（生理需要)、社会需要（交往、发展、参与各种社会活动等）和精神需要（价值、审美、信仰等)；二是人的能力的发展，包括物质生产能力、精神生产能力、情感能力等；三是人的关系的发展，包括人与自然关系、人与人关系等；四是人的个性的发展，主要是指积极个性的培养与消极个性的矫

---

① 恩格斯．家庭、私有制和国家的起源［M］. 3 版．中共中央马克思恩格斯列宁斯大林著作编译局，译．北京：人民出版社，1999（8)：185.

② 鲍宗豪，金潮翔，李进．权利论［M］. 上海：上海三联书店，1993：263 －266.

③ ［法］卢梭．民约论（社会契约论）［M］. 何兆武，译．北京：法律出版社，1958：30.

④ 何玲玲，文海鸿．“人的全面而自由的发展”理论探讨——澄清并还原马克思恩格斯人的远景发展思想［J］. 社会主义研究，2007（4)：6 －9，18.

正以形成“自由个性”的个人①。

2.2.2 马克思主义产权理论

马克思主要是从生产力和生产关系的辩证关系出发研究产权问题的。马克思认为产权存在于生产过程并体现于生产关系中，表现为对物质生产资料的占有、支配以及最终产品分配的利益界定。“在每个历史时代中所有权是以各种不同的方式，在完全不同的社会关系下面发展起来的。②”因此，具体的产权形式必然随着生产力的发展而发展，不是自然永恒的。从物质生产角度考察，生产资料所有制在社会制度及其变迁中处于基础地位，产权关系的变革根源在于生产关系的变革。因此，产权关系本质上是经济关系。产权（财产权利）是生产关系的法律表现形式，所有权是所有制的法律表现形式。“这种具有契约形式的（不管这种契约是不是用法律形式固定下来的）法权关系，是一种反映着经济关系的意志关系。这种法权关系或意志关系的内容是由这种经济关系本身决定的。”③ 具体来看，产权作为一种权利关系，是一组权力束，具体包括所有权、占有权、使用权、收益权、处置权等。这些具体权能既可以统一，也可以分离，这取决于社会生产力和生产关系的性质及其发展程度。马克思从资本主义生产方式矛盾入手，对资本主义生产资料私有制（包括土地私有制）进行批判，提出生产资料私有制（包括土地私有制）必然走向灭亡，生产资料（包括土地）必然走向全体社会劳动者的“联合”占有，最终走向公有制。

---

① 罗兵．权利与人的发展［D］．北京：中共中央党校，2017：35－61.
② 马克思恩格斯全集（第46卷下）［M］．北京：人民出版社，1979：218.
③ 马克思恩格斯选集（第2卷）［M］．北京：人民出版社，1995：615.

2.2.3 马克思主义集体所有制理论

马克思在《哥达纲领批判》中指出，无产阶级掌握政权以后，并不能直接实现生产资料（包括土地）的全社会公有，其中必然有一个过渡时期。而生产资料的集体所有制（先期是合作生产）就是资本主义私有制向共产主义公有制过渡时期重要的生产资料所有制形式之一。并且集体所有制最终还要过渡到国家所有制。此后，主要的社会主义国家均以马克思集体所有制基本思想为指导积极发展集体经济。苏联是世界上第一个社会主义国家，其对农村土地通过合作社和集体化进行了社会主义改造，这一基本做法也为后来的社会主义国家所效仿。列宁在《论合作社》中强调在不改变农民私人财产权的基础上，可以通过合作社让分散小农经济与社会主义大工业相联系并确定合作社的社会主义性质。斯大林对集体所有制的理解与列宁有很大不同，斯大林《论联共（布）党内的右倾》演说中强力推行农业集体化。但在推动农业集体化过程中，出现了严重的"左"的错误，超越生产力发展水平和农民思想觉悟而人为提高农村生产关系水平，严重破坏了农业生产力①。这启示我们，集体所有制形式和实现程度必须同农民的意愿和生产力的发展水平相适应。毛泽东从中国实际出发，对集体所有制在中国的实现形式进行了研究。毛泽东在《关于农业合作化问题》报告中论述了中国加快发展农业合作化的重要性、方针和政策。经过数年改革，我国逐渐建立起了"三级所有，队为基础"的农村集体所有制。随着时代发展，上述集体所有制形式日益不能适应发展需要。为此，邓小平认为中国社会主义农业改革和发展过程中集体经济要先

---

① 叶庆丰，白平浩．社会主义发展史纲［M］．中共中央党校出版社，2011：135－136.

后经历家庭联产承包责任制和规模经营“两个飞跃”。[①] 进入新时代以后，习近平总书记更加强调集体所有制的主体地位。习近平总书记在2016 年4 月25 日安徽凤阳县小岗村农村改革座谈会上就指出，“不管怎么改，都不能把农村土地集体所有制改垮了。”

2.2.4 农民发展的实践研究

农民发展问题在某种程度上是农民不断获得权利并实现权利的过程。改革开放40 多年的农村改革过程在一定意义上也是政府适应农民发展权利要求不断为农民配置权利的过程。但政府主导下的“自上而下”式的农民权利配置途径使得政策制定的接受性和政策落实的效果以及农民权利获取的稳定性大打折扣（蒋永甫等，2018）。因此，对农民发展问题进行更加系统和深入的研究以提出更加有效地促进农民发展的制度路径就具有重要意义。但遗憾的是，学界专门系统研究还相对较少。在对相关研究进行梳理之后，我们发现学界围绕农民发展进行的相关研究主要集中在三个方面。一是农民发展的内涵。张磊等（2016）认为农民发展能力是指农民在市场经济环境中主动获取信息并采取行动使自身和家庭生活水平不断提高，最终不断完善自己的能力。黄鑫鑫等（2015）对农民发展能力内涵的认识与上述观点类似，强调信息获取能力、风险应对能力和资源利用能力对农民发展能力的积极作用。而王湘琳（2009）提出的“农民发展能力”概念相比前两位学者更加全面，在经济层面之外将实现政治诉求作为一项重要的发展能力，并从体能、智能、技能、潜能四个方面探讨了农民发展能力的具体内容。二是农民发展现状的研究。孙飞等（2019）以马克思的全面发展理论为基础构建了农民发展综合评价指标体系并对中国农民发展水平进行了实证评价，结果表明中国农民发展水平处于中等偏下

---

① 邓小平．邓小平文选（第三卷）[M]．北京：人民出版社，2001：355.

发展阶段，劳动能力成为农民发展的“短板”，而教育则是制约农民劳动能力提高的最主要因素。黄鑫鑫等（2015）从信息获取能力、风险应对能力和资源利用能力和外部环境支撑四个方面建立了农民发展能力评价指标体系并对东北粮食主产区农户自主发展能力进行了评价，结果表明农户自主发展能力整体偏低。三是提升农民发展水平或发展能力的路径。王湘琳（2009）高度强调了农村公共服务水平对农民发展能力的基础性作用，提出必须将实现城乡基本公共服务均等化作为增强农民发展能力的核心手段。与其不同，近年来的学者注意到提升农民发展能力是一个系统工程，必须“多管齐下”，逐步突破各方面因素对农民发展能力的制约。吉姆·宾根等（Jim Bingen et al.，2003）指出，提高社区管理能力和人力资本能够增加小农户从市场参与中获益的机会。李文明（2014）提出应从培育新型职业农民、构建新型农业经营体系、稳妥推进土地制度改革赋予农民更多财产权利以及推进以人为核心的新型城镇化等方面着手提升农民发展能力。玛丽亚·埃琳娜·门科尼等（Maria Elena Menconi et al.，2017）提出，为使农民积极有效参与农村发展过程需要不断提升农民的能力。范建红等（2016）认为新农民应是受过教育、有技术、有经营能力的高素质农民并探讨了新农民教育培育模式和创新机制以促进城乡协调发展。龙静云（2019）认为乡村振兴应以提升农民发展能力并使农民过上美好生活为目的，要注意农民个体现代化、增加农民人力资本投资、强化政府公共服务、促进农村经济增长与维护农民生态幸福、营造农村健康文化环境、城市与乡村同步发展等问题。托宾·丹尼尔等（2019）则非常强调土地问题对于农民融入竞争性市场从而促进经济社会发展的重要性。关于促进农户发展的途径，部分学者将关注点放在提高农户收入上。阿德尼根·凯米索拉等（Adenegan Kemisola et al.，2018）通过实证研究发现政府主导的增长促进支持计划（GESS）对尼日利亚奥约州农民农场收入有积极影响。邹晓芳等（2015）基于VAR模型实证发现农村金融效率提升在短期内能够显著提高农户收入，因此建议深化农村金融体制改革，加大农村信贷资金和社会资金的投入。与上述学者观点不同，杨勇等（2013）重点论述了农村集体经济与农民发展之间的内在关系，认为农村集体经济作为生产力发展的体现对农民发展而言是一个重要的动力因素，应在不断壮大集体经济的基础上发挥其对农民发展的积极促进作用。张凡（2019）认为为“重建个人所有制”，在新时代下农户必须通过“权利的联合”来构建农业合作组织。

2.2.5 本节评述

“坚持以人民为中心”和“带领人民创造更加幸福美好的生活”是习近平新时代中国特色社会主义思想的核心内容。乡村振兴和农村宅基地制度改革必须坚持和贯彻这两项核心内容。具体到本书，就是包括农村宅基地“三权分置”改革在内的农村系列改革都必须尊重农民的主体地位并将农民是否过上更加幸福美好的生活作为检验改革成败的终极标准。马克思“人的全面而自由的发展”思想为新时代农村系列改革提供了理论和方向指导。农民的“全面而自由的发展”是乡村振兴背景下农村系列制度改革的终极价值追求。在历史唯物主义和辩证唯物主义的视角下，我们应清晰认识到农民的“全面而自由的发展”具有时代性。农民“全面而自由的发展”的内涵必须与我国“正处于并将长期处于社会主义初级阶段”的基本国情相契合。农村宅基地“三权分置”是农村土地产权制度在新时代的伟大变革。因此，在中国特色社会主义时代背景下，马克思主义经典产权理论无疑具有重要的指导意义。依据马克思主义产权理论，农村宅基地“三权分置”改革必须同新时代农村生产力发展水平和生产关系的新变化相适应，而不能单纯照搬西方经济学产权理论的教条。除此之外，依据马克思主义集体所有制理论，农村宅基地“三权分置”改革必须在坚持集体所有制主体地位基础上探索宅基地产权的具体实现形式。这一点恐怕也是以私有制为核心的西方经济学产权理论难以完全阐释清楚的。上述马克思主义经典理论为本书研究农民发展与农村宅基地制度改革奠定了坚实的理论基础。关于农民发展的实践，学界关于农民发展内涵的认识、对目前中国农民发展水平整体偏低这一“国情”的认识以及对于提升农民发展能力的路径所做的探索对于本书都具有重要的借鉴意义。如杨勇等（2013）提出的应发挥集体经济组织促进农民发展能力的积极作用这一观点就与农村宅基地“三权分置”改革中“落实宅基地集体所有权”这一政策要点具有内在一致性。

2.3 农村宅基地制度及其资源配置问题

2.3.1 宅基地产权制度

按照马克思主义政治经济学基本原理，生产资料所有制是生产关系的基础，决定着生产关系的性质。公有制为主体、多种所有制共同发展是我国的基本社会经济制度。这就要求我们必须坚持公有制尤其是生产资料公有制的主体地位。为巩固和坚持农村集体所有制的主体地位，首先就要坚持农村土地的集体所有制。对特定社会制度而言，所有制具有稳定性，但所有制的具体实现形式则具有动态性。这是由生产力的稳步发展所决定的。坚持农村宅基地的集体所有制是由我国社会主义基本经济制度所决定的。但随着生产力和生产关系的变化，原有宅基地“两权分置”的产权制度已不能适应农村经济发展和农户提高生活质量的要求。在坚持集体所有制基础上变革宅基地产权的具体实现形式成为进一步发展农村生产力和提高农户生活质量的内在要求。桂华（2015）就提出应在坚持集体所有制的基础上，通过强化基层治理能力实现宅基地用益物权性质。特拉·劳森·雷默（Terra Lawson－Remer，2013）通过实证研究证明了加强集体所有制有利于改善家庭福利。在这一基本共识下，学界围绕农村宅基地集体所有权和宅基地使用权从产权层面进行了诸多有益研究。学界近几年的研究主要围绕以下几方面展开。一是农村宅基地产权的残缺与不平等。郑振源等（2020）认为集体土地产权与国有土地产权之间存在严重的不平等（突出表现为农民集体对集体土地没有处置权以及农户对于宅基地没有完整的用益物权），集体土地产权的残缺损害了集体经济和农户的利益。黄健雄等（2019）认为前“三权分置”时期，农村集体土地制度的主要缺陷之一就是集体所有权的虚化。王黎明（2006）指出集体所有权的虚化体现在集体所有权主体缺位、权利内容界定模糊等方面。汤文平（2015）认为宅基地使用权权利主体、权利客体、权利取得与丧失等问题都尚未明晰，需要在法理上重塑宅基地使用权。刘守英等（2019）认为现行宅基地制度的“强管制，弱产权”特点导致管制无效和产权无效。孙秋鹏（2020）的分析表明，地方政府对农村宅基地的垄断征收权会引发较大的博弈成本。杨英法（2019）指出：“中国现行农村宅基地产权制度产权界定模糊，制约了宅基地的合理流转，造成宅基地闲置浪费、隐性交易等系列问题。”蔡丽君等（2013）以深圳市为研究对象通过实证分析证明集体土地产权的不完整会直接降低集体土地产业发展绩效。二是宅基地使用权从性质上来讲具有私权特性。彭新万（2014）认为应该从“私有产权”视角审视集体土地产权的配置和实现，并从农民集体和农民个体两个层面严格区分土地产权。刁其怀（2011）指出，宅基地使用权与物权法理相抵触，必须按照物权理论在微观上重构农村宅基地使用权。三是农村宅基地产权制度改革的路径。屠世超（2016）认为为有效实现农村集体建设用地产权，应完善集体经济组织的治理结构和运行机制实现集体经济组织与社区自治组织的功能分离。南振兴等（2014）认为应通过重塑集体土地所有权主体来“钢化”集体土地所有权，而宅基地使用权的改革就是突破口。申惠文（2020）认为农户作为宅基地使用权的主体已不能满足农户成员土地权益保护的要求，应逐步固化农户成员，将宅基地使用权主体变革为农民个体。叶兴庆（2019）认为应打破集体土地产权权利结构的封闭性，允许集体土地流向非集体经济组织成员。印子（2014）认为高度甚至过度财产权化的宅基地制度改革可能会导致“产权失灵”。从学界现有研究看，农村宅基地产权的残缺及其不平等这一客观事实基本已成为学界共识，坚持宅基地集体所有制基础上逐步强化宅基地使用权“私权”特性是农村宅基地改革的趋势。但对于农村宅基地产权制度改革的具体路径，学界还存在不同的观点。

2.3.2 农村宅基地管理制度存在的问题及机制创新

中国快速城市化进程引发的农村人口向城市大规模迁移导致农村宅基地利用效率低下（孔学松等，2018）。完善宅基地制度改革措施盘活农村闲置低效利用宅基地对于乡村振兴战略的实现具有重要意义（刘双良等，2018）。目前农村宅基地使用管理主要存在散、乱、低效、浪费和管理粗放以及村庄集体建设用地的粗放浪费与新农村建设的要求不协调等方面的问题（周丹娟，2017）。在现行宅基地制度下，城乡居民住房权利存在较大差距，农民具有强烈的相对剥夺感（柳平等，2020）。尽管近年来的宅基地制度改革试点成效显著，但过于追求节约集约、过于强调当下利益及城镇化导向等问题依然很明显（刘锐，2018）。当前，盘活农村闲置宅基地主要是通过“城乡建设用地增减挂钩”方式进行。但其本质是政府财政资源通过土地指标的再分配，难以完成乡村振兴的任务，应当反思土地增减挂钩政策重新审视乡村土地制度改革的路径（夏柱智，2018）。为此，学界围绕完善宅基地制度改革相关制度进行了诸多有益研究。这些研究集中在农村宅基地有偿退出机制的构建与完善（吕军书等，2019；祁全明，2018；杜伟，2015）和宅基地使用权流转制度的构建与完善（宋志红，2017；冯双生，2017；祁全明，2018）等方面。祁全明（2018）从闲置宅基地治理基本原理原则、流转、有偿退出、开发利用等方面提出了我国闲置宅基地治理的具体制度建议。朱道才（2016）认为农村“空心化”是一个由农村人口流动引起的农村整体经济社会功能综合退化的过程，可从以规划促进村庄内聚式发展、以创新土地配置制度和管理制度实现土地资产化、加强农村宅基地管理进行废弃宅基地治理补贴试点、探索农村土地整治技术体系与政策体系等方面提升农村整体经济社会功能。张瑞清（2018）则具体研究了“空心村”废弃宅基地复垦过程中存在的问题并提出了具体对策。王悦等（2017）对安徽省农村宅基地制度改革的做法进行了分析，并从规划、退出、转移、管理平台和公众参与五个方面为农村宅基地制度改革提供了方向和思路。温彩璇等（2018）认为探索农民自愿退出机制需充分尊重农民意愿，保护各方合法权益，发挥各级政府职能和政策合力。苏康川等（2019）指出，农村宅基地的整治必须遵循宅基地结构和功能的演变规律。祁全明（2018）认为应该通过对闲置宅基地的整体开发、建造“农家乐”和发展特色产业、鼓励互联网企业通过建造物流园区和信息服务站有效利用闲置宅基地。孙涛等（2020）实证研究了农户参与农村居民点整理意愿的影响因素，并提出了提高农户参与居民点整理意愿的政策建议。吴燕辉（2016）从建立农村宅基地退出机制、收回补偿机制等方面粗略探讨了农村宅基地退出机制的建立，并着重强调保障农民的合理权益是农村宅基地退出机制的重中之重。

2.3.3 宅基地资源的市场化配置

王晖等（2012）认为宅基地无偿分配但禁止自由交易使得中国农村住宅用地普遍存在低效利用的问题。在此背景下，学界围绕宅基地流转问题展开了大量相关研究，具体研究内容涉及宅基地的取得、流转、抵押、置换及退出等相关子领域。

一是宅基地取得。目前宅基地取得方面存在所有权主体虚置和处置权缺失、资格权界定和退出机制不健全、使用权流转范围受限等权能困境

（韩文龙等，2018）。这造成宅基地使用权取得普遍存在一户多宅、闲置率高、取得方式与实际发展不符、登记发证工作落后等问题（余敬等，2018）。因此，应从取得主体、客体、权利义务和法律程序等方面对宅基地取得制度进行系统性改善（汤文平，2015）。

二是宅基地流转。现行农村集体土地制度虽然在城市化过程中发挥着重要的作用，但对宅基地流转的限制阻碍了农村宅基地的资本化（吴宇哲等，2018）。实践中发生的宅基地使用权流转也因制度因素存在政策反复、农民无法有效参与收益分配、法律保护和市场规则缺乏以及地籍管理混乱等问题（袁雷峰等，2018）。正如周洋等（2019）所言，农村土地使用权流转的方向是产权关系更加明晰，农地权利更加完备，流转交易更加市场化，产权保护更加平等。具体来说，学者对宅基地流转相关研究主要集中在流转模式、意愿、现状及问题研究三个方面。（1）流转模式。薛珂（2018）从农民福利视角出发，认为农村宅基地流转的三种主要模式（即政府主导模式、集体推动模式和农民自发模式）中，集体主导的流转模式使得农民福利水平最接近于福利标准。而张梦琳（2017）则认为市场主导、宅基地跨区域流转更有利于资源优化配置和农民利益维护。（2）流转意愿。学界对宅基地流转意愿影响因素的分析主要是以一定区域范围内农户为调查对象，广泛采用多元逻辑回归模型（方葛晨等，2019）等方式验证近郊和远郊等区位因素（吴郁玲等，2018）以及社会保障等因素（徐建军等，2018）对农户宅基地流转意愿的影响程度。还有学者研究了宅基地与农民进城（城镇化）意愿之间的关系。马立邦等（2019）的研究表明，宅基地补贴是影响农民城镇化意愿的重要因素。（3）流转现状及问题研究。随着城市化进程的加快，农村人口更多的转移到城市，农村“空心化”现象加剧，导致宅基地闲置且利用低效（张梦琳，2017）、农民融资困难、土地所有者利益受损（庄红花等，2018）等问题突出。宅基地流转现状所带来的经济及社会问题引起了学界的广泛关注。吴明发等（2018）对宅基地流转农户个人风险进行了评价，指出应重点观察农业收入占比、自我发展能力和新环境适应能力等重点风险因素。关江华（2013）认为农户脆弱性越低，流转所带来的潜在风险就越少。刘双良等（2020）提出农村宅基地的流转必须与农民住房保障制度的改革联动。

三是宅基地抵押。宅基地抵押面临立法体系不完善和配套机制缺位（李戈，2019）、宅基地抵押融资困难（朱宝丽等，2018）、宅基地财产权抵押登记困境（孟光辉，2016）等诸多现实问题，因此需要进行综合改革。主流观点认为应该有条件的逐步放开宅基地抵押市场（陈红霞等，2017）。但放开宅基地抵押必须充分分析影响农户宅基地抵押意愿的因素，如收入来源、贷款利率水平等（高勇，2017）。抵押制度的构建则可以从扩大受让人范围（焦富民，2018）、构建多样化抵押权实现形式（包括贷款重组、强制管理、拍卖、变卖和折价等方式）（温世扬等，2017）等方面着手。

四是宅基地置换。对宅基地置换研究主要集中在置换模式、影响因素、置换效果三方面。（1）置换模式。毛春悦等（2017）认为应综合农地稀缺程度、流转稳定程度、非农就业情况及社会保障情况，因地制宜选取置换方式，确保农民福利不受影响。马智利等（2017）在借鉴众多置换模式的情况下，提出“三权三利”模式以加快农业转移人口市民化的进程。（2）置换影响因素。学者们从“三权分置”、微观福利等视角，多运用回归模型，分析特定区域宅基地置换的影响因素。舒帮荣等（2018）的研究表明，村级因素通过改变农户层次因素影响程度导致了村级间农户置换意愿的差异。上官彩霞等（2017）在阿马蒂亚·森可行能力理论框架下，分析了不同模式下宅基地置换对农民福利水平的影响。方艳刚等（2016）通过案例比较分析发现，村民能否真正参与到宅基地置换决策过程中是影响宅基地置换项目成败的重要影响因素。（3）置换效果。部分区域农村宅基地置换收益大部分归政府所得，政府处于主导和强势地位，不利于宅基地置换工作的进一步推进（易小燕等，2017）。

五是宅基地退出。（1）价格机制。宅基地退出的价格形成机制是退出制度的核心（邹伟等，2017）。当前，我国未针对宅基地退出制定完善的补偿标准与收益分配机制（张泽颖等，2018），导致宅基地退出过程中普遍存在退出主体不健全、客体权能残缺、市场规律被忽略、退出机制不健全等问题（韩冬等，2018）。宅基地退出的现行标准难以均衡农户成本与收益，进而制约宅基地退出的有序推进（付文凤等，2018）。（2）退出模式。刁其怀（2015）提出应建立自愿有偿的退出机制。胡银根等（2017）在全面分析“货币＋宅基地、货币＋购房补贴、资产置换”三种退出模式基础上提出各地应因地制宜选择不同的退出模式。黄贤金等（2018）运用适应力（resilience）概念方法分析了农村宅基地退出机制，结果表明有政府适当监管的市场化退出机制能够有效提高农村发展系统的适应力。冯娜娜等（2020）运用“三圈理论”对义乌市宅基地退出的三种典型模式进行了分析，认为“城乡新社区集聚建设”“旧村改造”“新农村集聚建设”三种模式都是较为成功的宅基地退出模式。（3）退出意愿。众多学者对退出意愿的影响因素进行了研究，多采用离散回归模型和结构方程的方式，分析区位、收入、房产、补偿标准及受教育程度、政策宣传、社会保障、传统观念、权属意识等因素对农民退出意愿的影响程度（杨丽霞等，2018；李亚莉等，2018；陈红霞等，2017；Cheng L. at al.，2018；Qian Cao et al.，2019；韦彩玲等，2020；韩文龙等，2020）。并在此基础上，认为应该从实施稳定农民就业和完善社会保障体系政策以及建立宅基地退出意愿联动机制等方面提升农户宅基地退出意愿（陈红霞等，2017；曹前等，2019）。

2.3.4 农村宅基地财产价值的实现途径与分配机制

1. 农村宅基地财产价值的实现途径

严敏欣（2018）认为增加农民财产性收入要求必须全面深化农村宅

基地制度改革。刘丁普（2019）认为农村大量闲置宅基地的存在，损害了农民的财产权，阻碍了乡村振兴战略的实施。肖万春等（2018）指出盘活农村宅基地，增加农民财产性收入具有现实性，对目前基于盘活农村宅基地增加农民财产性收入的途径进行研究，并提出相应对策和建议。陈藜藜（2016）认为应将宅基地退出复垦为耕地后的节余建设用地指标（宅基地退出“指标”）入市交易，构建宅基地退出“指标”交易模式并依据“谁贡献，谁收益”的原则，确定政府、村集体组织和退出宅基地农户三者间的分配方案。欧国良（2019）从理论层面上阐释了农村宅基地流转收益分配的利益秩序，系统梳理农村宅基地流转收益分配的利益结构并提出农村宅基地流转收益分配改革的目标、原则及重点。张勇（2017）从农户权益视角构建了以农村宅基地使用权价值、房屋及附属设施价值和宅基地发展权价值为主要内容的农村宅基地退出补偿价值体系。

2. 农村宅基地财产价值的分配机制

王兆林（2019）从分析农民选择不同退地补偿方式意愿及其影响因素出发，应用动态联盟利益分配模型确定更为合理的收益分配比例关系。张英洪（2019）认为为探索农民增加财产性收入渠道，要赋予农民公平分享土地增值收益的权利，慎重稳妥推进农民住房财产权抵押、担保、转让。易小燕等（2017）从利益博弈视角运用 Shapley 值法实证分析了宅基地整理中的收益分配并构建了宅基地收益分享机制。胡银根（2017）对建设用地增值收益在不同主体之间的合理分配进行探讨，认为利益补偿机制、公众参与机制和福利增进机制应与市场配置机制、政府管控机制相配套。杨璐璐（2017）认为基于农村宅基地产权完善的收益共享机制的构建，是当前农村宅基地管理的关键。胡贤辉等（2019）以土地发展权为视角构建了土地增值收益的效益函数模型并实证测算了集体经济组织、地方政府及开发商三者的土地增值收益分配比例。宋戈等（2017）同样从土地发展权角度研究了宅基地退出补偿和增值收益分配机制。吕军书等

（2019）的研究表明：补偿是否合理、公平是影响农户宅基地退出的关键；货币补偿中要“以高于商品性住房的价格进行补偿”，实物补偿中要“以高比例进行房屋面积置换”是大多数农户的心理预期。夏松洁（2018）认为依据外部性内部化的基本思路，“集体经济组织参与流转收益分配”才能凸显集体所有权中的收益权能。杨丽霞等（2018）认为宅基地入市流转可能导致土地用途管制下不同区位土地权利人利益分配不均以及地方政府与农民集体土地收益失衡，宅基地增值收益分配应遵循发展共享理念——根据不同参与主体的作用按照市场、政府和社会三种并行不悖的机制类型来调整和改革分配模式。王兆林等（2017）基于动态联盟利益分配模型，结合重庆的实证，定量分析了宅基地退出中增值收益分配比例，各主体参与退地增值收益分配比例的高低受其投资额与所担风险大小的影响。朱从谋等（2017）基于土地发展权从功能损失角度构建了宅基地流转增值收益分配模型，分析表明：义乌市政府、村集体和农民分享宅基地流转增值收益的分配比例应为40∶11∶49。

2.3.5 本节评述

从上述关于农村宅基地相关研究的梳理中，不难看出，学界关于现行宅基地制度与宅基地低效利用之间的因果关系基本取得了一致的看法。农村宅基地产权的残缺及其不平等这一客观事实已经成为严重制约宅基地资源优化配置进而影响农户发展与乡村振兴的重要瓶颈因素。在坚持宅基地集体所有制基础上逐步强化宅基地使用权“私权”特性是农村宅基地改革的趋势。以发挥宅基地资产功能作为基本立足点推动农村宅基地制度改革成为乡村经济发展和农户可行能力提高的题中之义。以此为出发点，众多学者从经济学、法学等多学科的视角，采用将规范分析和实证研究相结合的方式，围绕宅基地的取得、流转、抵押、置换和退出环节进行充分的论证，并取得了丰硕的研究成果。但学界的已有研究主要把重点放在了如何盘活闲置、低效利用的宅基地，至少存在两点不足：一是现有研究主要从操作层面围绕宅基地取得、抵押、流转、退出等提出相应的政策建议，但对于其后的理论基础或产权基础的论述稍显薄弱；二是现有关于宅基地利用的相关研究对如何更好发挥宅基地居住保障功能关注不够。包括中央政府在内的各级政府也认识到传统宅基地制度已经严重滞后于宅基地利用实践，因此，也积极推动宅基地管理体制改革。但从实际效果来看，以政府为主导的包括城乡建设用地增减挂钩等在内的农村宅基地开发利用方式并不一定能够完全实现乡村振兴和农户（农民）发展的发展目标。基于此认识，农户（农民）更好地参与宅基地增值收益分配就成为宅基地制度改革的重要议题之一。相关研究对于下一阶段农村宅基地制度改革具有重要的参考意义。但从农户（农民）生产生活实际来看，单纯提高农户（农民）的宅基地增值收益分配比例并不一定能够改善农户（农民）福利状态。

2.4 农村宅基地“三权分置”研究综述

2.4.1 经济学视角下农村宅基地“三权分置”制度研究

1. 农村宅基地“三权分置”的制度目标

我国赋予了宅基地管理制度多重目标：一是保护农田；二是保障农户无偿获得宅基地；三是促进农户获得宅基地财产权益；等等。但有实证研究证实，这些目标在现有制度下不能有机结合①。在“乡村振兴”背景下，宅基地“三权分置”的基本逻辑是在坚持集体所有制基础上实现农

① TianChuanhao, FangLi. The Impossible in China's Homestead Management: Free Access, Marketization and Settlement Containment [J]. Sustainability, 2018, 10 (3): 798 -816.

户宅基地“基本居住福祉和财产价值显化的有机均衡”[①]。在此认识下，学界对宅基地“三权分置”的具体目标进行了有益探讨。一是以“住有所居”实现农户居住保障[②]。耿卓（2019）认为“住有所居”是宅基地“三权分置”“价值目标金字塔体系的塔基”。二是赋予农户平等的宅基地财产权利[③]。农户宅基地使用权与城市住宅用地使用权之间的巨大“权利反差”不符合乡村振兴国家战略和公平正义的社会主义核心价值观[④]。应以权利平等为基本原则重塑城乡土地权利关系，赋予农户平等的宅基地财产权利。三是提高农户财产性收入。增加农户财产性收入是“以人民为中心”新发展理念的内在要求。宅基地“三权分置”应通过保护宅基地用益物权、完善宅基地制度等增加农户财产性收入[⑤]。四是促进农业转移人口市民化和城乡融合发展。通过宅基地“三权分置”探索有效的宅基地退出模式，既可以促进农业转移人口进城，又可以吸引城市资本流入乡村，从而实现城乡融合发展[⑥]。五是促进农村“产业兴旺”[⑦]。六是构建多元主体供应、租购并举的住房体系[⑧]。要实现上述目标，关键就是在完

---

① 严金明，迪力沙提，夏方舟．乡村振兴战略实施与宅基地“三权分置”改革的深化［J］．改革，2019（1）：5－18.

② 吕萍，于璐源．农村宅基地制度改革与住房制度建设［J］．中国土地，2018（7）：28－29.

③ 韩文龙，谢璐．宅基地“三权分置”的权能困境与实现［J］．农业经济问题，2018（5）：60－69.

④ 董祚继．“三权分置”——农村宅基地制度的重大创新［J］．中国土地，2018（3）：4－9.

⑤ 耿卓．宅基地“三权分置”改革的基本遵循及其贯彻［J］．法学杂志，2019，40（4）：34－44.

⑥ 赵艳霞，李莹莹．乡村振兴中宅基地“三权分置”的内生变革与路径研究［J］．财经理论研究，2018（5）：1－8.

⑦ 刘双良．宅基地“三权分置”的权能构造及实现路径［J］．甘肃社会科学，2018（5）：228－235.

⑧ 钱龙，高强，陈会广．论宅基地“三权分置”的权属特征及目标指向——兼与承包地“三权分置”比较［J］．农村经济，2020（1）：24－31.

善各项社会保障制度的基础上逐步消除现行制度对宅基地财产权利及其相关权利（如自由迁徙等）的限制。

2. 集体所有权的权能与实现方式

学界虽围绕农村宅基地“三权分置”进行了卓有成效的研究，但围绕“落实宅基地集体所有权”的系统性、专门性研究却较少。叶兴庆（2019）提出集体所有权可通过置换等途径在不同集体所有权主体之间流转。温世扬等（2018）认为应明确集体所有权主体为集体经济组织并赋予其收益权、处置权和管理权，同时建立集体成员权行使规则。叶剑锋等（2018）也提出要建立集体所有权实施机构，除此之外，还提出要通过宅基地有偿有限期使用、宅基地收回等“落实宅基地集体所有权”。张勇（2018）主张建立宅基地收回及储备制度和集体土地资产收益制度，强调农民集体对宅基地开发经营过程的参与以发展壮大集体经济。刘双良（2018）阐述了集体所有权所应包含的占有权、使用权、收益权和处置权及其详细权能，并主张要下移宅基地规划审批权和监督收回权给村集体。

3. 农户资格权的权利性质与实现方式

关于农户资格权的目的或者说功能，学界基本达成共识：农户资格权主要承载原宅基地使用权的福利保障功能，有助于剥离宅基地使用权的身份属性从而促进使用权的流转。尽管如此，学界关于农户资格权的权利性质却莫衷一是，众说纷纭。一部分学者认为农户资格权不外乎就是拓展权能以后的宅基地使用权。如刘国栋（2019）认为农户资格权是“一项具有身份性的财产权利，即行使受权利主体身份影响、受次级用益物权限制的宅基地使用权”，继而认为立法上应舍弃“农户资格权”的称谓。陈基伟（2019）的观点与此相似，认为农户资格权包括宅基地分配权和转让使用权后的剩余权。还有部分学者从宅基地分配和持有两环节出发探讨农户资格权的性质。姜楠（2019）认为农户资格权主要体现在宅基地分配环节，是成员权的实体内容，是“集体成员以户为单位取得宅基地使用权的基础性权利”。李凤章等（2018）的观点就相对折中，认为将农户资格权界定为分配权还是转让使用权后的剩余权，取决于政策是否放开使用权的自由转让。与上述观点不同，更多学者认为农户资格权应体现在宅基地分配、持有和处置的整个过程。如岳永兵等（2019）将农户资格权界定为权利主体通过分配、共同共有、继受取得宅基地使用权及将使用权有期限转让给第三人的权利。从宅基地分配、持有和处置的整个过程出发，关于农户资格权权能的主流观点是其应包含占有、收益和处置权能。① 在此认识下，学界对如何实现农户资格权这一问题进行了卓有成效的研究。相关研究主要集中于以下几方面。一是农户资格权的取得。这一问题主要涉及集体成员身份的认定。一方面是关于农户资格权权利主体的单位。张军涛等（2019）认为农户资格权以户为单位取得；程秀健（2018）则认为农户资格权的主体应为自然人；与上述观点不同，岳永兵（2018）认为农户资格权应该“按人认定”但“按户实现”。另一方面是农户资格权权利主体的认定标准。学界关于这一点争议较大，有户籍说②、户籍标准为主兼以基本生存保障和自然人身份为辅说③、集体内部成员民主协商确定④等观点。二是农户资格权的实现形式。在宅基地后备资源日渐趋紧的背景下，学界普遍认为集体成员居住保障的实现应超越传统“一户一宅”下的实物保障，补充以公共租赁房、集体社区公寓、购房补贴、租房补贴等多种住房形式和货币形式。⑤ 三是宅基地的有偿使用。关于这一问题，学界主流观点认为农户资格权的福利保障功能决定了其应该延续传统无偿分配、长期使用的特点，但仅限于规定面积和质量的宅基地，对于超过规

---

① 陈振，罗遥，欧名豪．宅基地“三权分置”：基本内涵、功能价值与实现路径［J］．农村经济，2018（11）：40－46．

② 刘双良．宅基地“三权分置”的权能构造及实现路径［J］．甘肃社会科学，2018（5）：228－235．

③ 温世扬，梅维佳．宅基地“三权分置”的法律意蕴与制度实现［J］．法学，2018（9）：53－62．

④⑤ 岳永兵，刘向敏．农户资格权探讨［J］．中国土地，2018（10）：21－23．

定面积的部分以及较好区位条件的宅基地应实行有偿使用，如“超占有偿”“竞价选位”等。[①] 张勇（2018）的观点更加具有前瞻性，其认为宅基地有偿使用制度应将有偿使用范围扩展至城镇居民和非本集体经济组织成员。四是宅基地的有偿退出。关于宅基地有偿退出，主流观点是在确保农户有稳定居所和稳定就业或收入等的前提下，允许农户将农户资格权（连同使用权）自愿有偿退回集体。[②] 注意到进城农户“返乡”的可能，张军涛等（2019）等提出建立农户资格权的重获机制。

4. 宅基地使用权的有偿退出与流转

范兰丹等（2018）认为：“现行农村宅基地制度下的宅基地流转受限，财产属性被抑制、宅基地取得无偿无限期，浪费现象严重、宅基地退出机制难以确立等问题要求探索宅基地的自愿有偿退出。”郑晴（2019）认为农村宅基地有偿退出既能够解决宅基地闲置问题，又能够缓解城市化进程中土地资源稀缺的状况。基于此，学界对宅基地（使用权）有偿退出进行了丰富的研究。现有研究主要集中在以下几个方面。一是农户参与宅基地（使用权）有偿退出的意愿及其影响因素。傅熠华（2018）认为：“显著影响宅基地退出的决策因子包括家庭年收入、打工人数、参加新农保人数以及对宅基地保障性的认同度等。”孙育军等（2018）认为政府合理选择补偿方式及标准等有利于推动农户有效退出农村宅基地。李玥昕等（2018）的研究表明，与抵押权认知偏离的正向影响不同，宅基地转让权、发展权、继承权的认知偏离对退出意愿有显著负影响。王兆林等（2018）认为：“应针对农民受偿意愿差异及其影响因素，实行产异化的

---

① 杨雅婷．我国宅基地有偿使用制度探索与构建［J］．南开学报（哲学社会科学版），2016（4）：70－80；程秀建．农户资格权的权属定位与法律制度供给［J］．政治与法律，2018（8）：29－41.

② 孙倩．有序推进农村宅基地“三权分置”改革［J］．人民论坛，2019（12）：96－97；雪克来提·肖开提，迪力沙提·亚库甫．乡村振兴战略导向下的宅基地“三权分置”制度改革［EB/OL］．新疆师范大学学报（哲学社会科学版），2019（5）：1－7.

补偿措施。”郭贯成等（2018）认为：“农户宅基地退出意愿及其影响因素均存在代际差异。新生代农户更倾向退出宅基地。”范雯等（2019）认为农户宅基地退出意愿受到退出政策宣传及补偿机制的强影响。二是农村宅基地（使用权）有偿退出后农户实现城镇化的保障。关江华（2019）认为：“因户制宜实施差异化宅基地退出方式、政策……实现对退出农户的精准补偿与资助，增加就业机会和完善保障，最终实现退出农户的可持续发展。”李依静等（2018）认为要在宅基地退出中实行多元化补偿以保护农民合法权益，加快推进城镇化。吴泽斌等（2018）认为为促进宅基地退出农户逐步融入城市，需要不断扩展其生态位宽度。三是宅基地使用权流转价格的评估。赖夏华等（2018）认为在运用市场比较法确定宅基地使用权流转价格时，应根据地区市场发育程度适当调整权重。四是宅基地（使用权）有偿退出机制的设计。吕军书等（2019）认为：“政府在鼓励和引导农户宅基地退出的过程中，要把制定完善宅基地退出与补偿的法律法规，制定合理的补偿标准，建立宅基地退出的动力机制以及保障体系作为重点工作。”陈耀东等（2018）认为：“宅基地信托流转过程中应当坚持村民自益性原则，在受托人设计上采取三级联动模式，并于宅基地信托流转之上采取登记生效主义。”胡银根等（2018）认为：“在宅基地‘双有偿’改革过程中要加大对政策的宣传，在推进宅基地退出时要注意时序分区，加强对退出后宅基地利用和宅基地有偿使用费的管理。”黄兴国等（2018）认为应建立由政府、企业和村集体牵头的3种宅基地再利用模式。张晓平等（2019）认为：“（1）积极探索宅基地退出补偿机制，切实保护农户利益；（2）组建村民理事会，畅通农户利益表达渠道；（3）加强政府的监督力度，发挥政府解决冲突的主导作用。”王海鹏等（2018）认为：“必须按照渐进式改革思路，通过健全退出规定、规范退出管理、健全补偿制度、强化配套制度、加强退地利用等措施和机制进行具体而有效的规范完善。”

5. 农村宅基地“三权分置”的实现方式

自农村宅基地“三权分置”改革作为一项正式制度展开试点以来，学界对于农村宅基地“三权分置”的具体制度设计进行了大量研究并取得了许多优秀的研究成果。但现有文献对农村宅基地“三权分置”实现形式的研究较为零散，主要涉及农户自愿退出宅基地①、宅基地流转机制②、将使用权转化为集体经营性建设用地使用权③、探索闲置宅基地直接入市④、通过“集地券”及宅基地竞价选位等增强集体所有权处置及收益权能⑤、宅基地使用权跨农民集体流转及允许农民在宅基地上经商⑥、规避改革潜在风险⑦及兼顾个体、经济以及社会三重目标⑧等方面。还有一部分学者立足于农村宅基地“三权分置”整体，提出了较为系统化的农村宅基地“三权分置”实现方式。刘双良等（2019）认为：“要科学设定宅基地‘三权’的归属与权能配置、充分激活使用权市场配置的政策授权，加快构建多元主体参与的风险联动防控机制。”李怀（2020）认为宅基地集体所有权、农户资格权和使用权的功能分别为管理功能、保障功能和财产功能。陈振等（2018）认为必须依据我国基本国情和农村实际，修改相关法律法规并加强配套政策设计以有效探索农村宅基地“三权分

---

① 温彩璇，许月明，胡建，李晓鹏，张红勋，李晋．乡村振兴背景下宅基地“三权分置”权能实现路径研究［J］．世界农业，2018（10）：243－247.

② 刘锐．乡村振兴战略框架下的宅基地制度改革［J］．理论与改革，2018（3）：72－80.

③ 温世扬，梅维佳．宅基地“三权分置”的法律意蕴与制度实现［J］．法学，2018（9）：53－62.

④⑥ 韩文龙，谢璐．宅基地“三权分置”的权能困境与实现［J］．农业经济问题，2018（5）：60－69.

⑤ 朱明芬．农村宅基地产权权能拓展与规范研究——基于浙江义乌宅基地“三权分置”的改革实践［J］．浙江农业学报，2018，30（11）：1972－1980；宋志红．宅基地“三权分置”的法律内涵和制度设计［J］．法学评论，2018，36（4）：142－153.

⑦ 叶剑锋，吴宇哲．宅基地制度改革的风险与规避——义乌市“三权分置”的实践［J］．浙江工商大学学报，2018（6）：88－99.

⑧ 赵艳霞，李莹莹．乡村振兴中宅基地“三权分置”的内生变革与路径研究［J］．财经理论研究，2018（5）：1－8.

置”。叶剑锋等（2018）认为：“建立宅基地所有权实施机构；规范取得宅基地资格的条件，建立宅基地有偿使用制度，通过价格实现资格权取得公平；资格权和使用权物权化，明晰权能等。”张勇（2018）提出要建立宅基地收回及储备库制度、探索建立农村宅基地差别化有偿使用制度、建立符合实际需要的宅基地对外流转制度以及探索建立农村宅基地分类流转制度等。程秀建（2018）认为：“应从完善资格权取得机制、创新资格权退出机制、明确资格权登记制度、构建宅基地有偿使用制度四个方面对农户资格权进行法律的制度建构，以促成使用权的完全抽离，真正实现身份性的资格权与物权分离。”张勇（2020）认为农村宅基地“三权分置”改革的关键在于实现多元主体共享宅基地产权。

2.4.2 法经济学视角下农村宅基地“三权分置”相关研究

农村宅基地“三权分置”改革是对我国现行宅基地制度的一个重大突破。农村宅基地“三权分置”不仅是一个经济问题，还是一个法学问题。因此，与上述学者单纯从经济学角度研究农村宅基地“三权分置”改革相关问题不同，部分学者从法学与经济学相结合的角度即法经济学视角对农村宅基地“三权分置”进行了探索性研究。通过对相关文献的梳理，我们发现法经济学界关于农村宅基地“三权分置”的态度已从最初的否定逐步转向探索研究政策试点向立法实现的转变路径。从立法目的来看，“平衡存量宅基地的居住保障利益和财产利益，并适度增加农民宅基地财产性收入”① 是农村宅基地“三权分置”入法的逻辑起点和立法要义。学者争议的焦点主要集中在农户资格权和使用权如何在中国法律体系中予以表达。肖鹏等（2020）认为宅基地资格权和使用权的分置整体上

① 向勇．宅基地“三权分置”的立法意旨［J］．农业经济问题，2019（4）：10－17.

存在“成员权＋用益物权”“用益物权＋用益物权”“用益物权＋债权”等三类权利构造模式。第一种观点认为分置后的农户资格权只是设立次级使用权后的宅基地使用权①，与此相对应，现行政策语言中的使用权只不过是宅基地使用权上设的次级使用权，因此，无须立法确立农户资格权，只需将农户资格权立法表述为“宅基地使用权”②。第二种观点认为宅基地“三权分置”后的农户资格权是宅基地身份属性的承载者，在权利性质上应属于集体成员权或集体成员权的子权利，而使用权则由于剥离了身份属性而纯化为典型的用益物权。③ 在此基础上，学者提出一些可行的农村宅基地“三权分置”入法路径。靳相木等（2019）提出首先应在《民法总则》列举的民事权利类型中对宅基地“三权”分别进行定性；其次要在《农村集体经济组织法》而非《物权法》或《土地管理法》引入农户资格权；最后要在《物权法》《土地管理法》等中规定作为典型用益物权的使用权。而夏沁（2018）将重点放在了使用权，认为民法典物权编应明确规定使用权的期限性和有偿性并取消流转限制。第三种观点从物权理论出发，认为农户资格权和使用权均为用益物权，前者属于用益物权下的人役权，后者属于用益物权下的地上权。李仙华等（2019）提出农村

---

① 刘国栋．论宅基地“三权分置”政策中农户资格权的法律表达［J］．法律科学（西北政法大学学报），2019，37（1）：192－200；李琳，郭志京，张毅，张伟．宅基地“三权分置”的法律表达［J］．中国土地科学，2019，33（7）：19－25；房建恩．乡村振兴背景下宅基地“三权分置”的功能检视与实现路径［J］．中国土地科学，2019，33（5）：23－29；陈耀东．宅基地“三权分置”的法理解析与立法回应［J］．广东社会科学，2019（1）：223－230，256.

② 刘国栋．论宅基地“三权分置”政策中农户资格权的法律表达［J］．法律科学（西北政法大学学报），2019，37（1）：192－200.

③ 靳相木，王海燕，王永梅，欧阳亦梵．宅基地“三权分置”的逻辑起点、政策要义及入法路径［J］．中国土地科学，2019，33（5）：9－14；夏沁．农村宅基地“三权分置”改革的立法实现［J］．地方立法研究，2018，3（4）：104－116；姜楠．宅基地“三权”分置的法构造及其实现路径［J］．南京农业大学学报（社会科学版），2019，19（3）：105－116，159.

宅基地“三权分置”后的农户资格权是成员权，而使用权则是地上权。与上述观点不同，还有部分学者不纠结于“三权”的性质，而是从制度功能和宅基地利用实践样态出发探讨农村宅基地“三权分置”的立法表达方式。① 其中比较典型的研究如陈广华等（2019）提出宅基地“三权分置”应包括债权性流转、物权性流转和农民自身持有宅基地三种情形，同时增设农户资格权和宅基地租赁使用权才能合理诠释宅基地“三权分置”的权利结构；黄健雄等（2019）认为宅基地“三权分置”立法的核心问题是宅基地使用权的配给和流转，基本思路应是宅基地使用权的配给由公法来规制，而使用权的流转则需由私法来调整；李凤齐等（2018）建议制定专门《宅基地法》以保障宅基地所有权、使用权及资格权的正常、健康、有序运行。与上述研究不同，高飞（2020）则重点关注农村宅基地“三权分置”政策入法的公法基础，认为应明晰政府权力与宅基地权利之间的界限以及细化政府管理农村宅基地权力清单。

2.4.3 本节评述

从上述对学界关于农村宅基地“三权分置”相关研究的梳理过程中，我们可以发现，经济学界对农村宅基地“三权分置”的研究较多，而法经济学界对于农村宅基地“三权分置”的研究相对较少。经济学的研究主要集中在以下几方面。第一，农村宅基地“三权分置”的制度目标。学界普遍认为农村宅基地“三权分置”的制度目标应是双重的，既要保障农户“住有所居”，又要充分有效实现宅基地的财产价值和生产要素功能，全方位的提升农户的福利水平。并且从具体目标来看，农村宅基地

① 宋志红．乡村振兴背景下的宅基地权利制度重构［J］．法学研究，2019，41（3）：73－92；房建恩．乡村振兴背景下宅基地“三权分置”的功能检视与实现路径［J］．中国土地科学，2019，33（5）：23－29；陈耀东．宅基地“三权分置”的法理解析与立法回应［J］．广东社会科学，2019（1）：223－230，256.

“三权分置”要有助于乡村振兴的实现以及农户自身可持续发展。第二，落实集体所有权是农村宅基地“三权分置”改革的前提保障和重要内容。尽管“落实宅基地集体所有权”是宅基地“三权分置”的重要组成部分。但目前为止，学界对此的专门性、系统性研究还比较缺乏。现有研究对集体所有权所应包含权能的论述较多，同时也对农民集体参与宅基地开发经营过程基本达成共识。但现有研究成果的现实可操作性仍有待商榷，原因在于学界尚未足够重视集体所有权主体的构建这一重大问题，因而也就无法系统提出集体所有权各项权能的具体实现形式。第三，保障农户资格权是农村宅基地“三权分置”的出发点和改革底线。学界围绕农户资格权权利性质、权能内容、实现方式等方面广泛开展了相关研究并取得许多卓有成效的研究成果。现有研究在农户资格权功能方面取得了较为一致的看法，但对于其权利性质等仍然存在较大分歧。相关研究存在以下几点不足之处：一是现有研究大部分是在研究宅基地“三权分置”整体问题时涉及农户资格权相关问题，专门系统研究农户资格权问题的文献较少，只有刘国栋（2019）、陈基伟（2019）、李凤章（2018）等几篇；二是对于农户资格权权利性质的认识不够深入，相关分析大多停留在宅基地利用过程本身，农户资格权性质的分析应兼顾传统宅基地制度“路径依赖”与当下“人地关系”的新变化；三是对农户资格权性质认识不清晰导致所提路径或对策建议缺乏内在一致性，不利于农村宅基地“三权分置”改革的顶层制度设计。第四，“放活宅基地使用权”是农村宅基地“三权分置”的着力点和核心内容。由于既有政策和实践把宅基地的规模开发作为重要的改革路径，农户宅基地使用权有偿退出就成为“放活宅基地使用权”的前提。基于此，学界对于宅基地使用权有偿退出相关问题进行了大量的研究。相关研究成果对于政策完善和实践也有很强的参考意义。但在笔者看来，现有研究过于重视宅基地有偿退出在宅基地“三权分置”中的重要性。我们认为，在“共享”理念下，农户凭借其拥有的宅基地使用权以多种“共建共享共治”形式参与乡村振兴各类建设项目中才是农村宅基地“三权分置”的主要形式。学界应对此予以重视并以此为焦点开展系统深入的研究。第五，农村宅基地“三权分置”的实现形式。关于这一点，学界的相关研究较多，也产生了很多创新性的观点。但主要问题在于现有研究较为分散，虽观点众多，然尚未取得较为一致的观点。部分研究过于关注具体制度细节的设计而忽视了制度体系的构建。而法经济学界对于农村宅基地“三权分置”制度合理性的看法逐渐与经济学界同仁相一致。法经济学学者们逐渐将研究重点转向农村宅基地“三权分置”的立法表达上，希望在坚持传统立法原理和我国既有法律体系的基础上将农村宅基地“三权分置”“合法化”。由于对“三权”尤其是分置后的农户资格权和使用权的法律性质认识不同，学者们对于农村宅基地“三权分置”入法途径仍存在较大争议。

2.5 文献评述

依据本书研究目的和研究思路的需要，本章从阿马蒂亚·森可行能力理论的拓展和应用、农民发展的理论基础与实践、农村宅基地制度及其资源配置以及农村宅基地“三权分置”四个方面对相关文献进行了梳理。阿马蒂亚·森可行能力理论自问世以来得到广泛的应用。近年来，国外学者应用阿马蒂亚·森可行能力理论对宪政人权、自然灾害、企业价值创造与企业治理、教育、社会治理、犯罪治理、宗教参与、社会正义、能源利用、城市政策、水资源供给等众多问题进行了研究并取得诸多有益成果。国内在经历了数年的理论引进阶段后也开始运用该理论研究国内的一些现实问题，国内研究主要集中在贫困问题和农民福利水平两个方面。总而言之，阿马蒂亚·森可行能力理论是一个开放性的分析框架，能够为众多社会经济问题提供有效的分析视角和框架。作为社会主义国家，谈到促进农民发展能力，就不得不提到马克思“人的全面而自由的发展”基本思想。

对比这一思想与阿马蒂亚·森可行能力思想，从满足人们对美好幸福生活的追求这一点来看，二者是一致的。如果忽视二者理论在所有制层面的差异，在某种意义上，阿马蒂亚·森可行能力理论可以看作马克思“人的全面而自由的发展”基本思想的具体化。从这个意义上讲，阿马蒂亚·森权利贫困思想和可行能力理论完全可以用来分析中国特色社会主义市场经济条件下的农民发展问题。农村宅基地“三权分置”改革无法脱离中国特色社会主义的根本制度环境，也无法脱离集体所有制的农村基本经济制度。为此，农村宅基地“三权分置”改革必须契合马克思主义经典产权理论和集体所有制理论的基本原理和核心思想。具体来说，马克思主义产权理论和集体所有制理论要求农村宅基地“三权分置”改革必须在坚持集体所有制主体地位基础上探索与农村生产力发展水平和生产关系新变化相一致的农村宅基地产权制度。关于中国农民发展问题，学界关于农民发展内涵的认识、对目前中国农民发展水平整体偏低这一“国情”的认识以及对于提升农民发展能力的路径所作的探索对于本书都具有重要的借鉴意义。促进农民发展“任重而道远”。学界普遍认识到，宅基地作为农民拥有的最为重要的财产之一，对于农民生产生活条件的改善、农户发展能力的提高具有重要意义。因此，学者纷纷投入到宅基地制度及其资源配置相关研究工作中，并取得了丰硕的成果。但学界的已有研究主要把重点放在了如何盘活闲置、低效利用的宅基地，至少存在两点不足：一是现有研究虽然对盘活闲置、低效利用宅基地的具体方式和路径进行了卓有成效的研究，但绝大部分研究主要从操作层面围绕宅基地取得、抵押、流转、退出等提出相应的政策建议，但对于其后的理论基础或产权基础的论述稍显薄弱，因此，所提建议大多“就事论事”，也就难以取得一致的观点；二是现有关于宅基地利用的相关研究在关于宅基地盘活利用的同时对新常态下如何更好发挥宅基地居住保障功能关注度不够，学界虽然对剥离宅基地身份属性这一点取得共识，但宅基地的保障功能无疑仍将长期存在，合理把握宅基地保障功能和财产（要素）功能的平衡才是现阶段宅基地利用模式创新需要兼顾的问题。包括中央政府在内的各级政府也认识到传统宅基地制度已经严重滞后于宅基地利用实践，因此，也积极推动宅基地管理体制的改革。试图通过宅基地管理体制改革为发挥宅基地财产（要素）功能创造有利的制度条件。但从实际效果来看，以政府为主导的包括城乡建设用地增减挂钩等在内的农村宅基地开发利用方式并不一定能够完全实现乡村振兴和农户发展的发展目标。宅基地管理体制改革要在厘清政府与市场边界基础上，更加尊重农户的主体地位，更加保护农户的合理权益。基于此认识，农户更好地参与宅基地增值收益分配就成为宅基地制度改革的重要议题之一。关于这一点，学界的研究主要围绕以下几方面展开：一是农村宅基地增值收益分配的一般原则、目标和重点，学界的普遍共识为宅基地增值收益应在政府、集体和农户之间合理分配，实现“利益共享”；二是农村宅基地增值收益或宅基地价值的计算；三是农村宅基地增值收益在各方之间分配比例的计算，具体计算方法包括动态联盟利益分配模型、Shapley 值法、基于宅基地发展权的分配模型以及“谁贡献，谁收益”等。这些研究对于下一阶段农村宅基地制度改革具有重要的参考意义。但从农户生产生活实际来看，单纯提高农户的宅基地增值收益分配比例并不一定能够改善农户福利状态。从长期看，“长远生计有保障”基础上实现农户自身的发展才是改革的目的。因此，农村宅基地增值收益分配不是单纯的提高农户所获经济利益的数量，同等重要的是将宅基地增值收益更多地用于促进农户长远的发展。自 2018 年中央一号文件《中共中央国务院关于实施乡村振兴战略的意见》正式提出农村宅基地“三权分置”改革后，经济学界开始转向对农村宅基地“三权分置”相关问题的研究，这些问题包括制度目标、集体所有权、农户资格权、使用权以及宅基地“三权分置”实现形式等。尽管取得了不少有益成果，但也存在明显的不足：一是学界对“落实宅基地集体所有权”的专门性、系统性研究还比较缺乏；二是对农户资格权的专门研究较少且对其权利性质的认识和分析不深入，尚未系统提出农户资格权的实现路径；三是关于“放活宅基地使用权”的相关研究过于关注宅基地的规模开发，在一定程度上忽视了农户长远发展能力的提高；四是学界主要对农村宅基地“三权分置”中个别机制进行讨论研究，而对农村宅基地“三权分置”顶层制度体系的设计关注度不够。与经济学界广泛的研究和讨论不同，法经济学界目前对于农村宅基地“三权分置”的研究主要集中于“入法”途径的选择上面。整体而言，学界对于农村宅基地“三权分置”的研究还处于起步阶段，需要我们在后续研究中不断拓展相关研究内容。

第3章

农村宅基地“三权分置”：基于阿马蒂亚·森可行能力理论的分析框架

3.1 从阿马蒂亚·森可行能力到农户可行能力：一个新视角

3.1.1 乡村振兴背景下农户发展面临的问题

“三农”问题作为一个概念首先由温铁军教授于1996年提出，此后渐渐被媒体和官方引用。进入21世纪以来，中央已连续19年将解决“三农”问题作为中央一号文件的主题予以阐述。由此可见，“三农”问题一直是我国经济社会发展过程中的重要问题。“三农”问题的焦点随着时代的变迁也在发生演变，从最开始的关注农民“温饱”问题，到后来关注农村人居环境整治，再到大力推进增加农民收入。经过数十年的改革与发展，我国虽在解决“三农”问题方面取得了瞩目成就，但毫无疑问，“三农”问题并未从根本上解决。正如习近平总书记在党的十九大报告中所言，解决好“三农”问题仍然是全党工作的重中之重。① 在上述报告中，习近平总书记进一步指出，加快实现城乡融合发展是解决“三农”问题的根本途径。由此可见，破解“三农”问题的根本途径在于加快农村发展实现乡村振兴。而农村发展的关键在于农户。在城乡二元结构下，农户发展所面临的突出问题是农户相对于城市居民所享有的真实机会的不平等。这种不平等主要表现在以下几方面。（1）乡村劳动人口就业不稳定。2021 年全国农民工总量 29251 万人，比上年增长 2.40%，其中，外出农民工占比达 58.71%，本地农民工占比为 41.29%，相当部分乡村劳动人口处于不稳定的就业状态。②（2）城乡收入差距较大。2021 年城镇居民和农村居民人均可支配收入比和人均支出比分别为 2.50% 和 1.90%，脱贫县农村居民人均可支配收入为 14051 元，分别仅为城镇居民和农村居民人均可支配收入的 29.64% 和 74.22%，城乡收入差距较大③。（3）农户居住环境亟须改善。2020 年集中供水行政村比例仅为 82.48%，供水普及率 83.37%，燃气普及率 35.08%，无害化卫生厕所普及率约 68.00%，农村家庭居住环境还有相当的改善空间。④（4）农村公共服务水平有待改善。农村居民能够享受到的公共服务不管从绝对量还是相对量来讲都较少，2020 年城市每千人口医疗卫生机构床位数为 8.81，同期农村每千人口医疗卫生机构床位数仅为 4.95，每千农村人口乡镇卫生院床位数只有

---

① 决胜全面建成小康社会夺取新时代中国特色社会主义伟大胜利——在中国共产党第十九次全国代表大会上的报告［EB/OL］. 新华网，2017－10－27.

②③ 资料来源：《中华人民共和国 2021 年国民经济和社会发展统计公报》。

④ 国家统计局社会科技和文化产业统计司 . 中国社会统计年鉴［M］. 北京：中国统计出版社，2019（12）：253－338.

1.50。[①]（5）城乡二元社会保障制度下，农村社会保障还存在保障范围窄、保障水平低等问题。[②]（6）农户流动受阻与土地财产权利不平等。城乡二元户籍制度和不平等的土地产权制度既阻碍农业转移人口向城镇转移又降低了农业转移人口对“市民化”成本的分担能力从而抑制了农业转移人口市民化过程。除了上述方面，提高特定社区和人群的社会资本有助于人们可行能力的转移和保持。[③] 随着乡村振兴特别是新农村建设的不断推进，农村传统生活方式受到冲击。农户传统人际关系网络以及社区生活方式发生较大变化。传统人际关系网络以及社会生活是“乡愁”的重要内容。因此，人际关系状况以及社区生活状况也就成为影响农户生活质量的重要因素。除此之外，近年来农村各项制度改革如火如荼地开展。尊重农户主体地位成为衡量改革成效的重要标准之一。因此，有效参与各项农村制度改革也就成为农户的重要诉求。

3.1.2　以阿马蒂亚·森可行能力解释农户发展过程中面临的问题

“三农”问题一直以来都是我国经济体制改革重点关注的问题，这一点从历年中央一号文件的主题即可得到佐证。但历次针对农村的制度改革往往是“条块式”的，如新农村建设、土地制度改革、农村户籍制度改革等，缺乏系统联动性。在这种改革模式下，虽单项改革取得了不错的成就，但从农村经济社会系统整体来看，并未实质性突破城乡二元结构下农

① 资料来源：《中国统计年鉴（2019）》。

② 秦继伟．农村社会保障的多重困境与优化治理［J］．甘肃社会科学，2018（3）：16－22.

③ Ansari Shahzad，Munir Kamal，Gregg Tricia. Impact at the ‘Bottom of the Pyramid’：The Role of Social Capital in Capability Development and Community Empowerment. Journal of Management Studies，2012，49（4）：813－842.

村发展乏力的“桎梏”。2017 年习近平总书记在党的十九大报告中正式提出“乡村振兴战略”。这一战略为农村经济体制改革规划了整体框架和蓝图，特别是指出了农村改革的目标，“产业兴旺、生态宜居、乡风文明、治理有效、生活富裕”。这“二十字方针”可以说是准确反映了促进农户发展所应实现的目标，同时也反映了当下乡村广大农户对美好幸福生活的要求，是衡量农户发展的主要指标。从这个角度来讲，促进农户综合性、多维度发展是乡村发展的主题。但从前文所归纳的农户发展所面临的问题来看，我们不难发现，农户发展面临的问题不是单一性的，而是多维度、系统综合的。并且从实践来看，农户发展所面临的众多问题是互相联系的。如包括宅基地使用权、土地承包经营权等在内的农户土地财产权的不平等直接影响到农户财产性收入的增加、就业的自由选择、居住环境的改善等。因此，为实质性解决城乡二元结构下农村发展乏力的根本问题，全面促进农户发展以实现乡村振兴，亟须厘清农户发展各个维度之间的关系并将它们纳入统一的分析框架中。这样才能够系统的进行分析并解决乡村振兴与农户发展问题。

阿马蒂亚·森可行能力理论恰好能够为我们提供这样一个分析框架。依据该理论，发展的实质是消除人们所面临的各种限制以拓展人们“有理由珍视的各种形式的实质自由”①。“发展可以看作是拓展人们享有的真实自由的过程”，而真实自由或者实质上的自由应该是“一个人选择有理由珍视的生活的实质自由——即可行能力。……是实现各种可能的功能性活动组合的实质自由”，即人们选择不同生活方式的自由。② 可行能力既可以由一个人实际达到的功能性活动向量来表示，也可以用一个可以自由选

① ［印］阿马蒂亚·森. 以自由看待发展［M］. 任赜，于真，译. 北京：中国人民大学出版社，2012（9）：62－64.

② ［印］阿马蒂亚·森. 以自由看待发展［M］. 任赜，于真，译. 北京：中国人民大学出版社，2012（9）：62－63.

择的各种相互替代的功能性活动组合来表示，“拥有”与“选择”同等重要。① 从可行能力概念出发，我们可以从两个维度对发展问题进行评判：一是是否赋予人们基本的权利，这种基本权利赋予了人们选择的自由；二是人们的实际生活水平是否达到了当期社会中大多数人所处于的水平。第一个维度反映的是人们“选择的自由”；第二个维度则反映的是人们实际达到的功能性活动向量。从这个角度来看，可行能力在具体内容上就应体现上述两个方面。关于人们应享有的权利，阿马蒂亚·森提出了四种基本权利：一是以贸易为基础的权利；二是以生产为基础的权利；三是自己劳动的权利；四是继承和转移权利。② 而关于功能性活动向量，阿马蒂亚·森虽不主张制定一个绝对的清单但还是归纳了几个比较重要的方面，即五种类型的“工具性自由”：“政治自由”“经济条件”“社会机会”“透明性保证”“防护性保障”。③ 所以，可行能力在内容上应包括四项基本权利和五项“工具性自由”。

由此可见，阿马蒂亚·森可行能力理论关于发展的基本观点和理论体系完全可以运用于分析乡村振兴背景下农户发展问题。从这个角度考察上节所阐述的农户发展所面临的诸多问题。我们不难发现，农户发展所面临的问题实际上是农户的可行能力所代表的“实质自由”得不到实现的结果。为更加准确运用阿马蒂亚·森可行能力理论分析农户发展问题，我们需要把阿马蒂亚·森一般意义上的“可行能力”加以“本土化”，从而转变为更加符合我国国情“农户可行能力”。以“农户可行能力”将农户发展问题概念化，从而能够以一个新的视角审视农村宅基地制度改革过程。

---

① ［印］阿马蒂亚·森．以自由看待发展［M］．任赜，于真，译．北京：中国人民大学出版社，2012（9）：72.

② ［印］阿马蒂亚·森．贫困与饥荒［M］．王宇，王文玉，译．北京：商务印书馆，2017：2－4.

③ ［印］阿马蒂亚·森．以自由看待发展［M］．任赜，于真，译．北京：中国人民大学出版社，2012（9）：31－33.

3.1.3 农户可行能力的层次：生存能力—财产权利—发展能力

在市场经济条件下，为进一步阐述农户发展的内涵，我们必须首先探讨经济发展的目标。“经济发展”的本质是“以人为本”，“注重全体人民生活水平的改善、生活质量的提高和人的全面发展”①。丹尼斯·古里特（Denis Goulot）在其代表作《痛苦的选择：一个新的发展理论观》中将“经济发展”目标划分为三个层次：一是维持生存，经济发展必须满足人们的基本需要；二是自重，经济发展应使个人感受到自我价值的实现与自重自爱；三是自由，经济发展应使个人有更多的选择自由和更广阔的选择空间。法国经济学家弗朗索瓦·佩鲁（Francois Perroux）在此基础上进一步将“经济发展”具体表述为人们各种层次的需要不断被满足的过程，这些需要包括物质生活的满足以及社会生活、精神生活等方面有价值的需要。② 美国著名社会心理学家马斯洛则进一步研究了人的需要，即著名的马斯洛需求层次理论。马斯洛在其代表作《动机与人格》中将人的需要（需求）由低到高依次划分为“生理需要”“安全需要”“归属和爱的需要”“自尊需要”“自我实现需要”，并且指出，当人的低层次需要得到满足后就会转而寻求更高层次的需要，“自我实现”需要是人的“高峰体验”，最终导向完美人格。③

从理论内涵来讲，以需求层次理论为基础的现代经济发展理论与以阿马蒂亚·森可行能力理论为核心的自由发展理论是高度一致的。阿马蒂亚·

① 徐佩华．论经济增长与经济发展［J］．求实，2007（12）：55－56.

② ［法］佩鲁（Perroux F.）．新发展观［M］．张宁，丰子义，译．北京：华夏出版社，1987：1－39.

③ ［美］马斯洛（Maslow A. H.）．动机与人格［M］．许金声，程朝翔，译．北京：华夏出版社，1987：40－68.

森明确指出，“一个人选择有理由珍视的生活的实质自由——即可行能力。……是实现各种可能的功能性活动组合的实质自由”。[①] 阿马蒂亚·森所谓的“功能性活动”与弗朗索瓦·佩鲁、马斯洛等提出的“需要”（或“需求”）在内涵上是一致的。受此启发，我们认为构成人们可行能力的各类有价值的功能性活动同样存在层次上的区别。这一观点实际上在阿马蒂亚·森可行能力理论中已有所体现，比如阿马蒂亚·森就曾经强调免受饥饿等这些功能性活动作为“基本可行能力”对人的自由和发展的重要。只不过阿马蒂亚·森没有进一步解释可行能力所包含的具体功能性活动的种类及其层次划分。

基于此，我们认为在研究“农户可行能力”这一范畴时，应考虑农户之可行能力的层次性：一是从农户自身出发，其对幸福美好生活的理解和适应力是逐渐深化的，农户生活水平的提高和生产生活方式的改变也就必然应该是渐进式的，有些公认有价值的功能性活动在某一阶段可能不为农户所接受，但在另一阶段又成为农户的日常需求；二是农户可行能力的实现还依赖于外在的社会经济系统，比方说财产权的保护、社会保障等，而在一定时期内外在社会经济系统（包括政府）能够帮助农户实现的可行能力在广度和深度上又是有限的，比方说城乡二元的社会保障制度等，因此，必须明确农户可行能力中不同功能性活动的相对重要性；三是从不同功能性活动的实现过程来看，不同功能性活动的实现主体、实现方式等都具有差异性，比如说公共教育、公共医疗等主要需政府提供、就业以及财产交易等主要依赖市场等，对农户所需的功能性活动进行合理的层次化分类有助于农户可行能力的实现，同时也有利于政策的制定与落实。借鉴马斯洛对“需要”层次划分的思路并结合我国农村及农户发展的实际情况，我们认为农户可行能力可由低到高划分为三个层次：第一层次为“生

---

① ［印］阿马蒂亚·森．以自由看待发展［M］．任赜，于真，译．北京：中国人民大学出版社，2012（9）：1，62－63.

存能力”，这类可行能力所包含的功能性活动是维持人类个人生理机能正常运转所必需的，比如说食物、睡眠、住所等；第二层次为“财产权利”，农户对其合法财产尤其是不动产如土地、房屋等应享有排他性的财产权利，具体体现为农户对其财产应可排他性的享有占有、使用、收益和处置等权利，“财产权利”能够进一步实质性的拓展农户自由选择的空间从而进一步提升农户生活水平和幸福感受；第三层次为“发展能力”，经济发展的终极目标是个人能够选择过其珍视的生活或者说能够“自我实现”，“发展能力”则主要强调有助于提升作为独立个人的农户自我发展能力的各类功能性活动，这类功能性活动一般由外部经济社会系统提供并有助于实现农户个人体力和智力潜能，比如教育、医疗卫生、社会保障、社会关系等。

从“生存能力”“财产权利”和“发展能力”的关系来看，“财产权利”对于“生存能力”和“发展能力”的提高具有关键意义。依据马克思主义政治经济学基本原理，生产资料的占有关系是生产活动的前提和条件，并进一步决定了分配关系、交换关系和消费关系。生产资料的占有关系即生产资料所有制在经济关系中居于决定性地位。在经济运行实践中，生产资料所有制的法权表现形式就是产权，具体表现为各种各样的财产权利关系。在农村土地集体所有制的基本经济制度下，农户关于生产资料的大部分“财产权利”置于集体或国家治理的“公共域”中。农户的“生存能力”通过国家和集体赋予的非财产性的土地占有权利来保障。在市场经济条件，农户追求更加完整的财产权利和实现更加长远的发展。因此，农村土地集体所有制实现形式就必须予以创新以回应农户的诉求。基于此考虑，我们将“财产权利”作为第二层次的可行能力。实现“人的全面而自由的发展”是社会主义乃至共产主义的终极价值追求。对于农户而言，“发展能力”则有助于帮助其实现“人的全面而自由的发展”。因此，“发展能力”应是农户可行能力的最高层次。当然，在市场经济条件，农户“生存能力”和“发展能力”的实现都离不开“价值规律”的支配。农户“财产权利”的实现为“生存能力”和“发展能力”奠定坚实的物质基础。

1. 作为农户可行能力的“生存能力”

正如前文所言，“生存能力”是维持人类个人生理机能正常运转所必需的功能性活动。如果单纯从这个意义上考察“生存能力”，其所包含的功能性活动也是多种多样的，因为人的基本生理需要也是多样的。但从本书研究对象和研究思路着手，与农户“生存能力”密切相关的主要是农户的基本居住需求。尽管阿马蒂亚·森没有直接将居住需要作为可行能力来进行讨论，但其在研究贫困问题时指出，基本可行能力的剥夺将导致人陷入贫困以及死亡。① 房屋是人们遮风避雨、安身立命的所在，从这个意义上讲，居住的房屋毫无疑问构成人们的基本可行能力。努斯鲍姆在发展阿马蒂亚·森能力方法时提出的人类功能性能力清单中就将拥有“舒适的住所”作为保持人身体健康的必备要求。② 毫无疑问，基本的居住条件事关农户的“生存”。而在乡村振兴的时代背景下，农户的基本居住需求得到保障。农户对居住环境提出了更高的要求，“生态宜居”。因此，从长远来看，应将“生态宜居”的居住环境作为农户“生存能力”的基本内容。综上所述，保障农户“生存能力”不仅要保障农户“住有所居”，还要追求实现农户居住环境的“生态宜居”。

2. 作为农户可行能力的“财产权利”

阿马蒂亚·森所提出的四项基本权利实际上奠定了人们对客观事物的基本权利关系。人们拥有“自己劳动的权利”，进而拥有与劳动能力相关的“以生产为基础的权利”和“以贸易为基础的权利”。“继承和转移权利”则要求人们可以基于自愿行为获得他人合法拥有的物。在集体所有权

---

① 王艳萍．克服经济学的哲学贫困：阿马蒂亚·森的经济思想研究［M］．北京：中国经济出版社，2006（3）：83－85.

② 王艳萍．克服经济学的哲学贫困：阿马蒂亚·森的经济思想研究［M］．北京：中国经济出版社，2006（3）：190.

和使用权“二权”分离状态下，农户对集体土地的权利主要表现为宅基地使用权和土地承包经营权等。那么按照阿马蒂亚·森四项基本权利的内涵，农户在符合规划和用途管制基础上应该享有自主使用宅基地和承包地等、自主流转或转让宅基地使用权和土地承包经营权等的权利。这些权利构成作为农户可行能力的“财产权利”。但城乡二元土地制度下，农户拥有的宅基地使用权与城镇国有土地使用权相比受到过多限制，处于一种不平等的状态。赋予农户更为完整的宅基地使用权等土地财产权就意味着赋予农户更多地运用其所占用的宅基地等土地资源的机会。这正是阿马蒂亚·森所谓“经济条件”的内在精髓。不仅如此，赋予农户更加完整的“财产权利”还可以通过以下两个方面影响农户可行能力。一方面，农户通过实现宅基地“财产权利”可以进一步促进农户城乡流动并实现稳定就业。阿马蒂亚·森明确将“自己劳动的权利”列为影响人们可行能力的基本权利。在当前阶段，城乡之间、农业与非农产业之间在劳动工资率上存在较大的差异。因此，作为理性经济人，相当部分农户拥有前往城镇或非农产业就业的需求。农户通过实现宅基地“财产权利”可以使自身从宅基地的“束缚”中“解放”出来。并且，在更高工资率的情况下，农户前往城镇或非农产业就业还能够直接有效提升农户工资收入，这对于改善农户家庭“经济条件”也具有明显的作用。另一方面，农户通过实现宅基地“财产权利”可以获得维持“小康”生活的经济收入。在市场经济条件下，表现为货币形式的经济收入既是农户行使诸多基本权利如土地财产权、劳动权利、市场交易权利等的结果，又是农户参与市场活动获取个人生产生活所需的前提。从这个角度来看，农户获得足够维持“小康”生活的经济收入既是保障阿马蒂亚·森“以贸易为基础的权利”“以生产为基础的权利”“自己劳动的权利”“继承和转移权利”有效得到行使的要求和结果，也是农户“经济条件”的应有之义。除此之外，收入水平的提高有利于全面提升农户的知识水平和社会经济地位，从而能够更好地参与社会治理、享受更好的教育医疗卫生服务等公共服务以及更好地融入市场竞争。换言之，农户收入水平的提高能够间接提升农户在“政治自由”“社会机会”“透明性保证”和“防护性保障”等方面的自由。

3. 作为农户可行能力的“发展能力”

一方面，农户是“经济人”，按照个人理性追求个人效用的最大化，其中就包括行使宅基地“财产权利”；另一方面，农户又是“社会人”，其个人权利的实现又离不开来自“社会”的支持。农户“发展能力”的塑造和实现离不开“社会”的支持，包括基本公共服务、社会保障、社会关系、社会参与等。这些“社会”的支持就构成作为农户“发展能力”的功能性活动组合。这些功能性活动既可以逐步培养并提高农户自身发展的能力，又能够帮助农户抵御发展过程中遇到的种种不确定性和风险。因此，“发展能力”对于农户可行能力不可或缺。具体来说，作为农户可行能力的“发展能力”所包括的功能性活动包括以下几方面。第一，城乡基本公共服务均等化理念下包括医疗、教育等在内的公共服务。阿马蒂亚·森五项“工具性自由”的“社会机会”主要是指社会教育、医疗保健等方面的社会性安排。整体来看，我国公共服务的供给水平在世界范围内应该属于中等水平。但农村居民享受到的公共服务水平远远低于城镇居民。现阶段首要任务是缩小公共服务在城乡之间的差距，尤其是要实现基本公共服务均等化。第二，包括居住保障、就业保障等在内的社会保障。社会保障的作用在于当人们遭受重大损失或灾害时为人们基本的生理和安全需要提供保障。这些基本的生理和安全需要包括居住保障、就业保障、养老保障等。这正是阿马蒂亚·森所提五项“工具性自由”中的“防护性保障”——“提供社会安全网，以防止受到影响的人遭受深重痛苦、或甚至在某些情况下挨饿以至死亡”① ——在农户身上的体现。第三，农户对

① 王艳萍．克服经济学的哲学贫困：阿马蒂亚·森的经济思想研究［M］．北京：中国经济出版社，2006（3）：132.

外部信息的掌握情况以及人际关系和社区生活状况的变化。一方面，人们各项理性决策必须建立在足够的信息基础上；另一方面，获取信息过程本身也是人们与外界人和物保持联系和互动的过程，是人们幸福的来源之一。正如努斯鲍姆所言，能够与外界人和事保持联系并能够加入各种社会联系中，对于人的身心健康发展具有重要意义。① 除此之外，农户大部分信息是基于自身人际关系以及社区层面获取的；人际关系和社区生活也是农户与外界联系与互动的主要途径。第四，农户对农村各项制度改革的参与程度。农户对农村各项制度改革的参与程度反映了农户在改革中表达自身意志的程度以及其自身意志在制度中的实现程度，是阿马蒂亚·森可行能力中“政治自由”在农村改革中的延伸。

3.2 现行农村宅基地制度对农户可行能力的制约

3.2.1 农村宅基地制度的主要内容

依据产权归属及国家对宅基地管理制度和流转制度的限制，可将我国农村宅基地制度的形成过程划分为五个阶段（见表 3 - 1）。1949 ~ 1961 年，农村宅基地农民私有阶段，农民可自由流转宅基地及其房屋；1962 ~ 1980 年，农村宅基地同归集体所有，农户享有宅基地使用权，农户可自由流转房屋（地随房走），但不得买卖和出租宅基地（宅基地使用权），集体统一安排农户新建房屋所需宅基地（宅基地居住保障功能初具雏形）；1982 ~ 1997 年，城镇居民可取得农村宅基地，宅基地可用于生产性

① 王艳萍. 克服经济学的哲学贫困：阿马蒂亚·森的经济思想研究［M］. 北京：中国经济出版社，2006（3）：190.

表3－1　我国宅基地制度的主要内容

时期	产权制度	流转制度	管理制度	代表性法律法规
1949～1961年	农村宅基地归农民私人所有	农户宅基地及地上房屋可以自由买卖、出租、赠与、典当与继承等	“社员原有的坟地和房屋地基不必入社”、社员新修房屋需用的地基由合作社统筹解决	《土地改革法》（1950）、《宪法》（1954）、《农业生产合作社示范章程》（1956）、《高级农业生产合作社师范章程》（1956）
1962～1980年	农村宅基地归集体所有，农户享有宅基地使用权	确立“地随房走”原则，农村宅基地不得出租和买卖，社员可以买卖和出租房屋	任何单位和个人占用集体所有土地，必须经过县级以上人民委员会审查和批准。农户新建房屋需由村集体统一安排	《农村人民公社工作条例修正草案》（1962）、《中共中央关于各地对社员农村宅基地问题作一些补充规定的通知》（1963）、《宪法》（1978）和《农村人民公社工作条例（试行草案）》（1978）
1982～1997年	农村宅基地归集体所有，农民和城镇居民均可取得农村宅基地使用权	农民和城镇居民都可以原始取得宅基地使用权，农村房屋流转较为宽松	符合规划、依法审批、“一户一宅”、面积法定、可非农生产经营	《关于制止农村建房侵占耕地的紧急通知》（1981）、《宪法》（1982）、《关于切实解决强占新地建房问题的报告的通知》（1982）、《村镇建房用地管理条例》（1982）、《关于加强土地管理，制止乱占耕地的通知》（1986）、《土地管理法》（1988）、《土地管理法实施条例》（1991）、《关于加强土地转让管理和禁止土地投机的通知》（1993）、《担保法》（1995）、《关于进一步加强土地管理切实保护耕地的通知》（1997）、《土地管理法》（1998）等

续表

时期	产权制度	流转制度	管理制度	代表性法律法规
1998～2012年	农村宅基地归集体所有，只有本集体经济组织成员才能取得宅基地使用权	农村宅基地使用权不得向本集体经济组织以外的成员转让，禁止城镇居民在农村购买农村宅基地、农民住宅或“小产权房”	符合规划、依法审批、“一户一宅”、面积法定、用途管制（居住使用）、城乡建设用地增减挂钩、引导农民集中居住并利于剩余建设用地指标发展二三产业（商品住宅除外）	《土地管理法实施条例》（1998）、《土地管理法》（1998）、《国务院办公厅关于加强土地转让管理严禁炒卖土地的通知》（1999）、《关于深化改革严格土地管理的决定》（2004）、《关于加强农村宅基地管理的意见》（2004）、《土地管理法》（2004）、《物权法》（2007）、《城乡建设用地增减挂钩试点管理办法》（2008）、《关于推进农村改革发展若干重大问题的决定》（2008）、《关于进一步完善农村宅基地管理制度切实维护农民权益的通知》（2010）等
2013年至今	实行宅基地“三权分置”；尝试推进农民住房（包括宅基地）财产抵押、担保	完善宅基地使用权取得制度、探索宅基地有偿使用和自愿有偿退出、盘活闲置宅基地、探索宅基地使用权抵押担保等	符合规划、依法审批、“一户一宅”、面积法定、用途管制（居住使用）、城乡建设用地增减挂钩、引导农民集中居住并利于剩余建设用地指标发展二三产业（商品住宅除外）、“住有所居”	《关于全面深化改革若干重大问题的决定》（2013）、《关于农村土地征收、集体经营性建设用地入市、宅基地制度改革试点工作的意见》（2014）、《关于开展农村承包土地经营权和农民住房财产权贷款试点的指导意见》（2015）、《土地利用年度计划管理办法》（2016）、《关于深入推进农业供给侧结构性改革做好农村产业融合发展用地保障的通知》（2017）、《中共中央国务院关于实施乡村振兴战略的意见》（2018年）、《关于印发跨省域补充耕地国家统筹管理办法和城乡建设用地增减挂钩节余指标跨省域调剂管理办法的通知》（2018）、《关于健全建设用地“增存挂钩”机制的通知》（2018）、《土地管理法》（2019）等

资料来源：相关法律法规及文件资料的梳理归纳；张义博．我国农村宅基地制度变迁研究［J］．宏观经济研究，2017（4）：35－42＋54；周江梅，黄启才．改革开放40年农户宅基地管理制度变迁及思考［J］．经济问题，2019（2）：69－75。

经营活动，“符合规划、依法审批、‘一户一宅’、面积法定”的宅基地管理制度初步形成；1998～2012年，农村宅基地使用权主体严格限定为农村集体经济组织成员，严格限制宅基地使用权的流转和用途，开始探索以“指标”形式“放活”宅基地使用权；2013年至今，大力推动以宅基地“三权分置”等为代表的农村宅基地制度改革，强化宅基地的资产功能，逐步放开用途管制（商品住宅开发除外）。不过2013年以来宅基地制度的调整目前基本都还处于试点阶段，尚未形成一般化的制度。尽管2019年修订了《土地管理法》，但并未对宅基地制度进行大的修改，只是增加了关于多种形式实现农户“住有所居”的内容。因此，现阶段农村宅基地制度的主要内容仍然延续2004年《土地管理法》规定的基本制度框架：（1）宅基地集体所有权和农户宅基地使用权“二权”分置；（2）宅基地使用权具有身份属性，非本集体成员（尤其是城镇居民）不得通过购买等方式获得农村宅基地；（3）“符合规划，依法审批，‘一户一宅’，面积法定，用途管制（居住用途）”。

从表3－1中宅基地制度的形成过程可以看出，集体所有制下农村宅基地制度变迁的基本趋势是国家和农民集体对农户宅基地产权的限制逐渐减少，农户对宅基地的财产权利逐渐增加。这背后所反映的是宅基地使用权居住保障功能的弱化与宅基地资产属性的日益显化和强化。① 这种制度变迁过程的内在动力是什么呢？正如制度经济学制度变迁理论所言，“引起制度变迁的根本动力在于产品和要素相对价格的变化，以及制度的相关利益主体追逐制度创新所产生的收益”。② 党的十一届三中全会以来，土地资产属性增强、建设用地需求量增加以及城乡人口流动等因素使得农村宅基地资产功能显现和增强，农村宅基地相对价格上涨，形成“外部利

① 朱新华．农村宅基地制度创新与理论解释［D］．南京：南京农业大学，2011：58－72.

② 朱新华．农村宅基地制度创新与理论解释［D］．南京：南京农业大学，2011：72－88.

润”，突破现行制度对农村宅基地资源市场化配置的限制成为包括农户等在内的相关利益主体的制度需求。[①] 尤其是进入 21 世纪以来，市场机制的逐步完善和城镇化的迅速推进，大量农村人口流向城市，农村宅基地使用权对农户的居住保障功能逐渐弱化。另外，城市的快速扩张与农村区位条件的改善在大幅度提升宅基地财产价值的同时又为农村宅基地财产价值的实现提供了条件。

近年来，城乡人口的迁移和农村产业的发展进一步提高了农村宅基地使用权的相对价格，农户对实现宅基地财产价值的诉求也更加强烈。一是人口的迁移迫切需要通过市场化方式实现宅基地财产权益。一方面，在新型城镇化快速推进过程中，大量农村人口流向城市，除少部分农村人口通过购买商品房满足居住需求外，大量农村人口聚集在房屋租金水平较低的城中村和城郊村。另一方面，城镇化快速发展与城镇人口积聚所带来的各种“城市病”以及乡村生活环境的改善使得相当部分经济条件较好的城市居民迁移至农村短期度假或长期居住。这种人口的迁移使得宅基地使用权主体与实际使用主体的分离、宅基地的闲置、“隐性流转”等在部分地区成为常态。“变现”及“购买”宅基地使用权成为农户等利益主体的迫切需要。二是农村产业的发展迫切需要通过市场化方式重新配置农村宅基地资源。乡村振兴的首要前提就是“产业兴旺”。“三产融合发展”背景下，越来越多的农村地区依托本地资源禀赋大力发展休闲、康养、文创、旅游等第二、第三产业。农村产业发展既增加了对农村宅基地的市场需求，又带动农村基础设施等区位条件的改善。这无疑会进一步提升农村宅基地相对价格。在这种背景下，农户等相关利益主体为追逐农村宅基地相对价格上升所带来的“外部利润”，必然会积极推动宅基地的市场化交易以实现宅基地资产功能。实践中业已存在的多种宅基地制度改革试点及宅

---

① 瞿理铜. 基于功能变迁的农村宅基地制度改革研究［D］. 北京：中国农业大学，2016：37－59.

基地的私下流转即是例证。而这将进一步推动农村宅基地产权制度向强化宅基地资产功能的方向变迁。

3.2.2 现行农村宅基地制度对农户“生存能力”的制约

从表3-1可知，我国现行宅基地管理制度主要表现为“符合规划”“依法审批”“一户一宅”“面积法定”“出卖、出租住房后不得再次申请宅基地”等方面。由此可见，我国现行宅基地制度在其演变过程中一直强调的是宅基地的保障功能，即通过宅基地的无偿分配实现对农村集体经济组织成员的住房保障，满足农户对居住的基本需求。历史也已证明，这种强调宅基地保障功能的宅基地制度对于保障农户居住这一范畴的“生存能力”发挥了不可替代的作用。但随着城镇化的快速推进和农村“人地关系”的变化，现行宅基地制度对农户“生存能力”的保障作用在逐渐减弱。这主要体现在以下两个方面。一是“一户一宅”不可持续导致新增农户公平获得宅基地使用权。“一户一宅”制度的初衷在于保障农户公平获得宅基地的同时避免乱占农用地（包括耕地）。但越来越多的农民集体已无足够的土地资源用于以户为单位无偿分配宅基地。[①] 这导致大量农村新增人口作为集体成员权内容的宅基地使用权分配权利无法实现。根据杨璐璐（2017）针对晋江市的调查，有45%的村未达到“一户一宅”。二是现行宅基地制度下宅基地难以流动，这制约了农户居住环境的改善。就农户收入水平和集体经济现状来看，其无法有效负担改善居住环境的成本。可行路径是通过盘活宅基地为改善居住环境创造空间条件和资金条件。具体来说，就是通过流转优化宅基地空间布局实现集中连片开发并引入社会资本。但农户宅基地使用权的身份属性以及占有、使用、收益和处

---

① 申惠文．农村村民一户一宅的制度困境［J］．农业经济，2015（12）：72-74.

置权能受限使得宅基地难以市场化流转。宅基地的“聚零为整”陷入困境，宅基地“分散化”布局难以得到优化，改善农户居住环境缺乏有效抓手。

3.2.3 现行农村宅基地制度对农户“财产权利”的制约

尽管2007年《物权法》已正式确立农户宅基地使用权的用益物权性质。但无论是从《物权法》立法条文还是宅基地制度实践出发，农户对于宅基地的“财产权利”都是不完整的。完整的用益物权应包含完整的占有、使用、收益和处置权能。即使考虑到农户宅基地使用权派生于集体所有权的国情，占有权能应归属于农民集体，那么农户宅基地使用权也应包括较为充分的使用、收益和处置权能。但从农户拥有的“存量”宅基地使用权权能来看，农户获得之宅基地使用权的使用权、收益权和处置权均受到不同程度的不当限制：一是使用权在严格用途管制下只能用于住宅及其附属设施建设，不能用于经营性用途；① 二是收益权主要体现为其提供的住房保障，实践中农户仅可通过出租房屋等获得出租收益，但以放弃宅基地分配资格为前提②；三是处置权受到严格限制，农村宅基地使用权无法作为抵押标的物，③ 法律规定只允许将宅基地使用权转让给集体经济组织内部其他成员，且也以放弃宅基地申请资格为前提。④ 宅基地使用权用益物权权能的不完整直接导致宅基地使用权与城镇国有建设用地使用权

---

① 《物权法》第一百五十二条规定：“宅基地使用权人依法对集体所有的土地享有占有和使用的权利，有权依法利用该土地建造住宅及其附属设施。”

② 《土地管理法》(2019) 第六十二条规定：“农村村民出卖、出租住房后，再申请宅基地的，不予批准。”

③ 《物权法》(2007) 第一百八十四条和《担保法》(1995) 第三十七条规定宅基地等集体所有的土地使用权不得抵押。

④ 韩立达，王艳西等. 农村宅基地“三权分置”：内在要求、权利性质与实现形式[J]. 农业经济问题，2018 (7)：36-45.

相比是一种不平等的财产权。在某种意义上，甚至可以说农户对宅基地的“财产权利”根本尚未实现。现行宅基地制度下农户无法实现宅基地“财产权利”直接带来两方面的不良后果。一方面制约农户财产性收入的增加。宅基地使用权（包括房屋）是农户最具有财产价值的财产之一。但农户关于宅基地在占有、使用、收益和处置权能方面受到的限制使得农户无法像城镇国有建设用地使用权人一样行使产权，特别是无法将宅基地使用权用于经营性用途以及采取转让、抵押等方式予以处置。因而，农户也就无法充分实现宅基地财产权益。这是导致农户财产性收入低的根本原因之一。[①] 2018 年城镇居民财产净收入为 4027.70 元，占城镇居民可支配收入比例约为 10.26%；而同期农村居民财产净收入为 342.10 元，占农村居民可支配收入比例仅为 2.34%。[②] 另一方面阻碍了农户自由迁移及稳定就业。面对城乡之间、农业与非农产业之间巨大的工资率差异，大量农户希望进入城镇或非农产业就业，也就是实现“非农化”和“市民化”。能够有效流转的宅基地使用权对于农户“非农化”和“市民化”而言是一种巨大的“推力”：一方面，可以改变农户财产收入预期进而影响劳动力转移决策，促进农户非农就业；另一方面，宅基地流转能够提高农户财产性收入，从而为其非农就业、安居城市提供资本支撑。[③] 但正如前文所述，现行宅基地产权制度和管理制度对宅基地的流转进行了严格的限制。对于拟非农就业和“市民化”的农业转移人口而言，宅基地只是“沉睡的资本”[④]，无法助推其实现非农就业和“市民化”。对于“非农化”和“市民化”的农户而言，由于制度上缺乏合理有效的、市场化的宅基地流转机

---

① 张勇，汪应宏．农民工市民化与农村宅基地退出的互动关系研究［J］．中州学刊，2016（7）：43－48.

② 资料来源：《中国统计年鉴（2019）》。

③ 郭贯成，韩冰．城市近郊农户非农就业和宅基地流转意愿作用研究——基于南京市栖霞区的问卷调查［J］．山西农业大学学报（社会科学版），2018，17（4）：1－8.

④ 杨华．农村宅基地流转与小产权房的困境及出路［J］．探索与争鸣，2010（8）：52－55.

制，宅基地成为其在城镇稳定就业的“反向拉力”，农户长期内难以割断与乡村或者农业的联系。

3.2.4 现行农村宅基地制度对农户“发展能力”的制约

正如前文所述，农户“发展能力”的培养和提高在很大程度上依赖于“社会”各方面的支持。但像公共服务、社会保障、社会参与、社会关系等方面功能性活动的实现并不是自发完成的。在市场经济条件下，包括政府、农村集体经济组织和社会资本等在内的主体协助农户获得作为其“发展能力”的功能性活动必须建立在农村土地资源优化配置和农村经济增长的基础上。作为农村最重要的资源禀赋之一，宅基地的市场化配置对于农村土地资源优化配置和农村经济增长具有不可替代的作用。但现行宅基地制度下农户宅基地“财产权利”的不完整通过影响宅基地资源配置和农村经济增长而制约农户的“发展能力”。

1. 宅基地难以流动制约农村公共服务的有效供给

农户宅基地使用权的身份属性以及占有、使用、收益和处置权能受限使得宅基地难以市场化流转。进而，宅基地也就难以通过市场化配置实现集中连片。农民集体对宅基地有限的占有权和部分处置权也阻碍农民集体对农村宅基地进行有效的资源配置和空间布局优化。这就制约了农村公共服务的有效供给。

2. 宅基地“财产权利”不完整不利于涉宅基地各类项目中农户意志的表达

宅基地使用权用益物权权能的不完整使得农户对宅基地的占有排他性不足。这就导致实践中农户在各类涉宅基地项目中（如城乡建设用地增减挂钩等）无法有效表达自身意志。进一步的后果就是农户的合法权益经常受到侵害。一方面，“资本下乡”背景下农户不能有效参与市场机制导致农户面临“失宅”风险。随着宅基地制度改革、集体经营性建设用地入市以及征地制度改革等一系列改革举措的开展，社会资本将获得多种途径进行农村建设用地开发及生产经营。在此背景下，“资本下乡”事实上自觉或不自觉地将农户宅基地使用权纳入对资源配置起决定性作用的市场机制中，这对于处于信息不对称地位及“有限理性”的农户来说，很容易陷入市场经济的“利益陷阱”，严重者甚至可能导致农户失去宅基地。另一方面，宅基地使用权排他性不足导致农户难以对抗不法“管理者”的“寻租”行为。随着我国市场经济体制的逐渐完善，宅基地潜在财产价值不断凸显，在逐利性驱使下，地方政府和村委会等会采取多种手段与“下乡资本”等“合谋”，侵害农户宅基地经济、社会权益，如天津“宅基地换房”中华明镇直接通过下发文件间接强制贯庄村农户“换房”①。

3. 宅基地使用权难以流转影响农户社会保障水平的提高

目前，农村社会保障包括城乡居民医疗保险、城乡居民养老保险等基本实行的是“个人缴纳 + 国家补助”方式筹集社保资金。但受制于农户收入水平以及国家财政负担水平，农户实际享受到的社会保障水平远远低于城镇居民享受到的社会保障水平。正如前文所述，宅基地使用权有效流转有助于实现宅基地财产价值、促进农户“非农化”和“市民化”以及促进农户收入增加。这能够直接提高农户对社会保障费用个人缴纳部分的负担能力，从而能够使农户获得更高水平的社会保障。宅基地使用权难以有效流转也阻碍了集体经济的发展，从而也制约了农民集体在提高农户社会保障水平方面能够发挥的积极作用。除此之外，“一户一宅”宅基地福利分配模式的不可持续性使得越来越多农村人口无法公平无偿获得无限期的宅基地使用权。这就使得农村宅基地制度的居住保障功能无法有效发

① 冯双生，张桂文．宅基地置换中农民权益受损问题及对策研究［J］．农业经济问题，2013，34（12）：31－39，110－111.

挥，在城乡统一的住房保障制度未全面建立之前，部分农户居住保障需求受到制约。

4. 乡村的封闭与衰落严重影响到农户人际关系和社区生活质量

随着城市化进程的加快，农村人口更多的转移到城市中，农村“空心化”现象加剧。① 伴随着“空心化”现象的加剧，农村整体经济社会功能综合退化。“空心化”在某种程度上是农村闲置宅基地得不到重新利用造成的。随着农村大量人口的流出，乡村整体经济社会功能退化。仍然留在乡村的人口，其人际关系由于大量人口的流出而受到“破坏”。同时，由于人口的大量流出，乡村缺乏活力，社区生活也难以有效开展。宅基地缺乏重新利用的途径也使得外来人口难以进入乡村。乡村“封闭”与“衰落”的状态也就难以被打破，农户人际关系和社区生活也就难以进入良性发展的轨道。

3.3 实现农户可行能力要求农村宅基地“三权分置”

3.3.1 农村宅基地“三权分置”的逻辑框架

从阿马蒂亚·森可行能力理论与我国农村农户发展现状相结合角度出发，农户可行能力包括“生存能力”“财产权利”和“发展能力”三个层次。现行宅基地集体所有权和宅基地使用权“两权分置”制度安排的出

① 张梦琳．农村宅基地流转模式演进机理研究［J］．农村经济，2017（5）：13－18.

发点在于公平保障农户居住需求。这一制度目标通过基于成员身份的宅基地使用权的无偿分配实现。虽然这一制度在保障农户“住有所居”方面发挥了不可替代的历史作用。但从当前阶段促进农户发展角度来看，宅基地集体所有权和宅基地使用权“两权分置”的制度安排只是在最低水平上保障了农户基本居住需求。换言之，现行宅基地制度仅为农户提供了居住所需的土地，只是能够保障农户居住这一基本可行能力的实现，以及在最低程度上实现农户“生存能力”层次的可行能力。且随着农村“人地关系”的变化，现行宅基地制度对农户“生存能力”的保障作用也陷入不可持续的困境。现行宅基地制度下农户和农民集体对宅基地财产权利的“缺乏”使得农户“财产权利”层次和“发展能力”层次的可行能力难以有效实现。农村宅基地“三权分置”后集体所有权的产权功能主要在于通过农村集体经济组织更好实现农户“发展能力”层次的可行能力；农户资格权的产权功能主要在于通过明晰权利的方式更好实现农户“生存能力”层次的可行能力；宅基地之使用权的产权功能则主要在于通过剥离宅基地身份属性以及强化宅基地用益物权属性更好实现农户宅基地“财产权利”层次的可行能力（见图3－1）。当然，农村宅基地“三权”与农户三个层次可行能力并不是严格的“一对一”关系。原因在于，集体所有权、农户资格权和使用权三者的权利客体是同一的。也就是说，任意一块宅基地之上都同时承载了上述“三权”。因此，“三权”中任意一权的实现都受到其他两权的相互影响。从这个意义上，宅基地“三权”对农户可行能力的影响也不会是单一的。如农户宅基地“财产权利”的实现有时需要农村集体经济组织的参与，农户“住有所居”“生存能力”也无法完全脱离农村集体经济组织而实现，农户“生存能力”的实现也必须建立在“财产权利”实现的基础上。但从马克思主义政治经济学方法论来看，矛盾有主次之分，我们在分析经济问题时必须把握经济问题的主要矛盾。从这个角度看，农村宅基地“三权分置”后的集体所有权最大的作用在于促进农户“发展能力”的提高；农户资格权最大的作用在于保障农户“住有所居”的生存能力；使用权最大的作用在于实现宅基地财产价值。农村宅基地“三权分置”改革的实质就是对宅基地进行“还权赋能”，从占有权、使用权、收益权和处置权四方面拓展宅基地权利内容，形成宅基地“增量”权能。通过这些“增量”权能的分配来赋予农民集体和农户尤其是农户更加平等的宅基地“财产权利”。换言之，农村宅基地“三权分置”改革的逻辑起点在于通过赋予农民集体和农户宅基地“财产权利”保障和提升农户的“发展能力”，进而实现农户和农村的发展。宅基地“增量”权能必须体现农村宅基地的实际开发利用过程。从宅基地利用的实践考察，宅基地的盘活方式主要包括宅基地的直接利用、宅基地转化为集体建设用地指标以及宅基地转化为集体经营性建设用地三种类型。农村宅基地“三权分置”核心就在于如何将制度创新形成的宅基地“增量”权能在农村集体经济组织、农户和以社会资本为主要代表的生产经营主体之间进行再分配从而形成集体所有权、农户资格权和使用权“三权分置”的产权格局（见图3-2）。

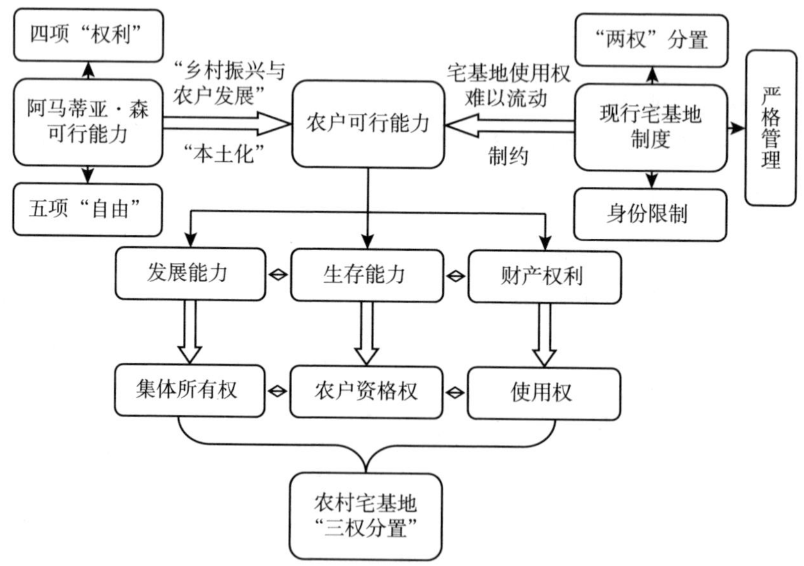

图3-1　农村宅基地“三权分置”的逻辑框架

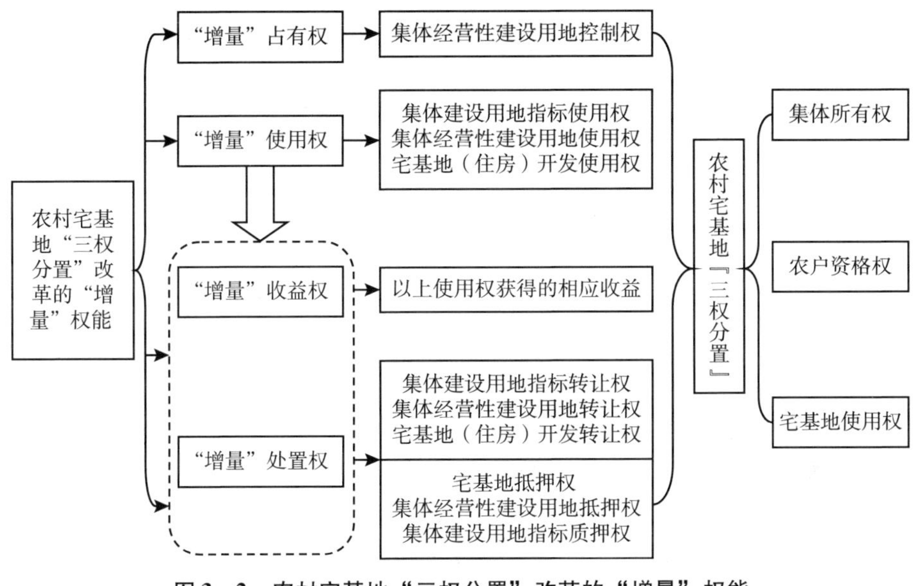

图3-2 农村宅基地"三权分置"改革的"增量"权能

3.3.2 农户"发展能力"的实现要求落实宅基地集体所有权

从理论和实践来看，特殊的国情决定了只有在以集体所有权为核心的集体所有制下农户才能有效实现其"发展能力"层次的可行能力。因为小农异质性决定了需借助一定组织化形式才能降低交易成本，以及借助外部力量克服市场信息不对称、提供准公共物品、解决农户跨区域流动时的"户有所居"等。

1. 集体所有权是农民集体实现"地利共享"的产权基础

地权的公平分配对于保持社会主义性质具有实质性意义。正如温铁军（2005）所言："当代中国政权的合法性基础，就是土地革命……向农民这个人口的最大多数承诺平均地权。”① 在我国，“平均地权”实现形式分两阶段：1950～1956 年的土地改革通过国家直接分配土地实现“平均地权”；自 1956 年农村土地实行集体所有特别是 1978 年改革开放之后，在国家支持和制度规范下由农民集体通过家庭联产承包责任制和宅基地福利性分配实现“平均地权”。“平均地权”是城市化进程中保持社会稳定的重要制度约束。② 在稀缺性宅基地资源供给约束下，宅基地的福利性分配逐渐不可持续，未来农户宅基地“平均地权”阶段将走向“地利共享”阶段。由于城镇化的快速推进，宅基地使用权的财产价值大幅提升。“地利共享”理念下宅基地增值收益应通过一定途径让农民集体成员“共享”。这就要求通过宅基地“三权分置”重塑宅基地产权结构。从基本国情出发，只有农民集体才能成为宅基地增值收益“地利共享”之实现主体。一方面，通过农民集体才能确保宅基地增值收益在国家、集体和农户之间进行科学合理的分配；另一方面，农民集体将“归公”之宅基地“地利”用于向本集体成员提供基础设施、公共服务设施、生产生活保障及发展壮大集体经济等，实现“地利共享”。农民集体成为“地利共享”实现主体的关键在于农民集体能够有效参与宅基地增值收益的分配过程。地租是土地所有权在经济上的实现形式。农民集体获得宅基地增值收益的经济形式是地租。由此，毫无疑问，农民集体获得宅基地增值收益的基础在于农民集体对宅基地享有土地所有权。在中国特色社会主义公有制下，农民集体对宅基地享有的土地所有权就是集体所有权。在农村宅基地“三权分置”中必须坚持“落实宅基地集体所有权”。因为集体所有权是农民集体实现“地利共享”的产权基础。

①② 温铁军. 中国“三农”：值得深思的三大问题［J］. 学习月刊，2005（3）：23－25.

2. 强化农村集体经济组织保障作用以降低交易成本要求落实集体所有权

个人实现功能性活动的程度不仅取决于个人资源禀赋，还取决于社会为其提供的可供选择之商品组合，即资源禀赋的交换权利。从资源禀赋到交换权利的转换“取决于一个社会中的法律、政治、经济和社会特征以及人们在社会中所处的地位”。① 现行宅基地制度下，宅基地利用方式和产权交易受到严格限制，宅基地使用权的交换权利无法实现。而宅基地“三权分置”改革的重要内容之一就是通过“放活宅基地使用权”让农户获得更多财产权益。但问题在于，农户个体能否有效行使宅基地使用权？宅基地财产权益量的大小归根结底是由宅基地对农村“三产融合”的“贡献量”决定。依据产业经济学基本原理，农村“三产融合”必须发挥专业化和规模化经营优势。在专业化经营方面，企业或社会投资者拥有农户无可比拟之优势。农村“三产融合”发展的主要主体应是企业。但现代企业的规模效应和集群效应要求土地连片开发。② 这就要求将由农户分散占有之小块宅基地连片集中到企业家手中以实现规模化开发经营。实践中规模化经营过程涉及企业家与众多农户之间“一对多”的交易，这种“一对多”的交易面临巨大交易成本。一方面，企业与有限理性和机会主义的单个农户达成使用权流转契约面临无穷大的沟通成本、签约成本及维持成本。例如，单个农户机会主义行为如“漫天要价”等将给企业带来较大交易成本；使用权交易属于典型的非标准化交易，不同区位宅基地之价格存在差异，但集体行动的逻辑使农户之间相互比较、要求“同价”甚至“溢价”交易，“钉子户”个人行为还可能引发农户的集体违约或机

---

① ［印］阿马蒂亚·森．贫困与饥荒：论权利与剥夺［M］．王宇，王文玉，译．北京：商务印书馆，2011（8）：61－63.

② 蒋省三，刘守英．土地资本化与农村工业化——广东省佛山市南海经济发展调查［J］．管理世界，2003（11）：87－97.

会主义行为。另一方面，即使与单个农户达成相关宅基地开发协议，广义的“房地一体”使企业的投资具有很强“资产专用性”。如果单个农户在机会主义驱动下违约，企业将付出极大的投资损失。总之，企业与单个农户直接交易存在巨大交易成本，会严重阻碍宅基地专业化和规模化经营，导致农户财产权益无法实现。因此，实践中就需要一个第三方组织进行协调以减少交易成本，促进宅基地专业化和规模化经营。已有研究表明，提高社区管理能力和人力资本能够增加小农户从市场参与中获益的机会。①就现阶段我国乡村治理的国情来看，农民集体应能成为降低交易成本之第三方组织。通过提高农民集体的管理水平增加农户从市场参与中获益的机会。因为农民集体可通过组织内部集体规则和乡村熟人社会声誉机制等对农户机会主义行为进行约束；农民集体作为中介可将农户与企业之间“一对多”谈判过程内化为农民集体内部民主决策并达成契约之过程，即将“市场型交易”内化为“内部管理型交易”，有效降低交易成本；公司化的农村集体经济组织与社会投资企业同属市场法人主体，二者之间“一对一”谈判交易在信息搜集、谈判、签约、监督等方面的成本相对于企业与农户“一对多”时较低。从农村宅基地“三权分置”“三权”的产权构造来看，农民集体参与宅基地专业化和规模化经营的机制只能内嵌为“落实宅基地集体所有权”的重要组成部分。

3. 发挥农民集体改善“信息不对称”的优势要求落实集体所有权

传统经济学关于产权自由交易可实现“帕累托最优”状态的基本前提之一是交易双方信息对称。但实践中交易双方“信息不对称”却是常态。农户与其他市场交易主体之间不可避免存在“信息不对称”问题：（1）相对于银行等金融机构，农户掌握更多使用权私人信息，使用权作

① Jim Bingen, Alex Serrano, Julie Howard. Linking farmers to markets: different approaches to human capital development [J]. Food Policy, 2003, 28 (4): 405 -419.

为标的物的难以处置特征使银行等金融机构难以对农户道德风险和逆向选择行为进行有效约束；（2）由于知识水平、信息搜集能力及信息成本等限制，农户将使用权采取转让、出租、入股等方式交由其他市场主体时处于信息弱势地位，极易受到侵害从而降低其本应获得之福利；（3）农户利用宅基地开展经营活动时将直接面对各种市场风险，市场和政策信息的专业性、分散性、时效性、垄断性等特征使单个农户难以及时、全面掌握所需市场、政策信息从而将承担较大市场风险。此时，农民集体在改善宅基地产权交易“信息不对称”方面就显示出较大优势：（1）农民集体具有内部人信息优势，可在贷款人资格审核及担保等方面发挥作用，减少农户道德风险和逆向选择行为的发生，这一点已被宁夏同心县承包地经营权抵押贷款实践所证明；[①]（2）当农户宅基地合法权益受到侵害时，农民集体作为组织相对于农户个体而言具有更强的谈判能力，完全能够维护农户权利；（3）已有研究表明，经营主体与农民集体签订土地流转协议可有效减小合约议定及执行过程中的交易费用；[②]（4）农民集体负责人往往是农村政治或经济精英，相比于一般农户具有更强信息搜集和运用能力，能够快速对市场和政策信息做出反应。但在现行宅基地制度下，农民集体在将宅基地使用权无偿分配给农户以后，农户享有永久使用权，农民集体基本丧失对宅基地或者说对农户宅基地利用行为的干预能力。在此背景下，必须适当强化农民集体的地位和作用，为农民集体改善宅基地产权交易或开发过程中的“信息不对称”问题创造条件。这正是“落实宅基地集体所有权”的题中之义。

---

① 汪险生，郭忠兴．信息不对称、团体信用与农地抵押贷款——基于同心模式的分析［J］．农业经济问题，2016，37（3）：61－71，111．

② 吴一恒，徐砾，马贤磊．农地“三权分置”制度实施潜在风险与完善措施——基于产权配置与产权公共域视角［J］．中国农村经济，2018（8）：46－63．

4. 提升农民集体准公共物品供给能力要求落实集体所有权

农村公共物品供给不足、质量不高问题已严重制约农村经济发展和农户生活水平的提高（邓大松等，2016）。尽管近年来国家加大了对农村公共物品供给的财政支持力度，但受限于财力等因素，农村公共物品供给不足、质量低的问题在较长时间内恐难以得到根本改观。农村公共物品可分为两类：一是纯公共物品，主要包括由多村等共用的公共物品等；二是准公共物品，主要是指仅供本村（组）集体成员使用的公共物品等。纯公共物品必须由政府提供（政府生产并提供或者政府出资企业提供）。而对于农村准公共物品而言，尽管在很大程度上可以排除本村（组）集体外部人员从本集体准公共物品的消费中获益，但在本集体内部往往难以完全排除非付费者“搭便车”。农户难以自发组织起来提供其所需的准公共物品。从中国实际出发，基于集体所有权的农民集体是将农户组织起来并提供农村准公共物品的重要主体。一是农民集体基于公共产权提供公共物品有悠久的历史渊源。邓大才（2017）的研究表明，“皇权不下县”与“一家一户小私有制”的中国传统农业社会中大量公共物品是通过赋予部分产权社会属性以形成公共产权来提供的，这是维持中国传统农业社会运转的“产权密码”。社会主义集体所有制确立以来，这部分提供农民集体所需准公共物品的公共产权就由农村土地集体所有权充当。二是农民集体本身作为基层群众性组织，已经深深嵌入乡村社会治理结构中，针对农户具有强大的组织动员力量。三是提供准公共物品是提升农民集体影响力巩固集体所有制地位的内在要求。农民集体通过提供准公共物品保持对农村公共事务的影响力从而不断巩固集体所有制地位。但现阶段大量农民集体缺乏提供准公共物品的经济基础。截至2016年底，集体没有经营收益或经营收益在5万元以下的村有41.8万个，占总数的74.9%。[①] 因此，

① 农业农村部就农村集体产权制度改革进展情况举行发布会［EB/OL］. 农业农村部网站，2018－6－19.

亟须发展壮大农村集体经济以使农民集体具备提供准公共物品的经济基础。因此就必须让农民集体参与农村最主要生产要素——宅基地——的开发经营过程。农民集体通过参与宅基地开发经营过程带动集体经济发展、增强其对准公共物品的支付能力。

5. 实现农村“跨区域户有所居”要求落实集体所有权

农村住房保障是农户基本权利保障的重要内容，宅基地住房保障又是农村住房保障的唯一方式。① 伴随着城镇化和乡村振兴的逐步推进，非本农民集体的农民成为农民集体常住人口的重要组成部分。城镇（尤其是大城市）城乡接合部或近郊地区长期居住了大量进城务工人员；农村“三产融合”发展背景下，很多农民集体发展迅速，吸引越来越多的外部劳动力流入，比如享有“天下第一村”美誉的华西村、各种特色小镇（古镇）等。农民集体常住人口中非本农民集体农民的增多是市场条件下劳动力自由流动、自主选择的结果，是劳动力资源配置的“帕累托改进”。农村跨区域流动的人口是乡村振兴的“生力军”。我们必须为这部分跨区域流动人口“留下来”创造良好的生产生活条件。为让这部分跨区域流动人口“乐业”就必须首先保障其“安居”，应建立多样化、多层次的“跨区域户有所居”住房供给机制。完全市场化的商品住宅制度违背现行法律法规或政策，难以成为农村“跨区域户有所居”住房供给机制的主要方式。因此，可建立市场化渠道和保障性渠道并行的住房供给机制。市场化渠道和保障性渠道并行的住房供给机制应在集体所有制框架内由农民集体完成：（1）住房供给具有规模经济特征，农民集体作为集体所有权主体，在组织实施住房规模开发方面具有产权基础和组织动员优势；（2）农民集体为低收入跨区域流动人口提供基本住房保障有利于吸引外部流动力，为乡村振兴提供劳动力要素保障；（3）农民集体为高收入跨区域流动人

---

① 高圣平. 宅基地制度改革政策的演进与走向［J］. 中国人民大学学报，2019，33（1）：23－33.

口以市场化形式提供共有产权房既有利于吸引高素质人才，又有利于筹集资金促进农民集体住房供给资金收支平衡甚至是壮大集体经济。农民集体为主体的住房供给必然涉及盘活、整合农村现有宅基地资源，通过一定形式将分散于农户的宅基地资源交由农民集体统筹使用。但在现行法律下，农民集体很难直接规模化支配使用土地资源。农村宅基地“三权分置”改革可以通过“落实宅基地集体所有权”为农民集体集中化、规模化开发利用闲置低效利用宅基地创造制度条件，从而有助于农村“跨区域户有所居”的实现。

3.3.3 农户“生存能力”的实现要求保障农户资格权

农户“生存能力”层次的可行能力主要指农户有权获得“住有所居”的居住需求保障。在农村宅基地“三权分置”后，一方面，宅基地作为一种生产要素将以市场化的方式流转，农户与宅基地之间的“直接占有”关系将被打破；另一方面，随着乡村振兴和城镇化的进一步推进，农村人口的流动性也进一步加强。在农村人口和农村宅基地流动性都持续增强的背景下，农户基本居住需求层面的“生存能力”面临挑战。在这种情况下，为更好保障农户的“生存能力”，就必须以产权界定形式明确对农户居住需求的保障。这就是农村宅基地“三权分置”创设农户资格权的目的所在。这是保障农户“生存能力”不受“剥夺”的必然要求。一方面，农户资格权与农户作为集体成员应享受的居住保障相联系，既是“一户一宅”的延续，又是新时期农户享受来自农民集体更高层次居住保障的资格证明；另一方面，农户资格权体现的是“人地分离”下对农户宅基地相关财产权利的保护，是农户抵抗不法侵害行为及避免“非自愿性失地”风险的产权保障。

1. *农户参与农民集体宅基地分配要求保障农户资格权*

对于土地资源禀赋较为丰裕的部分地区而言，“一户一宅”的宅基地福利分配制度还可执行。单独设置农户资格权的意义主要体现在两个方面：一是从产权角度确立尚未获得宅基地成员的产权，有利于减少宅基地福利分配过程中的纠纷和矛盾；二是赋予未获得宅基地成员农户资格权，有利于构建市场化有偿的集体成员进入退出机制，未获得宅基地成员退出农民集体可凭农户资格权取得补偿，同时也可确认因出生、婚嫁等取得集体成员身份人口的宅基地权利。而对于相当部分城郊农村尤其是大城市的城郊区农村而言，已不再向符合宅基地申请条件的农户分配宅基地。宅基地分配事实上已经“生不增，死不减”。宅基地分配“生不增，死不减”只是实现了既定时点的“横向公平”，但却忽视了宅基地分配的“代际公平”目标。农户资格权对于保障宅基地分配的“代际公平”至关重要。尽管在实践中很多地区已不再对符合宅基地申请条件的农户无偿分配宅基地，但集体成员平等享有向集体申请无偿分配宅基地的权利。农户资格权在某种意义上即是对集体成员农户享有的宅基地分配请求权的确认。这对于平等保护集体成员宅基地财产权利具有重要意义。从保障农户可行能力角度来看，设置农户资格权对于保障全体集体成员平等参与宅基地分配具有重要意义。

2. 农民集体保障农户“住有所居”需要创设农户资格权

作为宅基地制度福利保障功能的延续，农民集体对农户“住有所居”的保障具备“准公共物品”特征：“住有所居”集体保障仅限于农民集体成员，对外部人员“排他”；农民集体提供“住有所居”保障的边际成本大于零，呈现出“竞争性”特征。宅基地无偿分配以农民集体成员身份为基本前提。无宅基地的农户享受由农民集体提供的“住有所居”保障也必须以农民集体成员身份为基本前提。从最大化有限之集体资源或资产对集体成员居住需求的保障程度出发，农民集体在提供“住有所居”集体保障时既要对农户是否具备享受资格进行区分，又要对农户对“住有所居”集体保障的需求程度进行鉴别。农民集体仅仅为成员分配宅基地已不能满足城乡融合发展及乡村振兴对大幅度改善农户居住质量的要求。大量农村贫困人口及中低收入人口即使获得宅基地，收入水平[①]也不足以支撑其独立改善居住条件。宅基地居住保障功能应由以宅基地福利分配为主要内容的“土地保障”向以“住有所居”为主要内容的“住房保障”转变。农户资格权是“住有所居”之“住房保障”的权利载体，也就成为农户享受“住有所居”集体保障的“身份证”。本农民集体农户可凭借其拥有的农户资格权无偿或优惠获得本农民集体提供的“住有所居”集体保障。非本农民集体农户通过一定机制采取有偿方式将农户资格权由原农民集体转入实际居住地所在农民集体后可获得本农民集体提供的“住有所居”集体保障。

3. 农户对抗“寻租”等行为需要农户资格权作为依托

由于信息不对称和信息成本的存在，作为委托人的农户，在集体治理规则不健全的情况下对村干部等地方精英进行监督面临较高成本；农民集体内部农户众多，单一农户对村干部等地方精英的监督行为存在极大“外部性”，导致其他农户的“搭便车”行为。农户缺乏在集体自治框架内监督村干部等地方精英的积极性，导致农村基层民主治理“内卷化”、集体利益被“精英”俘获：利益安抚和暴力“摆平”成为有些村干部的主要治理手段，国家资源和集体利益日益被权力寻租者、地方富人与灰黑社会势力、谋利型机会主义农民等地方精英俘获。[②] 宅基地潜在财产价值不断凸显，围绕宅基地的产权交易日益频繁。为降低交易成本，农民集体往往成为相关项目的主要推动者和实施者，宅基地使用权

---

① 据《2018 年国民经济和社会发展统计公报》，截至 2018 年末，按照 2300 元/人/年贫困线标准，农村贫困人口尚有 1660 万人，贫困地区农村居民人均可支配收入仅为 10371 元。

② 陈锋．分利秩序与基层治理内卷化：资源输入背景下的乡村治理逻辑［J］．社会，2015，35（3）：95－120；李祖佩．乡村治理领域中的“内卷化”问题省思［J］．中国农村观察，2017（6）：116－129.

的支配由农民集体完成。大量国家资源如财政补贴等及社会资本也会首先选择与农民集体进行对接。在逐利性驱使下，作为代理人的村民委员会（村干部等地方精英）等有采取多种手段与地方政府、“下乡资本”等“合谋”侵害委托人农户的宅基地权益的激励。[①] 农户资格权可以强化农户对宅基地的“排他性”占有权利，为农户通过法律途径抵抗地方政府、村民委员会等的侵权行为奠定产权依据。宅基地财产价值的不断凸显将日益增加农户资格权价值——农户放弃监督村干部等地方精英将承担较高机会成本。这种机会成本一旦超过监督成本及其外部性，农户将会通过参与集体自治、按照“少数服从多数”民主治理规则[②]监督约束村干部等地方精英。

4. “人地分离”下农户宅基地权利的保护要求设置农户资格权

一旦农户向农民集体申请并获得宅基地使用权后，农户资格权中参与农民集体宅基地分配的身份性权利即得到实现。在农户将宅基地（房屋）用于自住或开发经营时，农户资格权与使用权“合二为一”，无须单独讨论农户资格权问题。农户与宅基地“人地分离”（流转给社会投资者或通过结余建设用地指标形式不完全退出）时，农户资格权就成为独立的权利。此时的农户资格权就表现为使用权流转期限内的监督权以及使用权到期收回权等。[③]为防范“私有化”及农户“失地”风险，使用权流转均设置期限限制，目的在于保证使用权能重新回归农户或农民集体。使用权流转期限内的监督权以及使用权到期收回权的权利功能也在于此。前者在于防止宅基地的开发者违法或“破坏性”使用宅基地导致宅基地的永续利用性受损，造成农户“功能性失地”；后者在于防止农户无法收回实物形

---

①③　韩立达，王艳西等．农村宅基地“三权分置”：内在要求、权利性质与实现形式［J］．农业经济问题，2018（7）：36－45.

②　王海娟，贺雪峰．资源下乡与分利秩序的形成［J］．学习与探索，2015（2）：56－63.

式的宅基地，造成农户“物质性失地”。这两种情况都会破坏农户资源禀赋。资源禀赋是个人通过生产过程和交换过程等换取所需商品和权利的前提基础。① 农户长久生计必然受到影响。因此，必须强化对农户权利的保护，避免农户“功能性失地”或“物质性失地”。这就要求将上述权利凝聚为具有法律效力的产权——农户资格权，为农户宅基地权利保护奠定产权基础。

5. 促进农业转移人口“非农化”和“市民化”要求保障农户资格权

农业转移人口“非农化”和“市民化”过程是农业人口追求更有价值生产生活方式的过程。城镇尤其是大城市有更高的工资率、更好的就业机会、更好的公共服务及更加现代化的生活方式等。依据人口流动“推—拉”理论的基本观点，这是农业人口转移至城镇并努力实现“市民化”的根本动机。2018 年常住人口城镇化率为 59.58%，户籍人口城镇化率为 43.37%，二者相差高达 15.21%，将近 2.26 亿农业转移人口还未实现“市民化”。② 现行宅基地制度的滞后使农业转移人口“非农化”和“市民化”的自由选择与宅基地财产权的有效实现陷入“不可兼得”之境地。尽管现行政策要求不得将农民进城落户与宅基地使用权退出挂钩③，但现行宅基地制度仍然阻碍农业转移人口“市民化”：宅基地使用权只能转让给本集体成员或农民集体，严重制约农业转移人口转让宅基地使用权的选择空间及宅基地使用权财产价值的实现；宅基地私下流转或退回（有偿或无偿）农民集体使农业转移人口面临“失地”焦虑——无法在城镇“安

---

① ［印］阿马蒂亚·森．贫困与饥荒：论权利与剥夺［M］．王宇，王文玉，译．北京：商务印书馆，2011（8）：61－63.

② 资料来源：《中华人民共和国 2018 年国民经济和社会发展统计公报》。

③ 2019 年中央一号文件《中共中央国务院关于坚持农业农村优先发展“三农”工作的若干意见》指出：“坚持保障农民土地权益、不得以退出承包地和宅基地作为农民进城落户条件，进一步深化农村土地制度改革。”

居乐业”而重返农村时很难再次获得宅基地。农业转移人口“市民化”的长期趋势是农业转移人口彻底融入城市生活，在户籍、土地等方面彻底“脱离”农村。但“市民化”是一个长期过程，已实现“非农化”但尚未实现“市民化”的农业转移人口、已初步实现“市民化”但尚不具备在城镇持续发展能力的“新市民”在较长一段时间内仍将存在。这部分人口既要求实现宅基地财产权益，又需要以一定形式保持对宅基地的占有以备“不时之需”。作为国家确认并保护的产权，农户资格权给予农业转移人口宅基地产权稳定掌握在自己手中的强烈预期。农业转移人口不必担心“失去”宅基地，因为其放弃的只是一定期限内的使用权。

3.3.4　农户“财产权利”的实现要求适度放活宅基地之使用权

从农户“生存能力”“财产权利”“发展能力”三者之间的关系来看，“财产权利”对于“生存能力”和“发展能力”具有重要的意义。因为农户宅基地“财产权利”的实现意味着宅基地财产价值的实现以及宅基地资源配置“帕累托改进”状态的实现。这一方面有助于农户提高其自身的“生存能力”，另一方面通过带动农村经济尤其是集体经济的发展使农村集体经济组织能够更好地提高农户的“发展能力”。农户宅基地“财产权利”的实现必须建立在宅基地作为客体进入市场交易过程的基础上。市场经济本质上是产权经济，市场交易的客体实质上是产权。在我国特殊的土地所有制下，宅基地集体所有权和农户资格权均无法成为市场交易的客体。能够作为交易客体从而被交易的只能是宅基地的使用权。因此，只有适度放活宅基地的使用权才能实现作为农户可行能力重要组成部分的“财产权利”。从宅基地“三权分置”改革目标出发，使用权的权利性质应定位为财产性权利。宅基地财产价值的实现必须依赖于使用权，因为使用权是宅基地财产价值的内在基础。实现农户宅基地财产权益是乡村振兴和新型城镇化的内在要求。一方面，乡村振兴要求赋予宅基地和城镇国有土地平等的土地权利。另一方面，农业转移人口“非农化”和“市民化”过程要求发挥市场机制对宅基地资源配置的决定性作用。只有通过“适度放活宅基地使用权”，才能真正赋予农户平等的宅基地财产权以及助推农户稳定就业、促进农户增加收入、改善农户居住环境以及带动农村经济社会持续发展。

1. 使用权是宅基地财产价值的内在基础

在社会分工日益广化和深化的交换经济中，农户相当部分需求需通过商品交换来满足，价值规律或者说交换价值规律将起决定性作用。对沿海发达地区和城市近郊或城中村地区而言，宅基地使用价值和价值都很高。宅基地私下流转和违规开发已在较大程度实现宅基地的使用价值和价值，只是不完满而已。而对一般农业区而言，宅基地主要功能仅为满足农户农业生产和农村生活，主要发挥出宅基地的使用价值，交换价值很小或难以实现。① 因此，提升宅基地的价值或交换价值对于一般农业区的农户而言意义重大。提升宅基地价值或交换价值，关键就在于赋予农户关于宅基地更加充分的财产权利，使农户能够更加自由地使用和处置宅基地。使用权的“适度放活”就是赋予农户更加自由使用和处置宅基地的权利。使用权的流转既能为农村基础设施建设和产业发展提供土地要素，又能发挥使用权融资功能满足农村发展资金需求。这从根本上有利于改善宅基地区位条件从而提升其内在财产价值。即使农户保持现有宅基地利用方式不变，单是法律赋予宅基地使用权更加充分的财产权能就能提高宅基地内在财产价值。

---

① 贺雪峰．论土地资源与土地价值——当前土地制度改革的几个重大问题［J］．国家行政学院学报，2015（3）：31－38.

2.“适度放活”使用权是赋予农户平等财产权利的内在要求

平等是社会正义的必要组成部分。[①] 平等权是人所应享有的基本权利。依据马克思基本观点，“一切人，或至少是一个国家的一切公民，或一个社会的一切成员，都应当有平等的政治地位和社会地位”[②]。在“自由人联合体”中，“管理上的民主，社会中的博爱，权利的平等，普及的教育，将揭开社会的下一个更高的阶段，经验、理智和科学正在不断向这个阶段努力。这将是古代氏族的自由、平等和博爱的复活，但却是在更高形式上的复活。”[③] 财产权的平等是“平等权”的重要内容之一。但实践中，作为农户最为重要的财产之一，宅基地使用权与城镇国有建设用地使用权却是不平等的。包括宅基地在内的集体建设用地无法与城镇国有建设用地“同地同权”“同等入市”。宅基地使用权使用、收益和处置权能被纳入农民集体之外的“公共域”。这种土地权利的不平等成为实现宅基地财产权益的最大制度阻碍。从“平等权”出发，应全面拓展宅基地财产权利，允许宅基地使用权与城镇国有建设用地使用权“同地同权”“同等入市”。尽管实践中相当部分农户还未有流转、抵押宅基地使用权的意愿（需要）。但这并不能抹杀宅基地使用权交易自由的重要性。“对于发展而言，自由本身就具有价值，而不需要用其他东西来证明。”[④]

---

① Poiraud Cyrielle. Equality, Recognition and Social Justice: A Hegelian Perspective Announcing Amartya Sen [J]. Oeconomia-history Methodology Philosophy, 2019, 9 (1): 1-28.

② 马克思恩格斯选集（第3卷）［M］. 北京：人民出版社，2012：444.

③ ［德］恩格斯. 家庭、私有制和国家的起源（第3版）［M］. 中共中央马克思恩格斯列宁斯大林著作编译局，译. 北京：人民出版社，1999（8）：185.

④ 王艳萍. 克服经济学的哲学贫困：阿马蒂亚·森的经济思想研究［M］. 北京：中国经济出版社，2006（3）：132.

3. 农业转移人口“非农化”和“市民化”要求适度放活使用权

农业转移人口“非农化”和“市民化”在以下两个方面对适度放活使用权提出了要求。一方面，农业转移人口对宅基地功能诉求和产权诉求发生变化，要求实现宅基地财产价值。农业转移人口主要包括兼业农户和非农化农户两种类型。小农经济农户日益呈现出结构性分化特征，出现诸如退出型农户、自给型农户、兼业型小农和发展型小农等农户类型。① 有研究表明，现阶段兼业农户占总农户的比例已经高达 74.1%，非农兼业户和非农农户占总农户的比例为 72.6%。② 农户分化伴随着农户对宅基地功能和产权诉求的分化。③ 相较于宅基地居住保障功能，兼业农户和非农农户对宅基地资产功能的需求更加迫切。对于尚未实现“市民化”的农业转移人口而言，在保留农户资格权的基础上通过流转（如出租等）使用权（房屋），既可避免因宅基地（房屋）长期闲置导致的房屋损坏，又可获得财产性收入改善其在城镇或异地的生产生活条件。另一方面，“放活宅基地使用权”能够为已初步实现“市民化”但尚不具备在城镇持续发展能力的“新市民”在城镇“安居乐业”提供支撑。现阶段农业转移人口“市民化”滞后于“非农化”这一问题与农户和宅基地之间的“脐带”关系密切相关。④ 这种“脐带”关系的实质是宅基地的资产功能无法实现。“放活宅基地使用权”能够充分发挥宅基地作为财产（资产）对农

---

① 郭晓鸣，曾旭晖，王蔷，骆希．中国小农的结构性分化：一个分析框架——基于四川省的问卷调查数据［J］．中国农村经济，2018（10）：7－21.

② 罗明忠，刘恺．职业分化、政策评价及其优化——基于农户视角［J］．华中农业大学学报（社会科学版），2016（5）：10－19，143.

③ 傅晨，任辉．农业转移人口市民化背景下农村土地制度创新的机理：一个分析框架［J］．经济学家，2014（3）：74－83.

④ 张勇．农村宅基地制度改革的内在逻辑、现实困境与路径选择——基于农民市民化与乡村振兴协同视角［J］．南京农业大学学报（社会科学版），2018，18（6）：118－127，161.

业转移人口“非农化”和“市民化”过程的支撑作用：一是资本支撑，农业转移人口通过流转一定期限使用权获得的财产性收入如租金等可用来支付“非农化”和“市民化”的成本，如住房成本、就业成本、生活成本等；二是为产业发展提供所需土地，通过盘活宅基地能够在不增加建设用地总量的前提下满足第二、第三产业发展对土地的需求以吸纳农业转移人口实现非农就业；三是宅基地土地发展权“空间转移”为吸纳农业转移人口的大城市提供空间支撑。

4. 优化农村宅基地资源配置改善农户居住环境要求适度放活使用权

农村住宅分布的重要特点是“散”和“乱”。改善农户居住环境首先必须重新优化农村“人”和“地”（主要是宅基地）的空间布局，实现“人”和“地”的统一规划、有序集中。而这其中最为困难的就是“地”的统一规划和有序集中。因为农户的宅基地是“不动产”，现行制度下宅基地使用权流动性不足。这就阻碍了农户居住环境的改善。为改善农户居住环境，就必须对宅基地的空间布局进行统一规划、有序集中，进而也就要求采用市场化方式流转宅基地使用权。通过宅基地权属关系的调整，实现资源配置的优化并改善农户居住环境，比如现实中农户集中居住区的建设。其次是改善农户居住环境还需要解决“钱”的问题。从实践来看，很多乡村都是通过适度放活宅基地和房屋的使用权来解决“钱”的问题的。如都江堰的“联建”项目、成都的“小挂”项目、集体经营性建设用地入市项目等。这些项目基本都是通过直接或间接将宅基地的使用权转移给其他主体来获得改善农户居住环境所需的资金。因此，毫无疑问，适度放活农户宅基地和房屋的使用权对于改善农户居住环境具有重要意义。当然，农户居住环境的改善对于农户人际关系和社区生活等方面也会产生积极影响。

3.4 本章小结

本章首先梳理乡村振兴背景下农户发展所面临的问题，并运用阿马蒂亚·森可行能力理论重新审视了乡村振兴背景下的农户发展问题。在此基础上提出乡村振兴背景下农户发展的核心在于提高农户的可行能力，并进一步对农户可行能力进行了类型化分析：第一层次为“生存能力”，这类可行能力所包含的功能性活动是维持人类个人生理机能正常运转所必需的，比如住所；第二层次为“财产权利”，农户对其合法财产尤其是不动产如土地、房屋等应享有排他性的财产权利，表现为农户对其财产排他性的享有占有、使用、收益和处置等权利，“财产权利”能够进一步实质性的拓展农户自由选择的空间从而进一步提升农户生活水平和幸福感受；第三层次为“发展能力”，“发展能力”主要强调有助于提升作为独立个人的农户自我发展能力的各类功能性活动，这类功能性活动一般由外部经济社会系统提供但有助于实现农户个人体力和智力潜能，比如教育、医疗卫生、社会保障、社会关系等。

但通过对现行宅基地制度形成过程及主要内容的分析梳理，我们发现现行宅基地制度严重制约了农户实现其可行能力。现行“两权分置”的宅基地制度对于保障农户的“生存能力”曾发挥了重要作用。但随着时代的演变，现行宅基地制度已不能适应农户“生存能力”所面临的新挑战。除此之外，现行宅基地制度下农户并不能获得对宅基地充分的“财产权利”。不仅如此，现行宅基地制度也对农户“发展能力”层面的可行能力形成了明显的制约。为全面实现农户“生存能力”“财产权利”和“发展能力”三个层面的可行能力，必须探索实行农村宅基地“三权分置”：集体所有权的产权功能主要在于通过农村集体经济组织更好实现农户“发展能力”层次的可行能力；农户资格权的产权功能主要在于通过明晰权利的方式更好实现农户“生存能力”层次的可行能力；宅基地之使用权的产权功能主要在于通过剥离宅基地身份属性以及强化宅基地用益物权属性更好实现农户宅基地“财产权利”层次的可行能力。

第4章 农村宅基地“三权分置”后农户福利评价：基于西部地区L县的调查数据

4.1 农村宅基地“三权分置”后农户福利评价指标体系的构建

4.1.1 农户福利测度：一个文献综述

近年来随着宅基地制度改革的推进，越来越多的学者开始关注宅基地制度改革对农户福利的影响。这些学者中运用阿马蒂亚·森可行能力理论研究农户福利的也不在少数。具体的研究主题包括但不限于宅基地置换对农户福利的影响①、宅基地流转对农户家庭福利的影响②、宅基地退出对农户家庭福利的影响③、农民集中居住后福利水平的变化④以及农村宅基地“三权分置”对农户福利的影响⑤等。这些文献对宅基地制度改革背景下基于阿马蒂亚·森可行能力理论的农户福利水平评价指标体系和评价方法的研究工作直接为本书的研究奠定了基础。上述文献从农户应享有的功能性活动出发构建了农户福利评价指标体系。尽管各文献在具体观察变量的选择上有所不同，但关于农户应享有的功能性活动的范围的认识在大体上是一致的。上述文献构建的农户福利评价指标主要包括居住条件、社区环境、农用地、家庭经济、市场机会（就业、农产品流通等）、社会机会（社区公共服务等）、社会保障、社会资本、社会参与以及主观感受等方面（见表4－1）。从指标覆盖面来看，上述学者所构建的农户福利评价指标体系基本都涉及阿马蒂亚·森所提到的“政治自由、经济条件、社会机会、

---

① 宅基地置换前后农户福利变化测度研究——基于湖北四个新农村建设示范点的实证［A］. 中国自然资源学会土地资源研究专业委员会、中国地理学会农业地理与乡村发展专业委员会. 中国土地资源开发整治与新型城镇化建设研究［C］. 中国自然资源学会土地资源研究专业委员会、中国地理学会农业地理与乡村发展专业委员会：中国自然资源学会土地资源研究专业委员会，2015：9；上官彩霞，冯淑怡，陆华良，曲福田. 不同模式下宅基地置换对农民福利的影响研究——以江苏省“万顷良田建设”为例［J］. 中国软科学，2017（12）：87－99.

② Huan Li，Xiaoling Zhang，Heng Li. Has farmer welfare improved after rural residential land circulation?［J］. Journal of Rural Studies，2019；关江华，黄朝禧，胡银根. 不同生计资产配置的农户宅基地流转家庭福利变化研究［J］. 中国人口·资源与环境，2014，24（10）：135－142.

③ 李欢，张安录. 农村宅基地退出前后农户福利测度及其动态变化——以浙江省德清县201户农户为例［J］. 农业技术经济，2019（7）：79－90.

④ 马贤磊，孙晓中. 不同经济发展水平下农民集中居住后的福利变化研究——基于江苏省高淳县和盱眙县的比较分析［J］. 南京农业大学学报（社会科学版），2012，12（2）：8－15.

⑤ 李雅娇，陈英，谢保鹏. 宅基地“三权分置”政策实施后农户福利变化［J］. 中国国土资源经济，2020，33（2）：71－76；姚树荣，熊雪锋. 宅基地权利分置的制度结构与农户福利［J］. 中国土地科学，2018，32（4）：16－23.

透明性担保和防护性保障”。但至少在以下方面还有所不足：一是农村宅基地“三权分置”成为未来农村宅基地制度改革的方向，但现有文献仅有李雅娇等（2020）和姚树荣等（2018）对宅基地“三权分置”对农户福利的影响进行了研究，且指标体系相对简单，因此亟须针对宅基地“三权分置”构建更加完善的农户福利评价指标体系以为后续政策评估提供理论依据；二是对阿马蒂亚·森五项“工具性自由”中的“社会机会”关注不够，“社会机会”主要体现为科教文卫等公共服务对农户可行能力的保障作用；三是农村宅基地“三权分置”最直接的作用体现为对农户宅基地权利的“赋权”以及宅基地财产权的实现，但表4－1中的相关文献尤其是直接涉及宅基地“三权分置”的文献均忽略了农户实际享有的宅基地财产权（产权）作为最重要的功能性活动之一对农户福利的影响。

表4－1　　基于可行能力的农户福利测度指标体系相关文献梳理

作者	居住条件	社区环境	农用地	家庭经济	市场机会	社会机会	社会保障	社会资本	社会参与	主观感受
胡银根等	√	√	√	√	√	√	√	√	√	√
李欢等	√	√	√	√			√			√
马贤磊等	√	√	√	√	√		√	√	√	√
上官彩霞等	√	√	√	√			√	√	√	√
关江华等	√	√	√	√	√		√	√	√	√
李欢等	√			√			√			√
高进云等	√	√		√			√	√		
李雅娇等	√	√		√	√		√			√
姚树荣等	√			√	√	√			√	

4.1.2　农村宅基地“三权分置”后农户福利的多维测度

阿马蒂亚·森可行能力理论的核心在于用功能性活动组合和可行能力

的框架来考察人们的福利。人们福利水平的高低主要取决于人们所获得的功能性活动和可行能力的集合。因此，对福利的评估可在考虑人际差异和个人选择自由度的基础上通过评估这些功能性活动来实现①。尽管如此，阿马蒂亚·森只是笼统提出了包括“政治自由、经济条件、社会机会、透明性担保和防护性保障”在内的五项“工具性自由”作为测度福利或可行能力的维度，并未提出一个完整的用于测量人们福利水平或可行能力的“功能性活动清单”。这是其可行能力理论受到理论界和实践界质疑和批评的一个重要原因。阿马蒂亚·森并不是未考虑过列出一个详细的“功能性活动清单”，只是其认为可行能力理论处理的问题本身就具有模糊性，在不同的价值取向和文化背景下，对不同主体而言，可行能力包含的内容必然存在差异②。因此，详细、完整的“功能性活动清单”是不存在的，也是不必要的。尽管如此，正如前文所述，还是有许多学者从自身价值取向和所面临的具体实践问题出发，以阿马蒂亚·森五项“工具性自由”为框架，构建了评价农户福利的“功能性活动清单”（指标评价体系）以满足实证研究的需要。基于此认识，本书根据阿马蒂亚·森的“政治自由、经济条件、社会机会、透明性担保和防护性保障”五项“工具性自由”，借鉴表4－1中相关文献中农户福利评价指标体系的相关内容，考虑到农村宅基地“三权分置”的实践情况，认为农村宅基地“三权分置”后农户福利应从“生存能力”“财产权利”“发展能力”三个方面测度：“生存能力”主要是指农户的居住条件与环境；“财产权利”主要体现在家庭经济和市场机会两个维度；“发展能力”主要体现在公共服务、社会保障、社会资本以及社会参与四个维度（见图4－1）。

---

① 张晶渝，杨庆媛．不同生计资产配置的休耕农户福利变化研究——云南省休耕试点区实证［J］．中国土地科学，2019，33（2）：25－32.

② 叶晓璐．纳斯鲍姆可行能力理论研究——兼与阿马蒂亚·森的比较［J］．复旦学报（社会科学版），2019，61（4）：52－59.

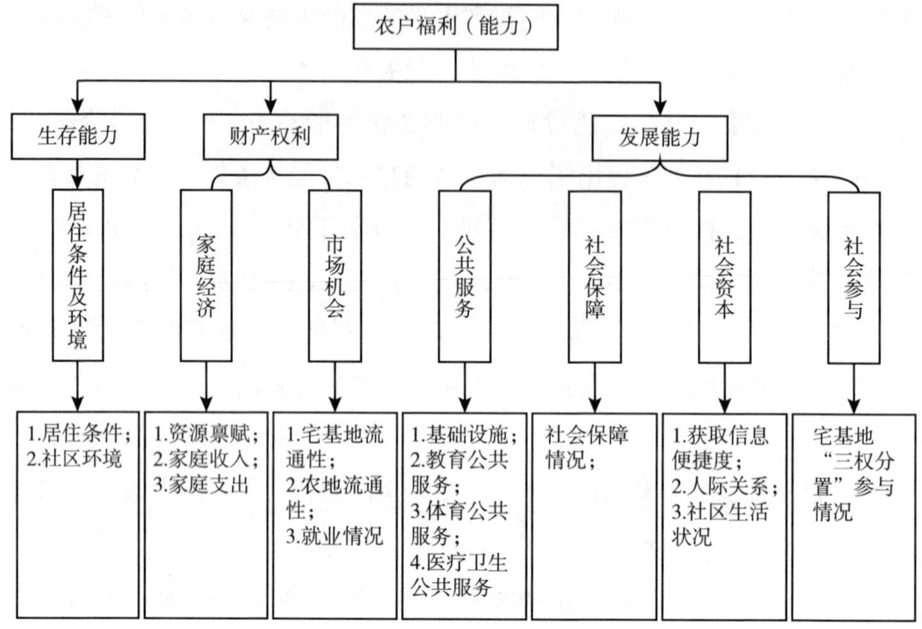

图 4－1　农户福利的多维测度

1. 居住条件与环境

目前，大部分农户对宅基地的拥有状态仍然是“一户一宅”。在这种背景下，农村宅基地“三权分置”后伴随着宅基地利用方式的改变，农户对宅基地的占有关系也必将发生变化，包括空间区位的变化、占地面积的变化等，必然集中居住、异地重建、共建共享。在这一过程中，农户的住房条件以及社区（居住区）环境也必然发生变化。居住条件与社区环境的变化必然会影响农户的生活水平和质量，继而成为影响农户福利的重要功能性活动。基于此考虑，本书将“居住条件与环境”作为构成农户福利的功能性活动，并具体分为“居住条件”和“社区环境”两个方面。

2. 家庭经济

阿马蒂亚·森在其著作《贫困与饥荒》中指出：“在市场经济中，一个人可以将自己所拥有的商品转换成另一组商品……在转换中，他能够获得的各种商品组合所构成的集合，可以称为这个人所拥有东西的‘交换权利’。”①“交换权利”所包含的商品组合决定了人们实际拥有的自由和机会。在市场经济中，“交换权利”的大小首先取决于人们已经拥有的商品组合，换言之，取决于人们已有的资源禀赋。对于中国尤其是中国农村而言，家庭是基本的消费单位。因此，家庭的资源禀赋是制约家庭整体和家庭成员消费行为的重要因素，因而也就成为衡量农户福利水平的重要因素。基于此，本书以“家庭经济”作为一项重要的功能性活动考察家庭资源禀赋和消费行为对农户福利的影响。借鉴已有研究成果并弥补其不足（已有研究忽视家庭资源禀赋对福利的影响），本书从家庭资源禀赋、家庭收入和家庭支出三个维度表征农户家庭经济状况。

3. 市场机会

与家庭资源禀赋同等重要的是社会所实际赋予农户的生产与交换机会，即阿马蒂亚·森所谓的“交换权利映射”。这种社会所赋予农户的生产与交换机会的大小决定了农户将自身所拥有的资源禀赋如劳动力、宅基地、农用地、资源等要素投入生产和交换的广度和深度，进而决定了其实际享受的交换权利的大小。通俗来讲，就是农户所面临的市场机会的大小。这种市场机会的大小既受政府法律法规与政策的影响，也受到市场机制自身的作用。从我国农村实际情况来看，农户拥有的最为主要的资源禀赋或要素主要包括宅基地（住房）、农用地和劳动力。这些要素在市场上顺利实现其要素功能和财产价值，对于农户生产生活至关重要。为此，本书将从宅基地（住房）流通性、农用地流通性和就业情况三个维度考察农户所拥有的市场机会。这也是阿马蒂亚·森五项“工具性自由”之一——“经济条件”的应有之义。

---

① ［印］阿马蒂亚·森．贫困与饥荒：论权利与剥夺［M］．王宇，王文玉，译．北京：商务印书馆，2001：8.

4. 公共服务

不少研究都表明，教育和健康是农村贫困的重要原因，教育水平低下以及疾病直接导致农户劳动能力的被剥夺①。即便在绝对贫困已基本消除的今天，教育和健康对个人发展的重要性仍不言而喻。教育和健康既是人们应享受到的基本权利，同时也是人们发展的基本保障。换言之，对于提高农户福利（可行能力）而言，教育和健康既是手段也是目的。但教育和健康的实现除了受农户个体要素影响外，在更大程度上取决于社会在教育、医疗卫生等方面的制度安排。这即是阿马蒂亚·森所谓的“社会机会”。这种“社会机会”在实践中就主要表现为包括基础设施、科、教、文、卫、体等在内的公共服务。从当下农村生产生活实际出发，我们从基础设施、教育公共服务、体育公共服务和医疗卫生公共服务四个维度考察农村宅基地“三权分置”后农户所享受到的公共服务。

5. 社会保障

人们的生产生活总是面临种种不确定性因素，因而社会中总会有一部分人因处于不利境地而使生活陷入困境。这就需要社会为其提供“安全网”，防止其遭受严重的剥夺与排斥②。这即是阿马蒂亚·森所谓“防护性保障”的意义所在。这种“防护性保障”在现实中集中体现为各类社会保障对民众的保障作用。在我国，个人享受到的社会保障的范围和保障水平与个人户籍类型、户籍所在地、个人职业、地方政府支持、个人经济承受力等因素密切相关。农村宅基地“三权分置”后随着使用权的流转以及宅基地利用方式的改变，农户户籍、居住地、职业、家庭收入等往往会发生变化。这些变化会进一步影响到农户实际享受到的社会保障范围和

---

① 王艳萍. 克服经济学的哲学贫困：阿马蒂亚·森的经济思想研究［M］. 北京：中国经济出版社，2006：228.

② 汤剑波. 重建经济学的伦理之维——论阿马蒂亚·森的经济伦理思想［M］. 杭州：浙江大学出版社，2008：235.

保障水平，继而影响到其福利水平。因此，农村宅基地“三权分置”后农户福利的评估必须考虑到农户社会保障水平发生的变化。为此，本书将农村宅基地“三权分置”后农户社会保障范围和水平的变化纳入农户福利评价指标体系中。

6. 社会资本

社会资本主要是指人在其所处社会网络中的位置以及从社会网络中所获得的各类资源。从这个角度讲，社会资本的优劣对农户福利具有重要的意义。借鉴已有研究成果，本书从获取信息便捷度、人际关系和社区生活三个维度考察农户社会资本情况。获取信息便捷度可以衡量农户知识状况变化情况，能够快速有效获取所需信息，不仅可以开阔视野，更为重要的是能够满足农户个人进行合理决策的需要。良好的人际关系会直接影响到农户的信息获取和生活状况，从而影响到农户福利。社区生活主要反映农户的业余生活状况，随着人们休闲时间的增多，人们在休闲时间中是否有丰富的业余生活会直接影响农户的生活质量。

7. 社会参与

社会参与主要是指农户是否能够自由地参与到农村宅基地“三权分置”的各项决策中去，主要体现了阿马蒂亚·森“政治自由”功能。农户实际实现的“功能性活动”固然对于其福利水平有重要意义。但“自由选择”本身对于农户福利水平同等重要。近年来，农村土地制度改革如火如荼地开展，取得了一系列瞩目成就。但与此同时，在政府主导的农村土地制度改革包括宅基地制度改革中，违背农户意愿、强制农户参与相关项目的现象时有发生。这实际上在很大程度上降低了农户的福利感知水平。为更加全面反映农户的福利水平，就需要将农户自由参与农村宅基地“三权分置”相关决策作为农户应享有的一项重要的“功能性活动”。

4.1.3 农村宅基地“三权分置”后农户福利评价指标体系

尽管前文已经明确农村宅基地“三权分置”后农户福利（可行能力）应包括“生存能力”“财产权利”“发展能力”三个方面以及居住条件与环境、家庭经济等七个维度的功能性活动，但这七个维度的功能性活动及其各自的考察维度均是不可直接观察的潜变量。为定量分析评价农村宅基地“三权分置”后农户福利水平的变化，还需结合农户生产生活以及农村宅基地“三权分置”的实践选择恰当的、可直接定量表示的观察变量来具体表征上述7个维度的功能性活动。农户福利评价指标体系如表4－2所示。

表4－2　农户福利评价指标体系

可行能力	功能性活动	评价指标	观测变量
生存能力	居住条件及环境	居住条件	住房建筑面积、住房人均建筑面积、住房结构、住房类型
		社区环境	治安状况、绿化状况、社区卫生状况、居住区内有无娱乐活动场所、居住区内有无超市、居住区内道路是否硬化
财产权利	家庭经济	资源禀赋	家庭承包地总量、人均承包地数量、家庭拥有住房套数、家庭劳动力数量、家庭金融储蓄金额
		家庭收入	家庭年纯收入、财产性收入占比、非农就业收入占比（经营收入＋工资性收入）
		家庭支出	家庭年总支出、生活支出占比、文化支出占比、娱乐支出占比
	市场机会	宅基地流通性	当地政府是否允许农户直接将宅基地（住房）入市流转、宅基地（住房）流转方式能否满足农户需要、宅基地（住房）入市流转难易程度、宅基地（住房）入市流转价格的合理程度
		农用地流通性	农地流转难易程度、农地流转价格的合理程度
		就业情况	政府对促进农民就业的政策支持力度、就业机会是否增多、就业收入水平是否提高

续表

可行能力	功能性活动	评价指标	观测变量
发展能力	公共服务	基础设施	家里是否通自来水、家里是否有稳定电力供应、家里是否通天然气、家里是否安装宽带
		教育公共服务	到最近幼儿园的距离、到最近小学的距离、当地教学质量的高低
		体育公共服务	居住区内有无专门的体育运动场地及设施、政府或社区（村委会）组织体育活动的频率、社区（居住区）体育活动的种类多样性
		医疗卫生公共服务	到乡镇卫生院或医院的距离、居住区是否有村卫生室或社区卫生服务中心（站）、居住区是否有垃圾处理设施、是否有专人维护公共卫生
	社会保障	社会保障情况	宅基地“三权分置”后是否获得更多种类社会保障、享受的社会保障水平是否得到提高、宅基地（住房）是否确权颁证
	社会资本	获取信息便捷度	信息获得渠道是否增多、能否及时获取所需信息
		人际关系	与原有亲戚朋友的关系生疏、与周围邻居的关系密切
		社区生活	社区生活丰富多彩、对所在社区有亲切感
	社会参与	宅基地“三权分置”参与情况	农户对相关政策了解程度、农户是否自愿参与宅基地（住房）流转、农户是否自主决定使用权流转方式、相关集体决策是否遵循民主议事程序、政府干预方式和程度是否合理

1. 居住条件与环境

住房作为满足农户居住需求以及开展各项家庭活动的空间场所，其空间的大小必然成为影响农户居住条件以及家庭生活质量的重要因素。居住空间的大小直接表现为住房建筑面积的大小，同时还受到家庭人数的影响。除此之外，与农户住房条件直接相关的就是房屋本身的质量和布局。基于此考虑，我们选择住房建筑面积（X_{111}）、住房人均建筑面积（X_{112}）、住房结构（X_{113}）以及住房类型（X_{114}）四个指标测量农户居住条件。社区作为农户住房以及开展各项生产生活活动所赖以存在的中观空间载体，其环境及各项生活配套设施同样直接影响农户生活质量。借鉴相关研究成果，本书选择治安状况（X_{121}）、绿化状况（X_{122}）、社区卫生状况（X_{123}）、居住区内有无娱乐活动场所（X_{124}）、居住区内有无超市（X_{125}）、居住区内道路是否硬化（X_{126}）六个指标测量社区环境。

2. 家庭经济

家庭资源禀赋主要衡量家庭所拥有的财富及生产要素数量。从农村实践来看，农户拥有的主要财富及生产要素主要体现为土地等固定资产、劳动力以及储蓄存款等流动资产。我们选择家庭承包地总量（X_{211}）、人均承包地数量（X_{212}）、家庭拥有住房套数（X_{213}）、家庭劳动力数量（X_{214}）和家庭金融储蓄金额（X_{215}）五个指标测量家庭资源禀赋水平。家庭收入水平直接对农户的当期消费形成制约，因此家庭总收入水平是影响家庭消费水平的直接因素。收入结构还反映农户生产方式及财产权利的实现程度，也对农户福利形成影响。基于此，我们选择家庭年纯收入（X_{221}）、财产性收入占比（X_{222}）、非农就业收入占比（经营收入＋工资性收入）（X_{223}）三个指标衡量农户家庭收入水平。除此之外，更为直接反映农户生活水平的是农户消费支出水平及消费支出结构。消费总支出反映了农户的总消费水平。恩格尔定律告诉我们，消费支出结构是反映农户生活水平的重要因素。因此我们选择家庭总支出（X_{231}）、生活支出占比（X_{232}）、文化支出占比（X_{233}）和娱乐支出占比（X_{234}）四个指标测量农户家庭支出水平。

3. 市场机会

长期以来，宅基地的财产属性受制于相关法律法规一直无法有效实现。即使是现在，很多试点地区在宅基地改革过程中受传统思维的影响仍未充分放开宅基地的流转。政府对宅基地流转入市的“放开程度”以及农户在市场中实现宅基地财产价值的程度对于赋予农户平等财产权利具有重要意义。为此，我们选择当地政府是否允许农户直接将宅基地（住房）入市流转（X_{311}）、宅基地（住房）流转方式能否满足农户需要（X_{312}）、宅基地（住房）入市流转难易程度（X_{313}）和宅基地（住房）入市流转价格的合理程度（X_{314}）四个指标反映宅基地的流通性。农村宅基地利用方式的改变往往伴随着农户生产生活方式的改变，遂产生农用地的流转需求。农用地能否顺利流转对宅基地“三权分置”的推进及农户生活水平具有重要影响。为此，我们选择农用地流转难易程度（X_{321}）农用地流转价格合理程度（X_{322}）两个指标测量农用地的流通性。就业尤其是非农就业是影响农户长远生计的重要因素，也是农户的基本权利。基于此，我们选择政府对促进农民就业的政策支持力度（X_{331}）、就业机会是否增多（X_{332}）以及就业收入水平是否提高（X_{333}）三个指标测量农户就业情况。

4. 公共服务

从农村实际出发，农户现阶段应该享受到的基础设施主要包括水电气讯。因此我们选择家里是否通自来水（X_{411}）、家里是否有稳定电力供应（X_{412}）、家里是否通天然气（X_{413}）以及家里是否安装宽带（X_{414}）四个指标测量农户享受到的基础设施水平。而对于教育公共服务而言，在社区层面供给的主要是幼儿园和小学阶段的教育。基于此，我们选择到最近幼儿园的距离（X_{421}）、到最近小学的距离（X_{422}）和当地教学质量的高低（X_{423}）三个指标测量农户享受到的教育公共服务。体育公共服务我们则选择居住区内有无专门的体育运动场地及设施（X_{431}）、政府或社区（村委会）组织体育活动的频率（X_{432}）和社区（居住区）体育活动的种类多样性（X_{433}）三个指标来测量。医疗卫生公共服务我们则选择到乡镇卫生院或医院的距离（X_{441}）、居住区是否有村卫生室或社区卫生服务中心（站）（X_{442}）、居住区是否有垃圾处理设施（X_{443}）以及是否有专人维护公共卫生（X_{444}）四个指标来测量。

5. 社会保障

社会保障种类除包括养老保险、医疗保险、工伤保险等外还包括各类商业保险等。现阶段农户本身享受到的社会保障种类和水平都比较低。农村宅基地“三权分置”后随着农户生产生活方式的改变及其经济能力的提高，其享受到的社会保障的种类和保障水平都有可能发生变化。除此之外，在农村产权制度不完善的今天，农户宅基地（住房）确权颁证对于农户来讲也是其财产权利的一种基本保障。为此，我们从是否获得更多种类社会保障（X_{511}）、享受的社会保障水平是否提高（X_{512}）以及宅基地（住房）是否确权颁证（X_{513}）三个方面衡量农户社会保障情况。

6. 社会资本

获取信息的便捷度主要体现在两个方面：一是信息获取的渠道，一般反映农户可获得信息的总量；二是信息获得的效率，主要反映农户能否及时获得所需的信息。基于此，我们选择信息获得渠道是否增多（X_{611}）和能否及时获取所需信息（X_{612}）两个指标反映获取信息的便捷度。宅基地“三权分置”打破了传统农户住所的空间布局，影响农户原有人际关系的同时也会带来新的人际关系。因此，我们选择与原有亲戚朋友的关系密切（X_{621}）和与周围邻居的关系密切（X_{622}）两个指标反映农户的人际关系。社区生活方面我们需要从内容和结果两个维度考察。我们从社区生活是否丰富多彩（X_{631}）和农户对所在社区的亲切感（X_{632}）两个方面分别衡量社区生活的内容和结果。

7. 社会参与

农户在参与农村宅基地“三权分置”的过程中，其意志表达及权益实现程度除受自身能力影响外，往往还受到集体经济组织及地方政府的影响。农户的参与程度往往取决于集体经济组织与地方政府的干预程度。基于此，我们选择农户对相关政策了解程度（X_{711}）、农户是否自愿参与宅基地（住房）流转（X_{712}）、农户是否自主决定使用权流转方式（X_{713}）、相关集体决策是否遵循民主议事程序（X_{714}）以及政府干预方式和程度是否合理（X_{715}）五个方面的指标来衡量农户对农村宅基地“三权分置”

相关决策的参与程度。

4.2　样本数据的收集

4.2.1　调查区域

2015年中共中央一号文件《关于加大改革创新力度加快农业现代化建设的若干意见》和2015年2月27日十二届全国人大常委会第十三次会议通过的《全国人民代表大会常务委员会关于授权国务院在北京市大兴区等三十三个试点县（市、区）行政区域暂时调整实施有关法律规定的决定》标志着以农村土地征收、集体经营性建设用地入市、宅基地制度改革为主要内容的中国农村土地制度改革拉开序幕。西部地区L县自2015年起就成了农村土地制度改革试点县。本书以L县A村、B村和C社区三个村庄为调查区域，在收集农户相关数据的基础上采用科学合理的评价方法对农村宅基地“三权分置”后农户的福利状态进行定量评价，以合理评估农村宅基地“三权分置”后农户福利水平的整体水平并发现制度改革的薄弱环节。

4.2.2　调查方法

由于农户福利评价指标基本属于农户个体层次的微观数据，只能通过实际抽样调查获取，因而本次调查的调查对象为样本区域内的农户。而具体调查样本的选择采取随机抽样法由调查员在所选村庄随机进行调查。具体来说，笔者于2019年7～9月先后赴西部地区L县A村、B村和C社区三个村（社区）进行随机抽样调查。而具体的数据收集则通过让抽取的样本农户填写结构化访谈问卷完成。为保证问卷质量，所有问卷都由笔者与被调查农户一对一访谈完成。本次调查共发放问卷 235 份，回收有效问卷 222 份，问卷有效率为 94.5%。本次调查所回收有效问卷在三个村的分配情况如表 4－3 所示。

表 4－3　问卷分配情况

村组	份数
A 村	76
B 村	74
C 社区	72

4.2.3 调查内容

本次调查的目的在于评估农村宅基地“三权分置”后农户的福利水平，因而调查内容主要围绕农户福利评价指标体系所涉及的内容展开。基于此，问卷调查内容主要包括三大板块内容。第一板块内容主要是受访者个人特征，主要包括受访者的性别、年龄、是否为户主、文化程度以及职业。本部分内容的主要作用在于分析样本的分布，以判断抽样样本是否具有足够的代表性。第二板块内容主要是受访农户参与农村宅基地“三权分置”的基本情况。主要涉及农户旧宅基地上房屋类型、建筑面积、共同居住人口数量、家庭拥有宅基地数量、宅基地流转方式、宅基地流转模式以及宅基地（房屋）参与流转前的确权颁证情况。本部分内容的作用有二：一是样本甄别。本书是评价农户参与宅基地“三权分置”后的福利水平，因此，首先需要对受访农户是否参与农村宅基地“三权分置”进行甄别。只有参与了农村宅基地“三权分置”的农户才是本书的调查对象。二是数据分析。农户家庭居住条件及参与宅基地“三权分置”方式的差异对农户福利水平具有重要影响。了解农户参与前居住条件及参与农村宅基地

“三权分置”的方式有助于进一步深入分析不同农户之间福利水平的差异。第三大板块内容则是本次调查的核心内容，题目主要涉及表4－2中构成农户福利评价指标体系的各功能性指标及其相关观测变量，主要包括“受访农户现在的居住条件及环境”“受访农户家庭经济状况”“受访农户市场机会状况”“受访农户公共服务状况”“受访农户社会保障状况”“受访农户社会资本状况”和“受访农户社会参与状况”七个方面的内容。由于指标中既有可以直接观测的定量变量，也有许多无法直接定量测量的定类变量和定序变量。基于此，本书对变量进行了适当处理以确保所有观测变量都能定量测度。具体来说，对于本身是定量指标的变量我们采用实际观测值，而对于本身不是定量指标的定类变量和定序变量而言，我们采用李克特量表等方式进行赋值以实现观测变量的定量测度。基于上述原则，本书中农户福利评价指标的量化标准如表4－4所示。

表4－4　　农户福利评价指标量化表

功能性指标	观测变量	变量量化值
居住条件	住房建筑面积	实际面积
	人均建筑面积	实际面积
	住房结构	土坯＝1；土木＝2；砖木＝3；砖混＝4；钢混＝5
	住房类型	高层＝1；低层＝2；联排＝3；独栋＝4
社区环境	治安状况	变差很大＝1；有些变差＝2；没有变化＝3；有些改善＝4；改善很大＝5
	绿化状况	
	社区卫生状况	
	娱乐活动场所	否＝0，是＝1
	有无超市	
	道路硬化	
资源禀赋	承包地总量	实际面积
	人均承包地	实际面积
	家庭住房套数	实际套数
	家庭劳动力	实际数量

续表

功能性指标	观测变量	变量量化值
资源禀赋	家庭金融储蓄	50000 元以下 =1；50001 ~100000 元 =2；100001 ~150000 元 =3；150001 ~200000 元 =4；200000 元以上 =5
家庭收入	家庭年纯收入	5000 元以下 =1；5001 ~10000 元 =2；10001 ~20000 元 =3；20001 ~40000 元 =4；40001 ~70000 元 =5；70000 元以上 =6
	财产性收入占比	10% 以下 =1；11% ~30% =2；31% ~50% =3；51% ~70% =4；71% 以上 =5
	非农就业收入占比	
家庭支出	家庭年总支出	5000 元以下 =1；5001 ~10000 元 =2；10001 ~20000 元 =3；20001 ~40000 元 =4；40001 ~70000 元 =5；70000 元以上 =6
	生活支出占比	10% 以下 =1；11% ~30% =2；31% ~50% =3；51% ~70% =4；71% 以上 =5
	文化支出占比	
	娱乐支出占比	
宅基地流通性	宅基地直接入市	否 =0，是 =1
	流转方式满足需要	—
	流转难易程度	非常困难 =1；比较困难 =2；一般 =3；比较容易 =4；非常容易 =5
	流转价格合理	完全不合理 =1；基本不合理 =2；一般 =3；基本合理 =4；完全合理 =5
农用地流通性	流转难易程度	非常困难 =1；比较困难 =2；一般 =3；比较容易 =4；非常容易 =5
	流转价格合理	完全不合理 =1；基本不合理 =2；一般 =3；基本合理 =4；完全合理 =5
就业情况	政策支持力度	完全不够 =1；基本不够 =2；一般 =3；基本够 =4；完全够 =5
	就业机会	完全不同意 =1；基本不同意 =2；没有变化 =3；基本同意 =4；完全同意 =5
	就业收入水平	
基础设施	水	否 =0，是 =1
	电	
	气	
	宽带	

续表

功能性指标	观测变量	变量量化值
教育公共服务	到幼儿园距离	实际距离
	到小学距离	实际距离
	教学质量	非常差=1；比较差=2；一般=3；比较好=4；非常好=5
体育公共服务	体育场地及设施	否=0，是=1
	体育活动频率	几乎没有=1；很少=2；一般=3；频繁=4
	体育活动丰富	完全不同意=1；基本不同意=2；没有变化=3；基本同意=4；完全同意=5
医疗卫生公共服务	到乡镇医院距离	实际距离
	社区医疗机构	否=0，是=1
	垃圾处理设施	
	专人维护卫生	
社会保障情况	社会保障种类	完全不同意=1；基本不同意=2；没有变化=3；基本同意=4；完全同意=5
	社会保障水平	
	宅基地确权颁证	否=0，是=1
获取信息便捷度	信息渠道增多	完全不同意=1；基本不同意=2；没有变化=3；基本同意=4；完全同意=5
	信息获取及时	
人际关系	亲戚朋友关系密切	
	与邻居关系密切	
社区生活	社区生活丰富	
	社区亲切感提升	
宅基地“三权分置”参与情况	政策了解程度	完全不了解=1；了解一些=2；大概了解=3；比较了解=4；非常了解=5
	自愿参与	否=0，是=1
	自主决策流转方式	
	民主议事	
	政府干预	

4.2.4 样本分布特征

受访农民个体特征如表 4 – 5 所示。在调查的有效样本中，男性 124 人占比 55.86%；女性 98 人，占比 44.14%，受访对象中男性略多于女性。从受访对象年龄来看，18 岁以下者 14 人，占比 6.31%；18 ~35 岁者 34 人，占比 15.31%；35 ~50 岁者 89 人，占比 40.09%；50 岁以上者 85 人，占比 38.29%，受访对象年龄总体偏高。从调查区域实际来看，一方面，35 岁以下的年轻人大多外出求学或就业（创业），因此，调查区域内常住人口中 35 岁以下的年轻人占比相对较少；另一方面，农户家庭户主大多为家中的长辈，同时户主也是宅基地相关决策的直接经历者，年长者整体对宅基地情况以及宅基地“三权分置”相关政策情况更为了解。因此，从调研对象与调研内容的匹配程度来看，受访对象年龄总体偏高是符合本次调查目标的。有效样本中总体偏高的年龄构成与户主所占比例相对较高是一致的：有效样本中受访对象为户主的有 122 人，占比 54.95%；有效样本中受访对象不是户主的有 100 人，占比 45.05%。有效样本中受访对象整体偏高的年龄构成也造成受访对象整体偏低的教育水平：有效样本中未受教育者 11 人，占比 4.95%；有效样本中受教育程度为小学者 65 人，占比 29.28%；有效样本中受教育程度为初中者 79 人，占比 35.59%；有效样本中受教育程度为高中/中专者 41 人，占比 18.47%；有效样本中受教育程度为专/本科及以上者 26 人，占比 11.71%；初中及以下学历者占比达到 69.82%。而从 A 村、B 村和 C 社区（村）各自样本分布来看，受访者个人特征与样本总体的特征基本一致。由此，我们可以得到结论：本次调研所抽样得到的样本具有较好的代表性（见表 4 –5）。

表4-5　受访者个人特征

特征	变量	全部样本		A村		B村		C社区	
		频数	占比（%）	频数	占比（%）	频数	占比（%）	频数	占比（%）
性别	男	124	55.86	40	52.63	42	56.76	42	58.33
	女	98	44.14	36	47.37	32	43.24	30	41.67
年龄	18岁以下	14	6.31	5	6.58	4	5.41	5	6.94
	18～35岁	34	15.31	13	17.11	9	12.16	12	16.67
	35～50岁	89	40.09	28	36.84	30	40.54	31	43.06
	50岁以上	85	38.29	30	39.47	31	41.89	24	33.33
户主	是	122	54.95	46	60.53	41	55.41	35	48.61
	否	100	45.05	30	39.47	33	44.59	37	51.39
受教育程度	未受教育	11	4.95	4	5.26	4	5.41	3	4.17
	小学	65	29.28	24	31.58	22	29.73	19	26.39
	初中	79	35.59	26	34.21	26	35.14	27	37.50
	高中/中专	41	18.47	14	18.42	12	16.21	15	20.83
	专/本科及以上	26	11.71	8	10.53	10	13.51	8	11.11

4.3　农村宅基地“三权分置”后农户福利水平的实证评价

4.3.1　评价指标权重的确定：基于熵权法

在综合评价过程中，在评价对象和评价指标体系既定情况下，指标权重的不同会对评价结果产生决定性的影响，有时甚至会得到完全相悖的评价结论。因此，必须慎重、合理选择确定指标权重的方法。目前，学界主流指标权重确定方法主要有主观赋权法和客观赋权法两类，前者主要基于相关专家的经验数据，而后者则主要基于各评价指标的实际数据。主观赋权法的准确性取决于参与评价专家的经验阅历以及知识的广度和深度，除此之外，参评专家还必须具有较强的代表性。主观赋权法确立的权重往往具有一定主观性，操作不当甚至会产生明显的随意性。从本课题所具备的客观研究条件来看，笔者很难组织起较大数量（保持代表性）既具有丰富实践经验和阅历又具有坚实理论基础的专家参与本课题研究，也就难以合理有效运用主观赋权法确定指标权重。而客观赋权法主要基于评价指标实际数据，人为干预少，评价结果相对准确和唯一。同时，对于本书的研究而言，也具有更强的可操作性。熵权法是比较常用的客观赋权法之一。该方法能够充分反映并利用评价指标实际数据所代表的相关信息。熵权法主要基于指标数据差异性来确定评价指标权重，这也与本课题研究目的相适应。本书研究进行综合评价的目的是既对农村宅基地“三权分置”后农户总体福利水平进行评价又希望找到改革实践的薄弱环节。熵权法基本原理决定了该方法依据评价指标实际数据更有可能赋予本身相对重要但实践中被忽视的指标以更大权重，从而能够更好地为本书的研究目的服务。基于上述考虑，本书选用熵权法作为确定评价指标权重的基本方法。

1. 形成决策矩阵

设参与评价的样本农户集为 $P=(P_1, P_2, P_3, \cdots, P_{222})$，指标集为 $X=(X_{111}, X_{112}, X_{113}, \cdots, X_{714}, X_{715})$，样本农户 P_i（$i=1, 2, \cdots, 222$）对指标 X_j（$j=111, 112, \cdots, 714, 715$）的观测值记为 x_{ij}。根据熵权法基本原理并结合本书的具体数据，样本农户 P_i 和指标 X_j 构成 222 行 ×59 列的决策矩阵 D。

$$D = \begin{bmatrix} & X_{111} & X_{112} & \cdots & X_{715} \\ P_1 & X_{1111} & X_{1112} & \cdots & X_{1715} \\ P_2 & X_{2111} & X_{2112} & \cdots & X_{2715} \\ \vdots & \vdots & \vdots & \vdots & \vdots \\ P_n & X_{n111} & X_{n112} & \cdots & X_{n715} \end{bmatrix} \tag{4-1}$$

其中，n =（1，2，…，222）。

2. 标准化决策矩阵

在本书所构建的农户福利评价指标体系中，既有二元虚拟变量，也有定性离散变量，还有定量连续变量。从变量具体数值来看，部分变量还具有不同的量纲。为了消除不同指标因量纲不同给后续实证研究带来的影响，我们需对决策矩阵 D 进行标准化处理并得到标准化矩阵 $S = (s_{ij})_{222 \times 59}$。根据指标对农户福利影响方向的不同，我们将指标分为效益性指标和成本性指标两种类型，前者属于越大越优型指标，后者属于越小越优型指标。对数据进行标准化处理时，应根据指标类型选择相应的标准化方式。本书采用的标准化方式如下：

对于越大越优型指标：

$$s_{ij} = \frac{x_{ij} - \min(x_j)}{\max(x_j) - \min(x_j)} \tag{4-2}$$

对于越小越优型指标：

$$s_{ij} = \frac{\max(x_j) - x_{ij}}{\max(x_j) - \min(x_j)} \tag{4-3}$$

式（4－3）中，s_{ij}代表 x_{ij}归一化后的值，max（x_j）和 min（x_j）分别表示 X_j 指标的最大值和最小值。标准化处理后，$s_{ij} \in [0, 1]$。

3. 计算 X_j 指标下样本农户 P_i 的特征比重

根据熵权法基本原理，指标权重的大小取决于指标值的变异程度。为衡量 X_j 指标的变异程度，首先需要计算 X_j 指标各取值的特征比重。设定

X_j 指标下第 i 个样本农户 P_i 的特征比重为 r_{ij}，根据熵权法的基本原理，则：

$$r_{ij} = \frac{s_{ij}}{\sum_{i=1}^{222} s_{ij}} \tag{4-4}$$

并且，$\because s_{ij} \in [0, 1]$，$\therefore r_{ij} \in [0, 1]$

4. 计算 X_i 指标的熵值

设定 X_j 指标的熵值为 e_j，根据熵权法基本原理，则

$$e_j = -\frac{1}{\ln(222)} \sum_{i=1}^{222} r_{ij} \ln(r_{ij}) \tag{4-5}$$

为保证计算具有数学意义，当 $r_{ij} = 0$ 或者 $r_{ij} = 1$ 时，可认为 $r_{ij}\ln(r_{ij}) = 0$。

5. 计算 X_j 指标的差异性系数

根据熵权法基本原理，熵值 e_j 表示 X_j 指标取值的变异程度，熵值 e_j 越大，X_j 指标取值变异程度越小；熵值 e_j 越小，X_j 指标取值变异程度越大。并且，当 X_j 指标下各样本取值相等时，熵值 e_j 取得最大值 1。换言之，熵值 e_j 越小表示 X_j 指标反映的信息量越大，那么对于农户总福利的作用也就越大。为运算和分析的方便，我们在熵值 e_j 的基础上定义差异系数 d_j：

$$d_j = 1 - e_j \tag{4-6}$$

由式（4-6）可知，d_j 越大表示 X_j 指标对农户福利水平的影响也就越大，相应地，应赋予 X_j 指标更大的权重。

6. 计算 X_j 指标的权重

一方面，农户福利水平评价涉及众多指标，为更加系统分析农户福利情况，我们将现有指标按照其内在逻辑联系分为三个层级；另一方面，本书的目的不仅要对农户福利进行总体评价，还要对构成农户福利的各功能性活动进行评价。因此，本书在计算指标权重时，采取分层计算的

基本思路。

$$\omega_j = \frac{d_j}{\sum d_k} \tag{4-7}$$

式（4－7）中 ω_j 表示 X_j 指标相对于其上一层级的权重，$\sum d_k$ 表示 X_j 指标所在层级即同一功能性活动或同一功能性指标下各观测指标差异系数的总和。基于此公式即可求得各级指标相对于更高一层级指标的权重。

基于本书通过调查所获得的原始数据，并经过式（4－1）、式（4－2）、式（4－3）、式（4－4）、式（4－5）、式（4－6）和式（4－7）的运算，即可得到各级指标的权重值。计算结果见表4－6。

4.3.2 农户福利水平总体评价：基于模糊综合评价法

“福利”这一概念在相当程度上与人们的主观心理感受相联系，福利水平的高低也主要取决于人们的主观心理评价。福利状态的“高”与“低”或“好”与“坏”等之间并未有明确的界限。换言之，福利水平的变化是连续性的，属于典型的模糊现象。进一步，从本书研究提出的农户福利评价指标体系来看，反映农户福利状态的大多数变量及指标也都取决于受访者的主观心理评价，因而是一类“模糊”变量。“福利”及其评价指标的“模糊”特征为我们准确定量评价农户福利水平带来很大障碍。传统综合评价方法大多是基于精确的数学原理与模型开展评价。面对“福利”评价这类模糊问题，传统综合评价方法的有效性大打折扣。而模糊数学是将精确的数学形式化思维运用于分析模糊问题的现代数学分支，对于解决模糊问题非常有效。从20世纪六七十年代开始，模糊数学基本原理在综合评价中得到广泛应用，形成了包括模糊综合评价等在内的主流评价方法。因此，对于本书课题而言，模糊综合评价法应是一种有效的农户福利水平评价方法（见表4－6）。

表 4-6　　农户福利评价指标体系权重

功能性活动	权重	功能性指标	权重	观测变量	权重	功能性活动	权重	功能性指标	权重	观测变量	权重
X_1	0.12	X_{11}	0.48	X_{111}	0.32	X_4	0.20	X_{41}	0.20	X_{411}	0.09
				X_{112}	0.37					X_{412}	0.04
				X_{113}	0.12					X_{413}	0.50
				X_{114}	0.19					X_{414}	0.38
		X_{12}	0.52	X_{121}	0.12			X_{42}	0.38	X_{421}	0.48
				X_{122}	0.10					X_{422}	0.39
				X_{123}	0.12					X_{423}	0.13
				X_{124}	0.31			X_{43}	0.20	X_{431}	0.29
				X_{125}	0.21					X_{432}	0.41
				X_{126}	0.14					X_{433}	0.30
X_2	0.35	X_{21}	0.54	X_{211}	0.07			X_{44}	0.22	X_{441}	0.14
				X_{212}	0.10					X_{442}	0.03
				X_{213}	0.72					X_{443}	0.38
				X_{214}	0.06					X_{444}	0.46
				X_{215}	0.05	X_5	0.02	X_{51}	1.00	X_{511}	0.24
		X_{22}	0.19	X_{221}	0.11					X_{512}	0.22
				X_{222}	0.61					X_{513}	0.54
				X_{223}	0.27	X_6	0.04	X_{61}	0.26	X_{611}	0.52
		X_{23}	0.27	X_{231}	0.06					X_{612}	0.48
				X_{232}	0.10			X_{62}	0.35	X_{621}	0.31
				X_{233}	0.21					X_{622}	0.69
				X_{234}	0.64			X_{63}	0.39	X_{631}	0.55
X_3	0.20	X_{31}	0.85	X_{311}	0.38					X_{632}	0.45
				X_{312}	0.50	X_7	0.07	X_{71}	1.00	X_{711}	0.11
				X_{313}	0.08					X_{712}	0.12
				X_{314}	0.04					X_{713}	0.13
		X_{32}	0.06	X_{321}	0.60					X_{714}	0.20
				X_{322}	0.40					X_{715}	0.44
		X_{33}	0.09	X_{331}	0.47						
				X_{332}	0.26						
				X_{333}	0.27						

1. 确定评价因素集

根据表4-2和表4-4中农户福利评价指标体系的内容，可知关于农户福利评价的功能性活动有7项，分别用X_1、X_2、X_3、X_4、X_5、X_6和X_7表示。因此，可将农户福利评价的因素集记为$X=\{X_1, X_2, X_3, X_4, X_5, X_6, X_7\}$。并且根据本书所构建的农户福利评价指标层级划分方式，农户福利评价指标体系划分为三个层析。第一层次记为$X_{11}=\{X_{111}, X_{112}, X_{113}, X_{114}\}$，$X_{12}=\{X_{121}, X_{122}, X_{123}, X_{124}, X_{125}, X_{126}\}$，$X_{21}=\{X_{211}, X_{212}, X_{213}, X_{214}, X_{215}\}$，$X_{22}=\{X_{221}, X_{222}, X_{223}\}$，$X_{23}=\{X_{231}, X_{232}, X_{233}, X_{234}\}$，$X_{31}=\{X_{311}, X_{312}, X_{313}, X_{314}\}$，$X_{32}=\{X_{321}, X_{322}\}$，$X_{33}=\{X_{331}, X_{332}, X_{333}\}$，$X_{41}=\{X_{411}, X_{412}, X_{413}, X_{414}\}$，$X_{42}=\{X_{421}, X_{422}, X_{423}\}$，$X_{43}=\{X_{431}, X_{432}, X_{433}\}$，$X_{44}=\{X_{441}, X_{442}, X_{443}, X_{444}\}$，$X_{51}=\{X_{511}, X_{512}, X_{513}\}$，$X_{61}=\{X_{611}, X_{612}\}$，$X_{62}=\{X_{621}, X_{622}\}$，$X_{63}=\{X_{631}, X_{632}\}$和$X_{71}=\{X_{711}, X_{712}, X_{713}, X_{714}, X_{715}\}$。第二层次可记为$X_1=\{X_{11}, X_{12}\}$，$X_2=\{X_{21}, X_{22}, X_{23}\}$，$X_3=\{X_{31}, X_{32}, X_{33}\}$，$X_4=\{X_{41}, X_{42}, X_{43}, X_{44}\}$，$X_5=\{X_{51}\}$，$X_6=\{X_{61}, X_{62}, X_{63}\}$和$X_7=\{X_{71}\}$。第三层次可记为$X=\{X_1, X_2, X_3, X_4, X_5, X_6, X_7\}$。

2. 隶属函数的确定

按照模糊评价法基本原理，我们可以用$\mu(x_{ij})$表示对第i个农户而言评价X_j指标的隶属度。一般设定$\mu(x_{ij})\in[0, 1]$，并且认为$\mu(x_{ij})=0$时表示福利绝对差，$\mu(x_{ij})=1$时表示福利绝对好，$\mu(x_{ij})=0.5$则表示农户福利水平处于不好不坏的模糊状态。总而言之，$\mu(x_{ij})$的值越大则代表农户的福利状况越好。隶属度函数形式的选择与评价指标的类型密切相关。本书所涉及的评价指标有三种类型：虚拟二分变量、虚拟定性变量和连续变量。我们必须依据评价指标的类型确定其隶属函数。

对于虚拟二分变量而言，我们一般认为当农户拥有此项功能性活动时，其隶属度为1；当农户不拥有此项功能性活动时，其隶属度为0。因此，虚拟二分变量的隶属度函数为：

$$\mu(x_{ij}) = \begin{cases} 0 & x_{ij} = 0 \\ 1 & x_{ij} = 1 \end{cases} \tag{4-8}$$

对于虚拟定性变量而言，我们根据雪莉等（Cerioli et al.，1990）的研究，建立如下隶属度函数：

$$\mu(x_{ij}) = \begin{cases} 0 & x_{ij} \leqslant x_{ij}^{min} \\ \dfrac{x_{ij} - x_{ij}^{min}}{x_{ij}^{max} - x_{ij}^{min}} & x_{ij}^{max} \leqslant x_{ij} \leqslant x_{ij}^{max} \\ 1 & x_{ij} \geqslant x_{ij}^{max} \end{cases} \tag{4-9}$$

其中，x_{ij}^{min}和x_{ij}^{max}分别表示x_{ij}的最小值和最大值。

对于连续变量而言，根据雪莉等（Cerioli et al.，1990）的思路，需要根据指标是属于效益型指标还是属于成本型指标构建不同的隶属度函数。其定义的隶属度函数如下：

$$\mu(x_{ij}) = \begin{cases} 0 & x_{ij} \leqslant x_{ij}^{min} \\ \dfrac{x_{ij} - x_{ij}^{min}}{x_{ij}^{max} - x_{ij}^{min}} & x_{ij}^{max} < x_{ij} < max \\ 1 & x_{ij} \geqslant x_{ij}^{max} \end{cases} \tag{4-10}$$

$$\mu(x_{ij}) = \begin{cases} 0 & x_{ij} \geqslant x_{ij}^{max} \\ \dfrac{x_{ij}^{max} - x_{ij}}{x_{ij}^{max} - x_{ij}^{min}} & x_{ij}^{min} < x_{ij} < x_{ij}^{max} \\ 1 & x_{ij} \leqslant x_{ij}^{min} \end{cases} \tag{4-11}$$

上述式（4-10）、式（4-11）中，x_{ij}^{min}和x_{ij}^{max}分别表示x_{ij}的最小值和最大值。其中，式（4-10）适用于效益型指标，农户功能性活动指标取值大于或等于x_{ij}^{max}代表农户福利水平绝对好，农户功能性活动指标取值小于或等于x_{ij}^{min}代表农户福利水平绝对差；而式（4-11）适用于成本性指标，农户功能性活动指标取值大于或等于 x_{ij}^{max} 代表农户福利水平绝对差，农户功能性活动指标取值小于或等于 x_{ij}^{min} 代表农户福利水平绝对好。

根据式（4-8）、式（4-9）、式（4-10）和式（4-11）即可依次计算出农户 P_i 关于 X_j 指标的隶属度，得到单因素评价集。

3. 权重向量

模糊综合评价过程中指标体系权重向量的确定对于评价结果至关重要。同样的隶属度分布，在不同的权重向量下，甚至可以得到完全相悖的评价结果。为避免主观赋权方法的随意性给评价结果带来的不确定性，本书采用客观赋权法—熵权法确定指标体系权重向量（前文已经单独计算）。并得到权重向量：

$w=\{0.12, 0.35, 0.20, 0.20, 0.02, 0.04, 0.07\}$；

$w_1=\{0.48, 0.52\}$；

$w_2=\{0.54, 0.19, 0.27\}$；

$w_3=\{0.85, 0.06, 0.09\}$；

$w_4=\{0.20, 0.38, 0.20, 0.22\}$；

$w_5=\{1\}$；

$w_6=\{0.26, 0.35, 0.39\}$；

$w_7=\{1\}$；

$w_{11}=\{0.32, 0.37, 0.12, 0.19\}$；

$w_{12}=\{0.12, 0.10, 0.12, 0.31, 0.31, 0.14\}$；

$w_{21}=\{0.07, 0.10, 0.72, 0.06, 0.05\}$；

$w_{22}=\{0.11, 0.61, 0.27\}$；

$w_{23}=\{0.06, 0.10, 0.21, 0.645\}$；

$w_{31}=\{0.38, 0.50, 0.08, 0.04\}$；

$w_{32}=\{0.60, 0.40\}$；

$w_{33}=\{0.47, 0.26, 0.27\}$;

$w_{41}=\{0.09, 0.04, 0.50, 0.38\}$;

$w_{42}=\{0.48, 0.39, 0.13\}$;

$w_{43}=\{0.29, 0.41, 0.30\}$;

$w_{44}=\{0.14, 0.03, 0.38, 0.46\}$;

$w_{51}=\{0.24, 0.22, 0.54\}$;

$w_{61}=\{0.52, 0.48\}$;

$w_{62}=\{0.31, 0.69\}$;

$w_{63}=\{0.55, 0.45\}$;

$w_{71}=\{0.11, 0.12, 0.13, 0.20, 0.44\}$

4. 综合福利指数的计算

根据隶属函数可以计算出单个指标 X_j 的隶属度并据此对农户单个功能性活动的福利水平进行评价。但若要对农户福利水平做综合评价，则需加总各单项指标的隶属度以得到一个综合评价指数。由于各个功能性活动指标对农户福利水平的影响不同。因此，必须以权重向量为基础采用加权加总的方式获得农户福利的综合福利指数，以权重大小体现各功能性活动指标对农户福利水平影响力的大小。设定我们用 U 表示农户福利总体水平，则可记为：

$$U=F(U_1, U_2, U_3, U_4, U_5, U_6, U_7) \tag{4-12}$$

其中，U_1、U_2、…、U_7 分别代表各项功能性活动对农户的福利水平，F(x) 表示模糊算子。基于此，如若用 U_{ab} 表示各功能性指标对应的隶属度（福利水平），我们可按照如下公式加权加总获得农户总体福利及各功能性活动的福利水平：

$$U_{ab} = w_{ab}\begin{bmatrix} \overline{\mu(x_{ab1})} \\ \vdots \\ \overline{\mu(x_{abc})} \end{bmatrix} \tag{4-13}$$

$$U_a = w_a \begin{bmatrix} U_{a1} \\ \vdots \\ U_{ab} \end{bmatrix} \quad (4-14)$$

$$U = w \begin{bmatrix} U_1 \\ \vdots \\ U_7 \end{bmatrix} \quad (4-15)$$

其中，$\overline{\mu(x_{abc})}$代表指标 x_{abc}隶属度$\mu(x_{iabc})$的平均值，并且

$$\begin{cases} a \in \{1, 2, 3, 4, 5, 6, 7\} \\ b \in \{1, 2, 3, 4\} \\ c \in \{1, 2, 3, 4, 5, 6\} \end{cases}$$

依据式（4－8）～式（4－15）即可计算出农村宅基地“三权分置”后农户福利水平的总体评价值和各项功能性活动对应的福利评价值。具体结果如表4－7所示。

表4－7　　农户参与宅基地“三权分置”后的福利评价值

功能性活动	评价值	权重	评价指标	评价值	权重
居住条件与环境 X_1	0.60	0.12	居住条件 X_{11}	0.54	0.48
			社区环境 X_{12}	0.66	0.52
家庭经济 X_2	0.45	0.35	资源禀赋 X_{21}	0.50	0.54
			家庭收入 X_{22}	0.46	0.19
			家庭支出 X_{23}	0.34	0.27
市场机会 X_3	0.45	0.20	宅基地流通性 X_{31}	0.42	0.85
			农用地流通性 X_{32}	0.61	0.06
			就业情况 X_{33}	0.56	0.09
公共服务 X_4	0.62	0.20	基础设施 X_{41}	0.83	0.20
			教育公共服务 X_{42}	0.45	0.38
			体育公共服务 X_{43}	0.56	0.20
			医疗卫生公共服务 X_{44}	0.79	0.22

续表

功能性活动	评价值	权重	评价指标	评价值	权重
社会保障 X_5	0.74	0.02	社会保障情况 X_{51}	0.74	1.00
社会资本 X_6	0.54	0.04	获取信息便捷度 X_{61}	0.65	0.26
			人际关系 X_{62}	0.50	0.35
			社区生活 X_{63}	0.50	0.39
社会参与 X_7	0.75	0.07	宅基地“三权分置”参与情况 X_{71}	0.75	1.00
总评价值 U	0.53				

4.3.3 农村宅基地“三权分置”后农户福利水平评价结果分析

从表4－7所显示农户参与农村宅基地“三权分置”后的福利水平评价结果来看，农户福利总体评价值为0.53。依据前文分析，0.5代表农户福利水平不好也不坏的临界状态，农户福利值大于0.5说明农户的福利状态变得更好。因此，从本次评价结果来看，农户在参与农村宅基地“三权分置”后整体而言福利水平得到改善。从绝对值来看，农户福利总体评价值为0.53，说明农户福利水平整体虽有所改善但改善程度不是很大。从“生存能力”“财产权利”“发展能力”三个方面来分析农村宅基地“三权分置”效果的话，我们不难发现：反映农户“生存能力”的功能性活动“居住条件与环境”的评价值为0.60，说明农户在参与农村宅基地“三权分置”后“生存能力”得到了明显提高；反映农户“财产权利”的功能性活动“家庭经济”和“市场机会”的评价值均为0.45，明显低于0.5的临界值，说明参与农村宅基地“三权分置”后农户的“财产权利”未得到明显的提高；反映农户“发展能力”的功能性活动“公共服务”“社会保障”“社会资本”“社会参与”的评价值分别为0.62、0.74、0.54和0.75，均超过了临界值0.5，说明参与农村宅基地“三权分置”后农户的“发展能力”得到明显的提高。从各功能性活动的福利水平评价值来看，其评价值从高到低依次是社会参与（0.75）>社会保障（0.74）>公共服务（0.62）>居住条件与环境（0.60）>社会资本（0.54）>家庭经济=市场机会（0.45）。结合各功能性活动的权重分配来看，农户参与农村宅基地“三权分置”后福利状况大幅度得到改善的是居住条件与环境和公共服务两项功能性活动；而家庭经济、市场机会两项功能性活动的福利状况并未得到明显改善；社会保障和社会参与两项功能性活动的福利水平虽大幅度改善，但其对农户总福利水平的影响较少，主要是因为这两类指标对于农户而言主要体现为普惠性质的功能性活动，个体间差异较小；社会资本这一项功能性活动虽有所改善，但改善程度不大。因此，家庭经济和市场机会两项功能性活动是制约农户福利水平提高最主要的因素。进一步分析家庭经济和市场机会这两项功能性活动对应评价指标的评价值可以发现：家庭经济所对应评价指标资源禀赋、家庭收入和家庭支出的评价值分别为0.50、0.46和0.34，均未超过0.5，特别是家庭收入和家庭支出偏低；市场机会对应评价指标宅基地流通性、农用地流通性和就业情况的评价值分别为0.42、0.61和0.56，后两者代表的福利水平有所改善，但宅基地流通性所对应的福利水平偏低（但其权重高达0.85），说明宅基地流通性不足是造成市场机会福利水平评价值偏低的最主要原因。综上所述，可得到如下结论：（1）农户在参与农村宅基地“三权分置”后福利水平整体有所改善；（2）在参与农村宅基地“三权分置”后，农户的“生存能力”和“发展能力”均得到了明显的提高，而农户的“财产权利”未得到明显改善，甚至在农户主观评价层面“财产权利”情况还稍有恶化；（3）农户在参与农村宅基地“三权分置”后福利水平改善最为明显的方面主要体现在居住条件和公共服务两个方面；（4）样本区域在实施农村宅基地“三权分置”过程中对于家庭经济的重视不够，没有实质性改善农户的经济条件，这成为制约农户福利水平的一个重要因素；（5）样本区域在实施农村宅基地“三权分置”过程中由于种种因素，既没有赋予农户流转、利用宅基地足够的自由，也没有构建起有效的宅基地流转市场体系，这成为制约农户福利水平的另一重要因素。

4.4 农村宅基地“三权分置”后农户福利评价的进一步讨论

4.4.1 农户可行能力视角下评价指标体系的一般性

一直以来，福利测度是福利经济学的核心内容。福利水平的准确评价对于各项经济行为的决策及其效果的评估不仅具有工具性意义，还是各项经济行为及政策的目标。传统理论关于福利的测度主要有两种思路：第一种思路是以收入水平为基础的福利测度方法；第二种思路是以效用评价为基础的福利测度方法。前者对福利的测度以单一的维度“收入”展开，显然将福利这个概念过于简单化。随着社会经济的发展和人们观念的进步，人们日益认识到收入水平的高低仅是影响人们生活质量与水平的因素之一，幸福的生活显然还包括其他至少与收入水平同等重要的方面比如说健康。而后者对于福利的测度则完全从个人主观感受“效用”出发。这种主观测度方法忽视了福利感受在个体之间的差异性，而且“效用”本身就是一个难以准确测量的量，继而也就难以加总从而评估总体福利。从福利评价的实践出发，人们越来越注重从多维度、主客观相结合的角度对福利进行评估，如联合国开发计划署（UNDP）提出的人类发展指数（HDI）等。因此，从多维度测度福利水平是大势所趋。而阿马蒂亚·森可行能力理论正是重要的多维福利评价方法之一，比如前文所提人类发展指数（HDI）的理论基础就是可行能力理论。阿马蒂亚·森可行能力理论提出了一个根据人们享有的功能性活动来评价其福利水平的理论框架。阿马蒂亚·森可行能力理论在多维福利测度方面已经得到了广泛的应用。“十三五”时期是全面实现小康的关键期。我国已于 2020 年全面消除绝对贫困，“相对贫困”成为我国贫困的主要形式。在这种背景，以收入水平为基础的贫困标准已不能满足我国经济发展和城乡融合发展的要求。提高农户生活水平和生活质量不能仅仅落脚于提高农户收入，还应关注全面提升农户的发展能力。国家乡村振兴战略的实施是新时代城乡融合发展的重大举措，也为农户美好幸福生活绘制了美好蓝图——“产业兴旺、生态宜居、乡风文明、治理有效、生活富裕”。农户福利的评价也应从“产业兴旺”等五个方面入手。基于此认识，本书以阿马蒂亚·森可行能力理论为分析框架，结合乡村振兴战略的目标与内涵，构建以“生存能力”“财产权利”“发展能力”三个方面、居住条件与环境等 7 项功能性活动为测量维度的农户福利评价指标体系来评价农户参与农村宅基地“三权分置”后的福利水平。本书提出的农户应享有的 7 项功能性活动基本涵盖了乡村振兴战略所提出的“产业兴旺、生态宜居、乡风文明、治理有效、生活富裕”，同时也基本涵盖了阿马蒂亚·森所提出了包括“政治自由、经济条件、社会机会、透明性担保和防护性保障”在内的五项“工具性自由”。本书所构建的农户福利评价指标体系无论是从理论层面还是从实践层面对于评价农户福利水平而言都具有合理性。尽管人们应享有的功能性活动应随着地区和时期的差异而不同，但就我国目前而言，本书提出的农户福利评价指标体系在一个较长时期内对于评价农户福利水平而言都具有较强的参考意义。因此，虽然本书只是运用所构建的农户福利评价指标体系对西部地区 L 县三个村庄农户参与农村宅基地“三权分置”后的福利水平进行了评价，但就指标体系本身而言，其完全可以用于对国内其他地区农户参与农村宅基地“三权分置”后的福利水平进行评价。

4.4.2 农户可行能力视角下评价指标权重选择的区域性

尽管本书所提出的农户福利评价指标体系具有比较强的一般性或者说可推广性，农村宅基地“三权分置”后农户福利评价还不可避免地涉及指标体系权重的确定。差异化的农户福利评价指标体系权重系数既是反映不同农户个体福利评价异质性的需要，也是反映不同地区、不同时期农户“有理由珍视的各种形式的实质自由”差异的需要。毫无疑问，即使在一定时期内，农户福利测度所包含的功能性活动的种类和内容既定，但对不同地区而言，在评价农户福利水平时应因地制宜确立反映区域特色的权重系数以使评价结果更加符合实际情况。换言之，农村宅基地“三权分置”后农户福利评价指标体系权重系数的选择具有区域性。“木桶原理”告诉我们，“一只水桶盛水的多少，并不取决于桶壁上最高的那块木块，而恰恰取决于桶壁上最短的那块”。这即是所谓的“短板效应”。该效应在人们福利水平的分析中同样存在。阿马蒂亚·森可行能力理论告诉我们，人们的福利水平取决于其享有的选择过值得珍视的生活的自由。具体来说，人们的福利水平取决于人们实际享有的或者能够选择享有的功能性活动的广度和深度。人们福利状态的“短板效应”意味着人们实际的生活质量或者说福利水平不取决于其已经拥有的功能性活动中最好的一项——“最长木板”，而是取决于其拥有的功能性活动中最差的一项或者其未享有的功能性活动——“最短木板”。基于此，我们在评价人们福利水平的时候要更加注重人们生产生活中“较差”的方面或者人们未曾拥有的东西。农村宅基地“三权分置”后农户福利水平的评价包括“生存能力”“财产权利”“发展能力”三个层次以及居住条件与环境、家庭经济、市场机会等多项功能性活动，“短板效应”要求我们赋予“较差”的层次和功能性活动更大的权重系数，相反要赋予“最好”的层次和功能性活动最小的权重系数。基于此所得出的福利评价值才更加具有现实意义。这一点在本书中得到了较好的体现。本书采用熵权法这一客观赋权法对各层级评价指标进行赋权，依据表4－7我们可以看出，社会保障、社会参与等功能性活动自身的福利评价值最高，但其在农户总福利水平评价时的权重也最低；家庭经济、市场机会等功能性活动自身的福利评价值最低，相应的其在农户总福利水平评价时的权重也最高。因此，我们在运用本书所提出的农户福利水平评价指标体系评价其他区域农户参与农村宅基地“三权分置”后福利水平时必须采用合适的方法重新对各层级指标进行赋权。当然，我们无法也无须指定一种特定的赋权方法作为一种“放置四海而皆准”的方法，在遵循前述赋权原则的基础上完全可以因时、因势、因地选择相应的各种主观赋权法（如德尔菲法等）、客观赋权法（熵权法等）以及主客观结合类赋权法。

4.4.3　农村宅基地“三权分置”农户福利评价结果的政策含义

本书对农村宅基地“三权分置”后农户福利水平的评价结果虽仅能代表样本区域农户的福利状况，但毫无疑问，此次评价结果对于农村宅基地“三权分置”顶层制度设计以及其他地区实行农村宅基地“三权分置”制度改革也具有一定的政策借鉴意义。农户福利总体评价结果表明农村宅基地“三权分置”改革确实能够对改善农户福利水平起到积极作用。这进一步从实证角度证明农村宅基地“三权分置”改革与新时代乡村振兴的发展目标是一致的，我们应在肯定的基础上继续深化完善农村宅基地“三权分置”改革的顶层制度设计，尽快拓展农村宅基地“三权分置”改革试点范围。但从农户可行能力的三个层次来看，L县在实践中虽然注重保障并提高农户的“生存能力”和“发展能力”，但对于农户“财产权利”层次的可行能力还不够重视。从各项功能性活动的模糊评价结果来看，“家庭经济”和“市场机会”可能是现阶段农村宅基地“三权分置”

改革的“短板”。因此，在具体的制度设计中，应进一步强化赋予农户更加完整的宅基地财产权利、提高农户收入水平和消费水平的制度取向。从目前农村宅基地“三权分置”制度改革实践来看，部分地方政府在一些方面仍然存在限制农户宅基地财产权利的做法，比如城镇规划区内外差异化的制度设计、过分强调集体在农村宅基地“三权分置”中的主体作用等。因此，后续宅基地“三权分置”制度改革应赋予农户对其占有之宅基地利用方式更大的自由决策空间，并注重将农村宅基地“三权分置”改革与拉动农村经济发展、促进农户增收更加紧密地结合在一起。

4.5 本章小结

阿马蒂亚·森可行能力理论认为福利水平可以用人们实际享有的功能性活动衡量。基于此，为定量评估农村宅基地“三权分置”后农户的福利水平，我们在参考、借鉴已有研究成果的基础上，以阿马蒂亚·森可行能力理论为框架，构建了包含“生存能力”“财产权利”“发展能力”三个方面、7 个维度功能性活动在内的农户福利评价指标体系。并以西部地区 L 县 3 个村庄（社区）的农户作为研究对象，对调查区域内农户基本情况及福利评价指标体系中涉及的 7 个方面功能性活动相关情况进行了随机问卷调查。在此基础上，运用熵权—模糊综合评价法对农户整体福利水平进行了评价。评价结果表明：（1）农户在参与农村宅基地“三权分置”后福利水平整体有所改善；（2）在参与农村宅基地“三权分置”后，农户的“生存能力”和“发展能力”均得到了明显的提高，而农户的“财产权利”未得到明显改善，甚至在农户主观评价层面“财产权利”情况还稍有恶化；（3）农户在参与农村宅基地“三权分置”后福利水平改善最为明显的方面主要体现在居住条件和公共服务两个方面；（4）样本区域在实施农村宅基地“三权分置”过程中对家庭经济的重视不够，没有实质性改善农户的经济条件，这成为制约农户福利水平的一个重要因素；（5）样本区域在实施农村宅基地“三权分置”过程中由于种种因素，既没有赋予农户流转、利用宅基地足够的自由，也没有构建起有效的宅基地流转市场，这成为制约农户福利水平的另一重要因素。

第5章

集体所有权：主体构建、权能配置与实现形式

根据前文分析，“落实宅基地集体所有权”应能够有效提升农户的“发展能力”。但在实践中，作为宅基地集体所有权主体的“农民集体”并未有效发挥其作用，从而制约了农户可行能力的提高。考察“农民集体”行使宅基地集体所有权的实践，不难发现，是现有法律制度环境与农村基层治理结构的不完善制约了“农民集体”有效行使集体所有权。我们必须从“农民集体”行使集体所有权面临的突出障碍着手进行相应制度改革。从现实考量，制约“农民集体”有效行使集体所有权的障碍集中体现为三个方面：一是集体所有权主体“农民集体”自身的模糊以及由此产生的乡镇集体经济组织、村集体经济组织、村民小组集体经济组织、乡镇政府、村民委员会、村民小组以及各级党支部等众多主体职能不分；二是现行法律制度尤其是包括宅基地制度在内的农村土地制度并未清晰界定集体所有权的产权内容，集体所有权的权能被过度限制；三是在集体所有权和宅基地使用权“两权分置”的条件下，由于受到宅基地使用权的约束，“农民集体”缺乏行使集体所有权的途径和方式。基于此，本部分将从集体所有权主体的构建、权能配置和实现形式三个方面探讨“落

实宅基地集体所有权”问题。

5.1　集体所有权主体的构建

综合《中华人民共和国宪法》《中华人民共和国物权法》（以下分别简称《宪法》《物权法》）等相关法律规定，农村土地的所有权主体为“农民集体”，但由集体经济组织、村民委员会或村民小组代表“农民集体”行使。从所有制角度来看，农村宅基地、农用地、集体建设用地、“四荒地”等未利用地均属于集体所有土地，因此，其所有权主体均为“农民集体”。农村集体所有权与归属于集体所有的其他类型土地的集体所有权主体是一致的，区别在于，对于不同类型集体土地而言，“农民集体”行使集体所有权的形式不同或者不同类型集体土地的集体所有权包含的具体权能有所差异。本书主要探讨农村宅基地“三权分置”中集体所有权相关问题，因此本部分直接以“集体所有权主体的构建”为题。

5.1.1　农民集体的属性：以土地“共同占有”为基础的“经济联合体”

“农民集体”是劳动群众集体所有制的产物，因此，“农民集体”的本质必须从集体所有制理论源流中去探寻。正如恩格斯所言，社会革命“迄今的一切革命，都是为了保护一种所有制以反对另一种所有制的革命”①。马克思认为，在资本主义生产关系中，“在大工业和竞争中，各个个人的一切生存条件、一切制约性、一切片面性都融合为两种最简单的

① ［德］恩格斯．家庭、私有制和国家的起源（第3版）［M］．中共中央马克思恩格斯列宁斯大林著作编译局，译．北京：人民出版社，1999（8）：118.

形式——私有制和劳动。”① 在这种社会中，个人屈从于社会分工，分工则包含着对生产力及生产资料的占有。而“占有”本身又受到被占有对象的制约，无产阶级因而成为被压迫的一方。马克思认为，以私有制和雇佣劳动为基础的资本主义占有关系是有局限性的②。为突破这种局限性，必须实现无产阶级的普遍联合。无产阶级的联合又必须借助“集体”的力量。“个人力量（关系）由于分工转化为物的力量……只能靠个人重新驾驭这些物的力量并消灭分工的办法来消灭。没有集体，这是不可能实现的。”③ 通过集体的作用，生产资料的“个体占有方式”将逐步被“集体占有方式”所替代④。为帮助农民摆脱“私有制”的压迫，应促进土地私有制向集体所有制过渡。此后，苏联以基于合作制的农业合作社为主要形式对集体所有制的实现形式进行了积极探索⑤。我国集体所有制实现形式依次经历了高级合作社、人民公社、家庭联产承包责任制、“统分结合”双层经营体制等阶段。不管是苏联，还是我国，均将土地这一重要生产资料的“共同占有”作为集体所有制的基础。这也是符合马克思集体所有制思想的。作为农村土地集体所有制下农村土地集体所有权主体，“农民集体”的存续以农村土地被农民集体全体成员“共同占有”为前提。但仅以土地的“共同占有”来理解农民集体的本质还不足以全面反映新时期农村经济发展实践。一方面，以家庭联产承包责任制和宅基地福利分配为主要内容的农村土地制度使得本应“共同占有”的土地长期由私人使用。“共同占有”日益成为一种形式，“农民集体”的存续基础日益弱化。

---

① ［德］马克思，恩格斯．德意志意识形态［M］．中共中央马克思恩格斯列宁斯大林著作编译局，译．北京：人民出版社，1961：64.

②⑤ 张旭，隋筱童．我国农村集体经济发展的理论逻辑、历史脉络与改革方向［J］．当代经济研究，2018（2）：26－36.

③ ［德］马克思，恩格斯．马克思恩格斯全集第3卷［M］．中共中央马克思恩格斯列宁斯大林著作编译局，译．北京：人民出版社，1956：84.

④ ［德］马克思．哥达纲领批判［M］．中共中央马克思恩格斯列宁斯大林著作编译局，译．北京：人民出版社，1965：7－15.

这是“农民集体”“统”的作用难以发挥的根本原因。另一方面，“统分结合”经营体制中“分”的成分日益增大，在逐步强化农户土地权利的同时农户的异质性逐渐增强。农户之间生产资本、人力资本、社会资本等资源禀赋差距逐渐扩大，阶层分化日益严重①。这与集体所有制下“共同富裕”的价值追求相悖。为打破这种“阶层分化”，就必须实现全体成员的“联合”，实现“小农户”与“大市场”的有效对接。但也正是农户异质性阻碍了农户之间尤其是弱势小农户与“经营农户”之间的“联合”。基于自愿、平等交易的农户之间的普遍联合面临困难。在这种背景下，应以土地“共同占有”为契机，强化农民集体对广大农户的“联合”作用，在更大范围内实现农户“弱者的联合”②。当然，农户之间以土地为基础的“联合”并不是计划经济时代农村集体经济生产方式的“回归”。在新时代，农户之间以土地为基础进行“联合”的目的在于克服小农户在市场竞争中的弱势地位和不理性行为，以“联合体”的组织形式参与市场竞争，最大程度实现农村集体土地（包括集体所有集体占有和集体所有农户占有的土地）的财产价值。农户之间以土地“共同占有”为基础形成的“联合体”应是农户为更大程度实现自身占有土地的财产价值而自愿以某种市场化方式如入股形成的具有市场独立法人地位的组织形式。正如陈美球等（2017）所言，我国农村集体经济组织先天具有地域和血缘特征，并以服务于团体共同利益、公平赋予全体成员生存保障为基本功能③。而此处所谓农户“联合体”所试图实现的共同利益就是更大程度实现农户土地财产权益。因此，农民集体的属性是以土地“共同占有”为

① 周应恒，胡凌啸．中国农民专业合作社还能否实现“弱者的联合”？——基于中日实践的对比分析［J］．中国农村经济，2016（6）：30－38.

② 崔宝玉，王纯慧．论中国当代农民合作社制度［J］．上海经济研究，2017（2）：118－127.

③ 陈美球，廖彩荣．农村集体经济组织：“共同体”还是“共有体”？［J］．中国土地科学，2017，31（6）：27－33.

基础的农户“联合体”，进一步而言，是一种“经济联合体”。

5.1.2 农民集体的组织形式：依法成立、具有独立法人地位的集体经济组织

20世纪80年代人民公社体制解体以前，“农民集体”先后表现为农业合作化时期的高级农业生产合作社和人民公社时期的“人民公社、生产大队、生产队”三级组织。这一时期的农民集体从其承担的功能来看，同时扮演了集体所有者、集体经济组织者和社区管理者等多重角色①。随着家庭联产承包责任制的建立以及《土地管理法》的出台，“三级所有，队为基础”的集体土地所有权主体结构逐渐演变为乡镇集体经济组织（乡镇政府）、村集体经济组织（村委会）和村民小组独立并存的集体土地所有权主体结构，且在现实中以村民小组集体所有为主。在实践中，村民委员会和村民小组成为农民集体最主要的代表主体。这就导致“农村集体经济管理和我国基层社会治理维持着‘政经合一’状态”②。依据《村民委员会组织法》，村民委员会（包括村民小组在内）的功能体现为经济功能、社区管理功能和行政功能的“三位一体”：一是农村基层民主自治功能③；二是在政府和农户之间“上传下达”的功能④；三是进行社会管理和提供

① 韩俊英.《农村集体经济组织法》的立法路径与方案设计［J］.农村经济，2019(2)：131-137.

② 桂华.产权秩序与农村基层治理：类型与比较——农村集体产权制度改革的政治分析［J］.开放时代，2019(2)：36-52，8.

③《村民委员会组织法》第二条规定：“村民委员会是村民自我管理、自我教育、自我服务的基层群众性自治组织，实行民主选举、民主决策、民主管理、民主监督。”

④《村民委员会组织法》第二条规定：“……向人民政府反映村民的意见、要求和提出建议”；第四条规定：“……村民委员会协助乡、民族乡、镇的人民政府开展工作……”

社会服务的功能①；四是集体资源及资产管理功能和经济组织、服务与协调功能②；五是文化教育功能③，等等。村民委员会（包括村民小组在内）"三位一体"的功能造成农村基层治理的低效率，同时也是农村土地产权"弱化"的重要原因之一。从作为农村土地集体所有权主体的"农民集体"的属性来看，其功能应为经济功能。马克思在《〈政治经济学批判〉序言》说道："人们在自己生活的社会生产中发生一定的、必然的、不以他们的意志为转移的关系，即同他们的物质生产力的一定发展阶段相适合的生产关系。这些生产关系的总和构成社会的经济结构，即有法律的和政治的上层建筑竖立其上并有一定的社会意识形态与之相适应的现实基础。物质生活的生产方式制约着整个社会生活、政治生活和精神生活的过程。④"这即是"经济基础决定上层建筑"的基本原理。近年来，以清产核资、资产量化等为主要内容的农村集体产权制度改革的目标就是通过股份制改革实现"政经分离"，建立起能够高效履行经济功能的农村集体经济组织作为"农民集体"的组织形式。但从实践来看，这一目标并未很好实现。据统计，北京市村党支部书记兼任农村集体经济组织董事长的比例高达93.8%⑤。因此，在新时期，构建能够独立、有效履行经济功能的农村集体经济组织来行使农村土地集体所有权仍然是农村土地产权制度改革的重要内容，也是发展农村集体经济的内在要求。从各地确权颁证工作中对农村土地所有权

---

① 《村民委员会组织法》第二条规定："……村民委员会办理本村的公共事务和公益事业，调解民间纠纷，协助维护社会治安……"

② 《村民委员会组织法》第五条规定："村民委员会应当支持和组织村民依法发展各种形式的合作经济和其他经济，承担本村生产的服务和协调工作……管理本村属于村农民集体所有的土地和其他财产，教育村民合理利用自然资源，保护和改善生态环境。"

③ 《村民委员会组织法》第六条规定："村民委员会应当……发展文化教育，普及科技知识……"

④ 马克思恩格斯选集第2卷［M］. 北京：人民出版社，1995：32－33.

⑤ 孔祥智，高强. 改革开放以来我国农村集体经济的变迁与当前亟须解决的问题［J］. 理论探索，2017（1）：116－122.

主体的表述来看，集体所有权主体的名称可谓“五花八门”：一是部分地区将集体所有权主体表述为“农村集体经济组织”，如广东省将农村土地集体所有权主体界定为具有所有权的经济合作社、经济联合社、股份合作经济联合社等；二是部分地区将集体所有权主体表述为“农民集体”（包括乡（镇）、村、村民小组），如浙江省宁波市、江西省乐安县、黑龙江省哈尔滨市等；三是部分地区在确权颁证时将“农村集体经济组织”和“农民集体”混用，如河南省①。各地区农村土地集体所有权主体的不一致性既为明晰农村集体经济组织的法人性质带来了困难，又不利于农村集体经济组织参与市场交易活动。因此，我们应将集体所有权主体在法律和实践层面统一表述为“农村集体经济组织”。具体来说，就是要从体制机制层面确立依法成立、具有独立法人地位的集体经济组织作为农村土地集体所有权主体的合法地位。这一观点已在2019年12月28日第十三届全国人大常委会第十五次会议审议通过的《中华人民共和国民法典（草案）》中体现。该草案明确规定农村集体经济组织为“特别法人”。这一点也在西部地区L县农村宅基地“三权分置”改革中得到了体现，L县明确将农村集体经济组织登记为有限责任公司并实行会计独立核算。

5.1.3 明确农村集体经济组织、村民委员会和村党支部的职能分工

从农村社会经济系统运行角度看，乡村治理主要体现在集体经济发展、社区管理与行政、民主政治等方面。为保证乡村治理的有效性，应按照分工的思路科学合理将这些功能分别赋予不同的主体。首先，农村集体经济组织作为农村土地集体所有权主体应承担起发展集体经济的职能。农

① 姜红利，宋宗宇．集体土地所有权归属主体的实践样态与规范解释［J］．中国农村观察，2017（6）：2－13.

村集体经济组织作为市场法人负责包括土地在内的集体资产的经营从而不断发展壮大集体经济。农民集体的“群体性”特征和市场主体“自主决策、自负盈亏”的内在属性决定了股份制公司应为农村集体经济组织的有效组织形式。以股份制为基本组织形式的农村集体经济组织能够与《中华人民共和国公司法》（以下简称《公司法》）接轨，有利于农村集体经济组织开展生产经营活动。但以股份制形式构建农村集体经济组织法人主体首先需要解决法人财产的所有权问题。按照《公司法》，公司法人拥有其财产的所有权并可自由支配和处置。对于农村集体经济组织一般性经营资产如机器设备等固然可以完全作为法人财产由农村集体经济组织自由支配和处置。但对于农村集体经济组织经营活动所需集体土地而言，则存在农村集体经济组织所占有的土地是否构成法人财产的问题。显然集体土地所有权不能完全按照《公司法》规定成为法人财产，否则会带来集体所有权买卖、土地私有化的风险①。但作为市场主体，农村集体经济组织又必须可以享有用益物权性质的土地财产权。一条可行的路径就是建立由全体集体经济组织成员参与的农村集体经济组织民主决策机制，通过民主决策机制，全体成员共同行使农村土地集体所有权权能。同时，要严格贯彻执行“严禁非法买卖土地所有权”的法律规定。农村集体经济组织内部组织结构的构建完全可以借鉴《公司法》相关规定。其次，村民委员会作为基层群众性自治组织应承担起社区管理及行政功能，具体包括农村社区公共事务日常管理、提供公共产品和公共服务以及部分社会保障、户籍、人口等社区管理和行政职能。依据现行《村民委员会组织法》等法律法规，社区管理和行政功能本身即是村民委员会的法定职能。问题在于，《村民委员会组织法》等相关法律把本应归属农村集体经济组织的经济功能赋予村民委员会（包括村民小组）。在法律层面就阻碍了农村集体经济

① 姜红利，宋宗宇．集体土地所有权归属主体的实践样态与规范解释［J］．中国农村观察，2017（6）：2－13.

组织经济功能的实现。因此，必须修改包括《村民委员会组织法》在内的相关法律法规，明确村民委员会（村民小组）依法履行社区管理和部分行政职能，而包括盘活集体资产（包括土地）的职能交由农村集体经济组织。为履行上述功能，应保障村民委员会能够获得足够的运作资金，从而能够进行农用地发包、宅基地分配以及其他公共产品和公共服务如医疗卫生、教育、住房保障、交通设施、水利设施等的提供和维护等活动。从村民委员会承担的职能来看，其运作所需资金应来自政府财政拨款和税收。由于村民委员会不具有征税权利，因此可将农村集体经济组织依法缴纳的税收通过政府转移支付形式返还给村民委员会。最后，村党支部作为党在农村基层的组织分支，应承担起乡村治理的政治职能。当然，从农村集体经济组织的属性来讲，又必须保障农村集体经济组织独立决策、自负盈亏。

5.1.4 农村集体经济组织行使集体所有权的前提：保障农户既有土地权利

从农村集体土地产权配置的实践样态来看，农村宅基地和农户承包地实际处于一种“共有私用”的产权状态①。一方面，农村集体经济组织享有宅基地集体所有权，农户永久享有宅基地使用权；另一方面，对于农户承包地而言，集体所有权亦由农村集体经济组织享有，农户的土地承包经营权长期不变。农村集体土地中最主要的这两类土地的使用权实际上是归农户享有的。农村集体经济组织所有并能够直接支配的土地主要是少量未分配到农户的土地，包括村公共设施和公益事业用地、乡镇企业用地等集体经营性建设用地以及“四荒地”等未利用地等。“农民权益不受损”

① 王艳西. 集体永佃制：理论基础、制度内涵与实现途径［J］. 西北农林科技大学学报（社会科学版），2018，18（5）：9 - 17.

“公有制性质不能改变”“耕地红线不能破”是农村土地制度改革的三大“底线”。这就要求，农村集体经济组织行使集体所有权必须保障农户既有的土地权利，包括宅基地使用权和土地承包经营权。具体来说，农村集体经济组织在符合规划和用途管制的前提下可以自主采取市场化方式盘活由集体所有、集体支配的村公共设施和公益事业用地、乡镇企业用地等集体经营性建设用地以及“四荒地”等未利用地。从农村土地利用实践来看，现阶段最为迫切的是盘活农户闲置、低效利用的宅基地（包括房屋）。农村集体经济组织作为集体所有权主体在宅基地的规模开发、统一经营管理等方面具有农户个体所不具有的组织优势。因此，农村集体经济组织应成为农村宅基地“三权分置”背景下盘活宅基地的重要主体。但农村集体经济组织参与盘活闲置、低效利用宅基地（包括房屋）的前提是必须尊重农户意愿和保障农户宅基地财产权益。换言之，农村集体经济组织只能开发或管理农户自愿放弃或采取某种市场化方式如入股、托管等交与其的宅基地，应尊重农户自由行使宅基地使用权的使用、收益和处置权能。比如，西部地区 L 县在推进闲置宅基地有偿退出时就充分尊重农户意愿并允许农户采取多种“共建共享”方式流转宅基地的使用权。L 县实践证明，这一做法非常符合农户的个性化需求。

5.2　集体所有权的权能配置

“落实宅基地集体所有权”不仅要求明晰集体所有权的主体，而且还要“还权赋能”，合理配置集体所有权的权能。农村集体经济组织的独立法人特点和发展集体经济的功能决定了集体所有权的“物权”属性。但从集体所有权“存量”权能来看，集体所有权“物权”属性缺失，现行法律制度并未赋予农村集体经济组织完整的集体所有权权能。这严重制约了农村集体经济组织经济功能的实现。因此，农村宅基地“三权分置”必须从集体所有权“物权”属性出发，赋予集体所有权充分的“增量”权能。

5.2.1 集体所有权的“物权”属性

“公权”和“私权”的区分源于罗马法对于“公法”和“私法”的区分。罗马著名法学家乌尔比安曾言道：“公法是涉及罗马国家的关系，而私法是涉及个人的利益。”① 因此，“公权”和“私权”的区分就在于其所代表的利益类型。公权一般是指群体或国家所拥有的以维护和发展社会公共利益为目的公共权利；私权一般是指个人所拥有的以维护和满足个人利益为目的的权利②。以此视角考察我国土地产权问题，我们发现集体所有制下的土地产权存在“公权”和“私权”相互“交织”的情况。在我国，集体土地的“私权”特征在法律层面表现为集体土地产权的“物权”地位③。农村土地集体所有权的主体是“农民集体”。前文已经表明，“农民集体”的本质是以土地“共有占有”为基础的农民“经济联合体”，其基本功能是在市场经济条件下最大程度实现土地财产价值。但在我国实践中，在农村自治组织行政化趋势和城乡二元土地制度下宅基地产权权能严重受限的共同作用下，农村集体所有权作为农村集体经济组织全体成员共有拥有的“物权”逐渐演变为由国家控制的“公权”。实践有些地方政府通过“公权”对农村集体经济组织和农户宅基地财产权益的侵害，主要体现为土地征收中的强制性和低补偿以及宅基地严格的用途管制。因

① 甄自恒．从公权社会到私权社会——法权、法制结构转型的社会哲学探讨［M］．北京：人民日报出版社，2004：1－2.

② 甄自恒．从公权社会到私权社会——法权、法制结构转型的社会哲学探讨［M］．北京：人民日报出版社，2004：26.

③ 《中华人民共和国物权法》（2007）明确确立了包括农村土地集体所有权、土地承包经营权、宅基地使用权等农村土地产权的物权地位，并从占有、使用、收益和处分等方面规定了具体权利内容。

此，有学者呼吁要实现集体所有权“私权性质的回归”①。笔者亦认同此观点，集体所有权毫无疑问应成为由农村集体经济组织全体成员共同拥有的“物权”。因此，我们必须按照《物权法》的规定，在实质上或者说事实上赋予农村土地集体所有权“物权”地位。具体的理由包括以下几个方面。一是尽管长期来看农民集体成员具有抽象性，但在一定时期内农民集体成员又是具体的。一定时期内农民集体内部的范围是明确的、某一个体是否属于某农民集体是清晰的；一定时期内集体所有权利益主体是固定的，即拥有宅基地使用权的农户固定；宅基地“三权分置”后农户资格权也限定了集体所有权利益主体的范围。二是从现行制度出发，“农民集体”行使集体所有权主要是通过将宅基地使用权无偿无限期分配给农户使用以满足其建设住宅所需。从这个角度考察，宅基地主要是为农户个人利益所服务的。集体所有权实际上呈现出“按份共有”的特征。三是宅基地“三权分置”后，集体所有权的重要功能就是在实现农户宅基地财产权益的基础上发展壮大集体经济从而使农村集体经济组织更好履行其经济功能。市场经济客观要求参与市场交易的商品和要素产权清晰，能够自由流转。我国公有制的基本经济制度虽然要求集体所有权不得买卖，但现实中还是存在土地征收过程中土地集体所有权向国家所有权的转变。土地征收本身具有“公法”的强制性特征，作为这一“公法”行为的接受者，农村集体经济组织和农户宅基地财产权利处于“弱势”地位。为平衡政府“公权”对农村集体经济组织和农户宅基地财产权利的过度、不当侵害，就必须强化集体所有权“物权”属性，用集体所有权作为“物权”的排他性平衡地方政府土地征收“公权”的强制性。四是集体所有权还具有财产权利的资源收益性，农村集体经济组织可以通过行使集体所有权

① 童列春．中国农地集体所有权制度理论解惑与重述［J］．南京农业大学学报（社会科学版），2018，18（2）：98－108，160.

获得收益①。如宅基地的有偿使用。从这个意义上讲，集体所有权“应当成为保障农户个人财产自由、发展和完善个人人格的重要私法工具”②。五是农村集体经济组织的独立市场法人属性要求集体所有权为“物权”。前文已经指出，农村集体经济组织应为参照《公司法》设立的股份制法人主体。从这个意义上，农村集体经济组织完全是私法意义上的企业或者公司。因此，农村集体经济组织所拥有的集体所有权从权利属性上来讲也只能是“物权”。在农村宅基地“三权分置”中明确集体所有权“物权”的属性具有重要意义。（1）集体所有权“物权”属性为农村集体经济组织参与宅基地相关开发经营活动奠定了理论基础。作为“物权”的集体所有权，才具备较为完整的占有、使用、收益和处置权能。宅基地“三权分置”后，农村集体经济组织必将成为宅基地经营开发的重要主体。农村集体经济组织往往是从农户手中获得使用权，但农民集体本身就是宅基地所有权主体，也就不宜再将其单独确认为宅基地使用权主体。更合适的方式应是将作为用益物权的使用权的权能合并入集体所有权中。赋予集体所有权“物权”属性将有利于农村集体经济组织以市场化方式合理开发利用宅基地。（2）集体所有权“物权”属性为农村集体经济组织抵御“公权”不当扩张提供了产权保障。“公地悲剧”原理告诉我们，纯粹的公共产权极易受到侵害。实践业已证明以往对集体所有权“公权”属性的过分强调导致国家对农民集体和农户土地权利的侵害。因此，为强化对“农民集体”和农户宅基地权利的保护，应确立集体所有权“物权”属性。（3）集体所有权“物权”属性有利于保护农户合法权益。集体所有权“物权”属性决定了农村集体经济组织在宅基地“三权分置”中既要维护和发展全体成员的公共利益和共同利益，又要保障集体成员的个人利益，

---

① 李凤章．从公私合一到公私分离——论集体土地所有权的使用权化［J］．环球法律评论，2015，37（3）：79－94.

② 刘英博，刘彤．重构集体土地所有权的私权属性［J］．兰州学刊，2014（1）：192－194.

包括集体成员个人的住房保障、决策参与、收益分配等。

5.2.2 集体所有权的“存量”权能

作为“物权”的集体所有权应包含完整的占有权、使用权、收益权和处置权。但从我国20世纪60年代设立并运行至今的农村宅基地“二权”分置制度来看，这四项权能并不完整。农民集体作为集体所有权主体仅获得有限占有权和部分处置权，无使用权和收益权①。有限占有权和部分处置权主要表现为以下两个方面。一是集体在符合规划基础上有权决定宅基地在集体成员之间的初始分配。二是在特定条件下农民集体有权收回农户手中之宅基地使用权。农民集体收回农户手中宅基地使用权的情况主要有以下几种：(1) 乡（镇）村公共设施和公益事业建设需使用农户宅基地时，农民集体在给予农户适当补偿后可收回宅基地；(2) 农户不按照规定（修建自住住宅）使用宅基地时，农民集体可收回宅基地；(3) 农户因户口迁移、移民等因素不再使用宅基地时，农民集体可收回宅基地；(4) 农户违规占用土地修建住宅应退还所占土地；(5) 违法占有两处宅基地的，经核实后农民集体可收回一处②。集体所有权“存量”权能已不能满足农村集体经济组织实现其经济功能的需要。首先，现行法律和相关

---

① 韩立达，王艳西等．农村宅基地“三权分置”：内在要求、权利性质与实现形式[J]．农业经济问题，2018 (7)：36-45.

② 《土地管理法》(2019) 第六十六条规定：“有下列情形之一的，农村集体经济组织报经原批准用地的人民政府批准，可以收回土地使用权：（一）为乡（镇）村公共设施和公益事业建设，需要使用土地的；（二）不按照批准的用途使用土地的；（三）因撤销、迁移等原因而停止使用土地的。依照前款第（一）项规定收回农民集体所有的土地的，对土地使用权人应当给予适当补偿。收回集体经营性建设用地使用权，依照双方签订的书面合同办理，法律、行政法规另有规定的除外。”《国土资源部关于进一步完善农村宅基地管理制度切实维护农民权益的通知》规定：“对未经申请和批准或违反规划计划管理占用土地建住宅的，应当限期拆除、退还土地并恢复原状……对一户违法占有两处宅基地的，核实后应收回一处。”

政策不断强化农户宅基地权利，农村集体经济组织逐渐无法行使法律赋予其的宅基地分配和收回权利。比如，2010 年国土资源部发布的《国土资源部关于进一步完善农村宅基地管理制度切实维护农民权益的通知》指出：“土地利用总体规划确定的城镇建设扩展边界内的城郊、近郊农村居民点用地，原则上不再进行单宗分散的宅基地分配。”出于维护农村稳定和保护农户权利的考虑，农村集体经济组织更是难以按照法律规定收回农户违法占用、使用或不再使用的宅基地。其次，农村集体经济组织关于宅基地权利的弱化制约了闲置、低效利用宅基地的盘活，制约了集体经济的发展。集体经济的发展离不开土地要素的支撑，在农村土地用途管制下宅基地是集体经济发展所需建设用地的最主要潜在来源。但农村集体经济组织关于宅基地并不享有使用权能和收益权能。农民集体统一开发经营农户宅基地就缺乏产权基础和制度基础。最后，集体经济难以发展使得村民委员会履行社会管理、提供公共产品和公共服务等功能缺乏物质基础。从实践出发，农村人口管理、治安等社会管理工作主要由村民委员会具体负责，由此产生的成本也主要由政府财政资金予以补贴。而道路、水利设施等基础设施和科学、教育、文化、卫生、体育等公共产品和公共服务则往往由政府和村民委员会共同参与提供。上述社会管理及公共产品公共服务的供给水平主要取决于政府对村民委员会的资金支持力度。受制于政府财政支付能力，依赖于财政资金支持的社会管理和公共产品公共服务往往只能满足农民集体成员的基本需求，是一种低水平、普惠性的社会福利。包括宅基地在内的集体建设用地是农民集体最有价值的资源禀赋，农民集体经济的起步与快速发展往往与集体建设用地的开发利用密不可分。通过赋予农村集体经济组织更加充分的集体所有权权能，能够有力促进集体经济的发展。根据西部地区 L 县的数据，L 县已腾退宅基地 1 万余亩，农村集体经济组织平均收益超过 100 万元。这就充分证明了赋予农村集体经济组织更加充分的宅基地集体所有权权能对于提升集体经济的积极作用。而作为市场法人主体，农村集体经济组织按照其经营所得依法缴纳相应税收。这部分税收完全可以用于农村社区管理以及各类公共产品和公共服务的提供。

5.2.3　宅基地“三权分置”下集体所有权的权能

基于大陆法基本法理，具有“物权”属性的集体所有权事实上就是自物权，是农村宅基地相关产权（包括农户“资格权”及使用权等）的最终“母权”，应包含占有、使用、收益和处置等完整的权能①。但正如前文所述，现阶段集体所有权仅包括有限占有权和部分处置权，无使用权和收益权。因此，宅基地“三权分置”改革就应该赋予其合理的占有、使用、收益和处置权能，使其“自物权”属性复归。具体来说，农村宅基地“三权分置”改革中应赋予集体所有权的权能应至少包含以下几个方面。首先，“存量”+“增量”占有权。其中“存量”占有权包括两项内容：一是宅基地使用权的初始分配权；二是特定条件下宅基地使用权的收回权。就宅基地使用权初始分配来看，应进一步增强农村集体经济组织关于宅基地初始分配的自主权，在实现村镇土地利用规划全覆盖的前提下由农村集体经济组织负责批准农户对于分配宅基地的申请，乡（镇）和县（市）主要对是否符合土地利用规划进行审核。除此之外，农村宅基地收回制度被“闲置”成为一种普遍现象②。因此，应强化农村集体经济组织对农户宅基地的收回权，建立农户违法占用和使用宅基地时农民集体收回其宅基地的司法保障机制。“增量”占有权主要是指通过土地征收制度改革、宅基地制度改革以及集体经营性建设用地入市等赋予农村集体经济组织对“集体经营性建设用地”“集体建设用地指标”，以及“宅基地（住房）开发经营”的控制权。现阶段集体经

---

① 蔡立东．宅基地使用权取得的法律结构［J］．吉林大学社会科学学报，2007（3）：141－148.

② 耿卓．宅基地使用权收回事由类型化及立法回应［J］．法律科学（西北政法大学学报），2019，37（1）：180－191.

营性建设用地入市改革、城乡建设用地增减挂钩政策等主要是通过盘活、整治现有闲置和低效利用宅基地形成集体经营性建设用地或集体建设用地指标。集体经营性建设用地入市、城乡建设用地增减挂钩以及土地征收制度改革等都是农村宅基地“三权分置”改革的具体内容。为“落实”集体所有权，就应赋予农村集体经济组织对“集体经营性建设用地”“集体建设用地指标”以及“宅基地（住房）开发经营”的控制权。但农村集体经济组织获得这一控制权的前提是必须尊重农户意愿以及给予农户市场化的合理补偿。其次，“增量”使用权及收益权。这部分“增量”使用权及其收益权主要包括以下三方面的内容：一是在不改变宅基地权属关系前提下，农村集体经济组织对农户委托（或者入股等）的宅基地（住房）进行统一开发的使用权及收益权；二是宅基地通过增减挂钩等手段形成之“集体建设用地指标”的使用权和收益权；三是将“集体建设用地指标”依法转化落地形成之集体经营性建设用地的使用权及收益权。赋予农村集体经济组织这部分使用权及其收益权有以下意义：一是有利于发挥规模经济优势盘活农户闲置、低效利用的宅基地；二是在不断提升农村集体经济组织经营能力的过程中实现集体经济的发展壮大；三是通过农村集体经济组织合理规划和统筹使用集体土地为农村社会管理及公共产品公共服务的供给等提供土地保障。最后，“增量”处置权及收益权。当宅基地通过增减挂钩等手段并经过权属调整转变为集体经营性建设用地后，依照中国银保监会、原国土资源部以银监会下发的《关于印发农村集体经营性建设用地使用权抵押贷款管理暂行办法的通知》之规定，集体经营性建设用地抵押权属于农村集体经济组织享有。此外，农村集体经济组织可依法享有将宅基地转化而来的集体经营性建设用地使用权进行转让、抵押、入股、联营等并获得相应的收益。一方面，处置权是最能体现农村集体经济组织作为集体所有权这一自物权之主体对宅基地享有绝对支配地位的核心权能。赋予农村集体经济组织对于宅基地及其转化形式（集体经营性建设用地、集体建设用地指标等）的处置权是使集体所有权“自物权”属性复归的内在要求。另一方面，从资源配置角度来看，在短期，农村集体经济组织虽然拥有土地，但不同程度的相对缺乏资本、技术等其他优质生产要素。通过行使集体所有权的处置权能，农村集体经济组织可以获得所需的资本、技术等优质生产要素。

5.3　集体所有权的实现形式

具体来说，集体所有权实现形式应包括以下四个方面：一是完善以农村集体经济组织为主体的宅基地经营管理机制；二是以“地利共享”为原则构建农村集体经济组织参与的宅基地增值收益分配机制；三是以农村集体经济组织为主体构建对农户的约束和保护机制；四是构建农村集体经济组织主导下的农村“跨区域住有所居”保障机制。

5.3.1　完善以农村集体经济组织为主体的宅基地经营管理机制

1. 完善以农村集体经济组织为主体的宅基地分配和收回制度

宅基地的分配和收回是集体所有权重要的实现途径。因此，毫无疑问，宅基地分配和收回的主体应为农村集体经济组织。针对现阶段宅基地分配和收回制度存在的主要问题，应从以下几个方面完善宅基地分配和收回制度。一方面，要强化农村集体经济组织针对宅基地的分配权利：一是在符合规划和用途管制的前提下，经农村集体经济组织2/3以上成员同意，农村集体经济组织可直接批准农户宅基地分配申请，经地方政府国土主管部门备案即可进行确权颁证；二是建立农村集体经济组织的市场化进入机制，赋予通过市场化方式进入集体经济组织的成员同等的宅基地分配请求权；三是以促进节约集约用地为原则建立包括超占有偿、竞租选位等在内、多形式的宅基地有偿使用制度。另一方面，建立类型化的宅基地收回制度：一是出于集体基础设施、公共服务设施或保障性安居工程建设需要，农村集体经济组织可收回农户房屋及其所占宅基地，并通过货币补偿、房屋补偿、土地置换等多形式给予农户市场化补偿；二是因农户户口迁移、移民等因素不再使用宅基地的，由农村集体经济组织与农户协商在市场化补偿的基础上收回；三是对于农户违法违规使用合法获得的宅基地，农村集体经济组织应劝导农户纠正，劝导无效时可提起仲裁或民事诉讼，由人民法院强制其恢复原状；四是对于农户违法获得的宅基地，农村集体经济组织可无偿收回土地并责令农户恢复土地原状，农户拒不执行时可提起仲裁或民事诉讼，由人民法院强制其恢复原状。

2. 建立以农村集体经济组织为供给主体的集体建设用地指标、集体经营性建设用地及宅基地（住房）使用权出让制度

党的十八届三中全会明确提出要建立城乡统一的建设用地市场，实践中宅基地已成为集体经营性建设用地的重要来源。从资源配置效率来看，农村集体经济组织作为宅基地使用权出让主体可实现单个农户无法实现的规模经济。故此，一是必须结合实践建立起宅基地使用权由农户转移至集体经济组织的机制，如实践中已涌现的“地票”制度、“增减挂钩”、集体托管和回购、入股等；二是确立以集体经济组织为供给主体之“集体建设用地指标”、集体经营性建设用地以及宅基地（住房）使用权出让制度；三是建立包含“集体建设用地指标”、集体经营性建设用地以及宅基地（住房）使用权出让的农村产权交易平台等。

3. 农村集体经济组织对农户宅基地（住房）进行托管

农户通过与农村集体经济组织签订委托协议将宅基地（住房）委托

给农村集体经济组织统一进行经营管理。一般情况下，农村集体经济组织对受托宅基地（住房）通过多种手段进行规模化改造后可采取自营或者通过出租、入股等方式引入社会投资者进行经营获得收益，并依据委托协议与农户进行收益分配。农户从农村集体经济组织经营或管理中获得宅基地财产收益，而农村集体经济组织通过托管宅基地可实现宅基地经营、管理的规模效益以及盘活闲置、低效利用宅基地并获得相应收益。农户宅基地（住房）的托管不涉及土地（住房）权属的调整，因此，农村集体经济组织不仅可以托管本集体经济组织成员农户的宅基地（住房），还可以托管非本集体经济组织农户的宅基地（住房）。这就可以进一步拓展宅基地（住房）资源配置的空间范围。

4. 通过农户集中居住等将宅基地复垦形成集体建设用地“指标”及将集体建设用地“指标”依法转化为集体经营性建设用地

在土地三项制度改革试点中，农村集体经济组织通过宅基地“三权分置”获得的“增量”使用权可通过以下方式来实现：一是通过增减挂钩等将宅基地复垦形成“集体建设用地指标”，继而在农村产权市场上进行交易并获得扣除成本后的溢价收益；二是将“集体建设用地指标”依法转化为集体经营性建设用地并入市，集体经济组织获得扣除成本之后的溢价收益；三是农村集体经济组织通过股份制等形式募集资金在“集体建设用地指标”落地形成的集体经营性建设用地上建设相应的经营性地产，通过出租获取收益，并将收益按股份进行分配。

5. 探索建立共有产权房市场交易制度

农村集体经济组织在开发建设宅基地过程中，必然会像城镇国有建设用地开发（住宅房地产、商业房地产和工业房地产等）一样涉及建设用地使用权的转让。基于党的十八届三中全会提出的土地平等权视角，宅基地通过复垦等手段依法转化为集体经营性建设用地后拥有建设商业地产、工业地产甚至是住宅地产的权利。为保障农村土地集体所有制和农户土地权益，可选择通过协议等公开交易方式形成共有产权房，由农村集体经济组织和农户或农村集体经济组织和其他市场主体（法人或自然人）共同拥有宅基地上所建房屋（商业地产、工业地产甚至是住宅地产）的所有权及相应土地使用权。

5.3.2 “地利共享”视角下的宅基地增值收益分配机制

农村宅基地“三权分置”后，随着宅基地资产功能的发挥，宅基地的财产价值得到实现。尽管宅基地使用权为农户所享有，但集体所有制内在要求宅基地增值收益不能全部由农户占有，而应在保障单个农户合法财产权益基础上将宅基地增值收益以一定形式由农民集体全体成员“共享”。这就要求我们要以“地利共享”为基本原则构建有农村集体经济组织参与的宅基地增值收益分配机制。农户自行将宅基地（房屋）以一定形式流转给社会资本方时，一方面农民集体难以介入交易过程；另一方面出于保护农户财产权益考虑，现行政策也不允许农村集体经济组织参与这一过程中的收益分配。因此，本部分对这种情况下的宅基地增值收益分配问题暂不予探讨。现实中，更多的宅基地开发项目是由农村集体经济组织主导推动的，因此本书主要探讨这种情况下的宅基地增值收益分配机制。

1. 政府根据宅基地复垦转化形成之集体经营性建设用地的不同用途开征不同比例土地增值税

政府以土地增值税形式参与宅基地增值收益分配的必要性在于：一是“市场失灵”问题在使用权交易市场仍然存在；二是伴随使用权交易市场的形成和开放，城市房地产市场存在的“炒房”“炒地”等问题就有可能出现，导致其他社会资本“炒卖”“炒买”使用权及其房屋牟取暴利；三是使用权交易的开放将直接对城镇国有建设用地市场产生冲击，尤其是有可能对城镇商品房市场造成冲击；四是宅基地复垦转化形成之集体经营性建设用地的入市还会对政府“土地财政”造成影响；五是地方政府在农村宅基地“三权分置”过程中还提供部分公共基础设施和公共服务设施，从公平分担成本角度出发，地方政府应适当征收一定税收。地方政府开征土地增值税的意义在于：一是开征农村土地增值税，主要目的是调节农村土地特别是建设用地增值收益在国家、集体和农户之间的分配；二是按照宅基地（住房）、集体建设用地“指标”以及集体经营性建设用地的不同用途收取不同比例土地增值税，以此来调节农村土地特别是农村集体经营性建设用地的供给与需求，促进市场均衡的实现；三是通过税收来调节农村土地市场有利于促进地方政府财政收入来源转换。

2. 农村集体经济组织以公积金形式参与宅基地增值收益分配

一方面，农村集体经济组织是宅基地增值收益的直接实现者和获得者，理应参与宅基地增值收益分配；另一方面，在市场经济条件下，农村集体经济组织的生产经营活动不能仅仅停留在“简单再生产”的层次，为促进集体资产不断增值以及集体经济竞争力不断增强，集体经济组织需要不断“扩大再生产”，“扩大再生产”所需资本投入的主要来源就是内部积累。因此，集体经济组织应参与宅基地增值收益的分配：（1）农村集体经济组织应参照《公司法》相关规定由股东大会讨论表决决定年度净利润中公积金的提取比例；（2）为农户利益计，可在集体经济组织章程中规定提取公积金的最高比例，从而保障可用于向农户分红的最低比例；（3）要明确规定公积金必须用于集体经济组织的经营活动，严格禁止将公积金变相用于公共基础设施、公共服务、村民委员会（村民小组）运行费用等方面。

3. 村民委员会（村民小组）以政府转移支付形式获得农村集体经济组织缴纳的税收

按照前文分析，村民委员会的职能为社区管理以及行政功能，因此其没有独立的收益来源，其对资金的需求应主要通过政府财政拨款满足。而政府财政收入的主要来源是税收。按照“谁收益，谁负担”的税收负担分担原则。用于满足村民委员会职能所需的税收负担应由农户承担一部分。随着农业税的取消，农户一般不直接履行纳税义务。在农村宅基地“三权分置”背景下，农村集体经济组织作为市场法人，自主开展经营并获得收益。因此，农村集体经济组织应同其他市场主体同等履行缴纳土地增值税、商品增值税以及其他与经营相关税收的义务。地方政府再依据具体情况将农村集体经济组织所缴纳税额的全部或大部分以转移支付形式返还给村民委员会。村民委员会（村民小组）通过此种方式所获得的收入应用于社区日常管理以及为全体成员提供公共基础设施、公共服务设施、包括住房保障等在内的普惠性社会保障以及针对部分弱势成员的社会救助、社会优抚等。

4. 农户主要凭借其所拥有的宅基地使用权获得相应的要素收益

这具体又可以分为以下几种情况：（1）农户以托管形式将其宅基地（房屋）交由集体经济组织开发经营，此时并不涉及权属变更，农户按照托管协议获得相应收益；（2）农户将其宅基地（房屋）入股集体经济组织，此时农户直接成为集体经济组织股东，可按照其股权比例参与集体经济组织利润分配；（3）农户通过有偿退出形式彻底放弃其所享有的宅基地使用权，农户宅基地由农村集体经济组织有偿收回，农户获得宅基地使用权转让收益。

5.3.3　以农村集体经济组织为主体构建对农户的约束和保护机制

农村宅基地“三权分置”后农户将作为市场主体参与到宅基地产权流转及其相关开发经营活动中去，普遍存在的“信息不对称”问题一方面使农户易发生道德风险和逆向选择行为而制约宅基地“三权分置”改革的推进；另一方面，农户也会由于信息不对称而使自身暴露在市场竞争风险中从而权益受损。基于此认识，在农村宅基地“三权分置”改革中，既要对农户道德风险和逆向选择行为进行约束，又需通过机制创新建立农户权益的保护机制。农村集体经济组织作为农户“经济联合体”，在保护农户合法权益以及约束农户短视行为方面具有组织优势和信息优势。因此，应充分发挥农村集体经济组织在保护农户合法财产权益和约束农户道德风险、逆向选择等短视行为方面的积极作用。

1. 农村集体经济组织对农户道德风险和逆向选择行为的约束机制

农村集体经济组织对农户行为监督具有天然地缘优势、组织优势、成本优势和刚性约束优势（农户在村集体内部的声誉成为对农户按时履约的刚性约束）。农村集体经济组织应充分发挥其内部信息优势和熟人社会基层自治组织优势建立对农户道德风险和逆向选择行为的约束机制。（1）建立覆盖全体成员农户的信用评价机制。农村集体经济组织凭借内部信息优势相比于金融机构、企业甚至是政府可以更为准确和低成本评价农村宅基地“三权分置”中农户的履约能力和履约意愿。因此，农村集体经济组织可以依据农户实际家庭情况及过往行为对农户的信用进行评价。评价结果既可以为其他市场主体提供参考从而为农户履约创造外在压力，又可以在乡村熟人社会中激发农户通过履约提升自己信用等级的内在动力。（2）与农户履约能力相关信息的申请公开机制。为进一步降低企业等其他市场主体与农户宅基地产权交易过程中的交易成本，在尊重农户隐私的前提下，农村集体经济组织应依据企业等市场主体的需要，依申请定向公开农户相关信息如抵押物基本情况、内部信用评价等级、有无重大违约行为等。(3) 农户道德风险和逆向选择行为的事后惩戒机制。尽管《合同法》等相关法律法规均规定了违约行为的惩戒条款，但囿于农村情况的特殊性，这些惩戒性的法律条文往往难以得到切实执行。农村集体经济组织可发挥熟人社会基层自治组织优势建立一定的内部惩戒机制以增大农户道德风险和逆向选择行为的成本，如农户违约行为的公示机制、农户违约行为与相关集体权益如宅基地分配等的挂钩机制等。

2. 农村集体经济组织为主体的农户维权机制

农村宅基地“三权分置”过程中，农户在与企业等市场主体在交易的过程中由于信息不对称等限制常常处于弱势地位，导致其在合法权益受到侵害时难以采取有效的行动进行维权。农村集体经济组织在帮助农户维护自身权益方面有其优势：（1）信息优势，农村集体经济组织负责人往往是农村政治或经济精英，相比于一般农户具有更强信息搜集和运用能力，能够快速对市场和政策信息做出反应；（2）成本优势，农村集体经济组织在与企业谈判或者采取其他维权措施如仲裁、诉讼等过程中，正如企业“学习曲线”一样，在不断帮农户维权的过程中，可以实现“干中学”，从而能够降低维权成本；（3）组织优势，农村集体经济组织作为一个市场法人，相对于农户个体，具有更强的谈判能力。农村集体经济组织帮助农户维权有以下几个核心问题要解决。一是要构建专门的机制如监督理事会（由农户代表组成）等负责督促农村集体经济组织维护农户合法财产权益。二是建立农户与农村集体经济组织之间就维权事项的授权机制。当农户权益被侵害时，农户应自由决定是自行维权还是由农村集体经济组织代表其进行维权。如果农户希望农村集体经济组织代表其维权，农户与农村集体经济组织之间应签订委托授权协议，明确农村集体经济组织在维权过程中的权限和责任问题。三是维权成本的负担问题。农村集体经济组织应单独设立开支项目用于帮助集体经济组织成员维权。

3. 农村集体经济组织为主体的政策与市场信息宣传培训机制

农村集体经济组织帮助农户维权只是问题的一个方面，更为重要的是提高农户的自我维权能力。农户自身维权能力较弱一方面是因为农户自身经验、学识、能力等限制，另一方面则是因为市场和政策信息本身的专业性、分散性、时效性、垄断性等特征。所以我们应加强对农户关于政策与市场信息方面的宣传培训，既能提升农户自身能力，又能减弱农户所面临的信息不对称问题。正如前文所分析的，农村集体经济组织在这方面有其优势，应在对农户关于政策与市场信息等的宣传培训方面发挥积极作用。一是农村集体经济组织及时准确地向广大农户宣传解释宅基地“三权分置”的相关法律法规及政策。二是农村集体经济组织应当组织相关行业和学界专家学者通过讲座、专题培训、咨询等形式对农户进行协助和培训，提升农户的政策理解能力、经营管理能力以及创新创业能力等。三是农村集体经济组织应积极与农村产权交易所等宅基地产权交易相关平台对接，提高农户对市场信息的可得性。

5.3.4　构建农村集体经济组织主导下的农村“跨区域住有所居”保障机制

在乡村振兴过程中，农村人口流动的规模和速度有所增强，农民集体中非本农民集体成员人口逐渐增多。这部分跨区域流动人口的住房保障问题成为乡村振兴过程中需要加以解决的突出问题。中国特殊的国情决定了只有农村集体经济组织能够成功解决农村跨区域流动人口的住房保障问题，而政府只能起到辅助和补充作用。在农村宅基地“三权分置”改革中建立以农村集体经济组织为主导的、市场机制和社会保障机制并行的农村“跨区域住有所居”住房保障机制。农村“跨区域住有所居”住房保障机制主要针对非本农民集体成员的人口，且该住房保障具备一定的盈利性，因此不属于农民集体成员共同利益的范畴，在某种意义上属于盘活闲置低效利用之集体建设用地的经营活动。因此，农村“跨区域住有所居”住房保障机制应以农村集体经济组织为主体推进。

1. 以共有产权房为主要形式建立农村商品住宅供给机制

前文已经论述将共有产权房作为集体所有权重要的实现机制。作为农村“跨区域住有所居”住房保障机制的重要形式，共有产权房既能满足农村跨区域流动人口“购置房产”的需要，又有利于在不违背现行政策制度的基础上帮助集体经济组织快速回笼资金并带来收益。集体经济组织独立投资或与社会资本合作投资利用集体建设用地开发建设共有产权房。集体经济组织在共有产权房所占产权份额由集体经济组织和相关业主协商决定。集体经济组织所占份额之外的产权份额可在市场上自由交易以供在本农民集体生产生活的非集体成员人口购买。除此之外，还应建立共有产权份额的动态调整机制，作为共有产权人的集体经济组织或非集体成员人口可增资购买对方所持有的共有产权房份额，但应规定集体经济组织所持产权份额的最小比例。

2. 逐步放开利用集体建设用地建设租赁住房

早在2017年，国土资源部和住房城乡建设部就在北京等13个城市开展集体建设用地建设租赁住房试点。2019年试点范围再次扩围，将福州、南昌、青岛、海口、贵阳5个城市纳入利用集体建设用地建设租赁住房试点范围。为进一步促进中小城镇农村地区的“振兴”，我们认为应进一步放开利用集体建设用地建设租赁住房，在加强项目监管的基础上赋予农村集体经济组织自主开展利用集体建设用地建设租赁住房项目的权利，逐步放开政府对农村集体经济组织在符合规划和用途管制的前提下利用集体建设用地建设租赁住房项目的限制。

3. 拓展公共租赁住房和廉租房的政策覆盖范围，将集体建设用地租赁住房作为公共租赁住房和廉租房的重要供给来源

作为住房保障的重要内容，公共租赁住房和廉租房制度目前主要为满足中低收入城镇居民和进城务工人员的住房需求。换言之，现行公共租赁住房和廉租房制度并未覆盖广大农村地区。尽管传统宅基地制度起到了住房保障作用。但随着农村跨区域流动人口的增加，这部分人口的住房保障问题实际上落入了城镇住房保障制度和农村宅基地福利分配住房保障制度之间的“真空地带”。基于此，我们认为应拓展公共租赁住房和廉租房的政策覆盖范围，将由于在农民集体之间跨区域流动而面临住房问题的中低收入农户列为公共租赁住房和廉租房的政策目标群体。但鉴于农村土地集体所有的特殊国情，农村地区公共租赁住房和廉租房的直接供给主体应以农村集体经济组织为主，将集体建设用地租赁住房作为公共租赁住房和廉租房的重要供给来源。政府主要通过财政转移支付支持公共租赁住房和廉租房的建设运营，包括向农村集体经济组织发放投资运营资金补贴或根据农村跨区域流动人口的支付水平向其发放租金补贴等。

5.4　本章小结

“落实宅基地集体所有权”是提升农户“发展能力”的必然要求。为在农村宅基地“三权分置”改革中“落实宅基地集体所有权”，本章从集体所有权主体构建、权能配置和实现形式三个方面探讨了集体所有权的实

现问题。《宪法》明确规定农村土地集体所有权为“农民集体”。本章首先对“农民集体”的属性进行了考察，认为“农民集体”应是由集体内部农户以土地“共同占有”为基础形成的“经济联合体”。从“农民集体”经济功能实现及经济效率角度出发，提出农村集体所有权主体应为依法成立、具有独立法人地位的农村集体经济组织，具体来说，就是《民法典》所规定的“特别法人”。各种形式的农村集体经济问题在实践中已大量存在，但主要的问题在于职能不清晰以及与村民委员会、村党支部等“党”“政”“经”等不分。为此，本章提出要明确规定农村集体经济组织承担经济功能，村民委员会承担行政和社区管理功能，而村党支部主要承担政治功能。从市场经济内在机理出发，提出应强化落实集体所有权“物权”属性。因此，应在农村集体经济组织对宅基地的“存量”权能基础上，在保障农户土地财产权利基础上赋予农村集体经济组织“增量”权能。本章最后，从宅基地经营管理机制、增值收益分配机制、“跨区域住有所居”保障机制等几方面探讨了集体所有权的实现形式。

第6章

农户资格权：权属定位、权能配置与制度供给

“生存能力”是农户可行能力中最低层次的一类可行能力，但事关农户最基本的人权——生存权。因而，保障农户“生存能力”是任何一项农村制度改革都必须首先考虑的重大问题。随着农村“人地关系”的快速变化，与宅基地相联系的“生存能力”层次的农户可行能力面临新的情况。这就要求我们必须重新考察农户“生存能力”层面可行能力的保障问题。即传统宅基地及宅基地制度所承载的福利保障功能在新的时代背景下如何实现？在市场经济下，宅基地保障功能和资产功能在某种意义上又是冲突的：宅基地保障功能的发挥要求宅基地资源配置要更多考虑公平，在现实中主要表现为宅基地分配的无偿性和平等分配以及法律法规对宅基地流转的限制；宅基地资产功能的实现则要求宅基地资源配置要以效率为基本原则采用市场化机制来实现，在现实中主要表现为宅基地的经济性利用以及宅基地产权的市场化自由流转（包括转让、出租、抵押等）。这就决定了宅基地保障功能和资产功能必须分别由不同的宅基地产权来承载。这是农村宅基地“三权分置”改革创设农户资格权的逻辑起点。农户资格权主要承载宅基地的保障功能，即主要保障农户的“生存能力”。

但作为新创设的权利类型，农户资格权尚未成为法定权利。因此，农户资格权权利性质、权能内容及权利边界以及相关制度设计等都是亟须解决的问题。基于此，本章将从权属定位、权能配置和制度供给三个方面对保障农户资格权问题进行分析。

6.1 农户资格权的权属定位：基于人役权视角

6.1.1 现行宅基地使用权制度的人役权属性

役权制度发源于古罗马，具体包括地役权和人役权两种。在古罗马时期无夫权婚姻和奴隶解放背景下，为保障没有继承权又无劳动能力的人生有所靠、老有所养，丈夫或家主往往将一部分家产的使用权、收益权和居住权等遗赠给妻子或奴隶，继承人保留“虚”的所有权①。这部分权利，称之为“特殊役权”，即为特定人利益而设定的地役权。优帝一世时，这种为特定人利益而设定的“特殊役权”被称为人役权。人役权包括用益权、使用权、居住权和奴畜使用权，其中，奴畜使用权后来相继为《法国民法典》《德国民法典》等废弃。用益权人享有对标的物占有、使用、收益和一定条件下处置的权利；使用权其权利人仅能在满足个人需要（包括家庭需要）的范围内行使，不能转让或由第三人行使，而且不包括收益权能；居住权是非所有人居住他人房屋的权利，且这种居住权由权利人终身享有、不可转让②。一般而言，人役权具有以下特征：一是身份性，为特定人利益而设定；二是期限性，一般以权利人终身或约定期限为界；三是

① 屈茂辉．用益物权制度研究［M］．北京：中国方正出版社，2005：48－49.
② 屈茂辉．用益物权制度研究［M］．北京：中国方正出版社，2005：52－86.

不可转让性，人役权仅可由权利人本人享有而不可转让给他人或由他人继承；四是无偿性，人役权权利人无须向所有权人支付对价，体现了人役权的恩惠或慈善特性①。从产生过程及特征来看，人役权的设定是为解决特定人的生活和养老问题。因此，人役权的实质主要体现为其所内含的社会保障功能。从这一角度考察我国现行农村宅基地制度，不难发现，宅基地使用权的身份性特征和福利保障功能使其在性质上非常接近人役权②。现行宅基地使用权的人役权实质主要体现在以下几个方面：（1）宅基地使用权主体严格限定为集体成员农户，初始申请和流转环节均限定在本集体内部③，因此，具有强烈的身份性；（2）现行法律并未对宅基地使用权年限进行明确规定，但从宅基地权属关系的实践来看，农户拥有的宅基地使用权实际上是无限期的④；（3）宅基地使用权的转让受到严格限制，一方面宅基地使用权不允许单独转让⑤和继承⑥等，另一方面处置权能也严格限制在集体内部；（4）宅基地使用权的取得具有无偿性特征，依据现行法律及相关政策，在遵循"一户一宅、面积法定、符合规划和依法审批"法律规定的前提下，农户经申请均可无偿从本集体获得宅基地。我国宅基地制度自人民公社时期起就一直将福利性和保障性作为其制度内核。改革开放40余年来，农村宅基地制度虽几经调整，但"宅基地是农民的福利

---

① 陈华彬．人役权制度的构建——兼议我国《民法典物权编（草案）》的居住权规定［J］．比较法研究，2019（2）：48－59.

② 温世扬，韩富营．从"人役权"到"地上权"——宅基地使用权制度的再塑造［J］．华中师范大学学报（人文社会科学版），2019，58（2）：20－29.

③ 李凤章，李卓丽．宅基地使用权身份化困境之破解——以物权与成员权的分离为视角［J］．社会科学文摘，2018（6）：76－78.

④ 《物权法》第一百五十二条规定："宅基地使用权人依法对集体所有的土地享有占有和使用的权利，有权依法利用该土地建造住宅及其附属设施。"

⑤ 《土地管理法》第六十二条规定："农村村民出卖、出租住房后，再申请宅基地的，不予批准。"

⑥ 吕军书，时丕彬．风险防范视角下农村宅基地继承制度改革的价值、困境与破局［J］．理论与改革，2017（4）：12－19.

和基本居住保障”这一制度内核却从未发生实质性改变①。基于上述分析，不管是从产权特征还是从制度功能来看，现行法律制度下农村宅基地使用权在实质上就是一种人役权。进一步分析，宅基地使用权还面临严格的用途管制，具体来说，依据《物权法》规定宅基地只能用于建造住宅及其附属设施，且不得用于经营性用途②。换言之，宅基地使用权只包含占有和使用权能，而不包括收益和处置权能。从这一方面来讲，宅基地使用权在性质上兼具人役权中使用权和居住权的特性。另一方面，作为人役权的宅基地使用权与罗马法意义上人役权也存在一定的差异，这种差异表现在以下几个方面：一是罗马法意义上人役权的主要目的在于保障权利人的生存利益，而宅基地使用权主要局限于保障权利人的居住利益；二是罗马法意义上人役权的设立主要取决于不动产或动产所有权人的主观意思，而宅基地使用权的设立带有一定的法律强制性；三是罗马法意义上人役权是为特定人方便或利益而利用他人之物，是一种他物权，《物权法》虽然将宅基地使用权界定为他物权性质的用益物权，但从宅基地使用权人与集体所有权人“成员—集体”的关系考察，宅基地使用权又不完全是一种他物权。但总体而言，用人役权来描述和解释现行法律制度下的宅基地使用权是符合现实的，但要注意宅基地使用权与纯粹意义上人役权之间的差异。

6.1.2 居住保障视角下农户资格权承继宅基地使用权的人役权属性

作为深深嵌入乡村生产生活过程的重要制度，运行60余年的宅基地制度已与户籍制度、承包地制度、集体收益分配制度及农村社会保障制度等

---

① 张克俊，付宗平．基于功能变迁的宅基地制度改革探索［J］．社会科学研究，2017（6）：47－53.

② 《物权法》第一百五十二条规定：“宅基地使用权人依法对集体所有的土地享有占有和使用的权利，有权依法利用该土地建造住宅及其附属设施。”

形成极其复杂的“路径依赖”惯性。户籍制度强化了宅基地的身份属性进而限制了农户退出宅基地；户籍制度社会福利分配功能也使得进城农户难以融入城镇，宅基地依旧是农户最后的“退路”。正如周文等（2017）的研究所表明的，只有土地制度和户籍制度联合改革才能加快推进中国城市化进程以及促进发展红利的共享①。一方面，以集体成员权为基础的宅基地使用权、土地承包权和集体收益分配权“三权”兼具身份属性和财产属性②，集体成员权将“三权”密切联系在一起，集体成员权将成为宅基地制度与土地承包制度和集体收益分配制度相互作用（促进/制约）的媒介；另一方面，现阶段农业生产活动劳动密集型产业的特点和耕作半径的限制使得宅基地的利用必须与农业生产相适应，换言之，宅基地制度改革要受到一定承包制度下的农业生产方式的制约。作为保障农村居民基本居住权利的制度安排，农村宅基地制度为农户提供了基本居住保障③。在某种意义上，宅基地福利分配制度是农村社会保障体系不完善的情况下农民集体保障成员基本居住权利的“无奈”选择，是对本应由政府提供的住房保障的替代。在新型城镇化和乡村振兴的大背景下，城乡之间、乡乡之间加快的劳动力流动格局和盘活农村闲置、低效利用宅基地以实现宅基地财产价值的现实需要要求以一种市场化的形式配置宅基地资源。但如果宅基地实行完全的市场化改革就有可能让农户失去宅基地使用权，这将给农村社会稳定带来各种不确定性④。因此，要让农户采取多种形式放弃宅基地必须突破现有城乡二元结构所形成的各种制度障碍，包括建立城乡统一的户籍制度、社会

---

① 周文，赵方，杨飞，李鲁．土地流转、户籍制度改革与中国城市化：理论与模拟［J］．经济研究，2017，52（6）：183－197．

② 叶兴庆．为进城落户农民建立“三权”退出通道［J］．农村经营管理，2017（4）：22－25．

③ 王旭东．中国农村宅基地制度研究［D］．北京：财政部财政科学研究所，2010：32－80．

④ 韩立达，王艳西等．农村宅基地“三权分置”：内在要求、权利性质与实现形式［J］．农业经济问题，2018（7）：36－45．

保障制度、就业制度、公共服务制度等，保证农户享有稳定的生产和生活条件。在经济体制转型过程中，若上述与宅基地制度相关的其他制度没有实现全面配套和系统改革，则保留农户宅基地福利保障功能是实现当下农村社会经济稳定协调发展的制度基础。尽管作为人役权的宅基地使用权在过去几十年很好发挥了其社会保障的功能。但其缺乏流通性的身份“硬伤”与当下社会各方尤其是农户对宅基地资产功能的诉求严重相悖。按照2018年中央一号文件《中共中央国务院关于实施乡村振兴战略的意见》，通过“适度放活宅基地和农民房屋使用权”实现宅基地资产功能是农村宅基地“三权分置”改革的核心。市场机制配置资源的前提之一就是交易客体充分的流通性。这就要求“三权分置”后的使用权应完全剥离其社会保障功能，也就是要完全剥离传统制度赋予宅基地使用权的人役权属性。因此，在农村宅基地“三权分置”的权利体系下，传统宅基地使用权的人役权属性只能由农户资格权承继，以继续发挥宅基地制度对广大农户的居住保障功能。按照宅基地“三权分置”的制度设计，农户维持宅基地现有利用方式不变或自行开展生产经营活动时，农户资格权实际上与使用权“合二为一”，只有当农户将宅基地实际开发利用的权利即使用权流转给其他主体以后农户资格权才独立显现出来。若从人役权视角考察，那么农户资格权应是仅以集体成员身份为基础的独立存在的产权，而不仅是农户流转使用权后“剩余的权利”。也就是说，只要具备集体成员资格，就理所应当享有农户资格权。在可用于分配的宅基地资源日趋稀缺的背景下，作为人役权的农户资格权的独立性对于广大尚未获得宅基地之集体成员具有重要意义。

6.1.3 农户资格权是一种特殊的人役权

西方包括基于土地设定之人役权在内的传统人役权制度是建立在私有制基础上的。中西方之间这一根本制度差异决定了尽管农户资格权具有人役权性质，但是在借鉴人役权制度塑造农户资格权时必须结合中国特殊的国情。一是农户资格权应从使用权转向用益权。单独设立农户资格权能够为“放活宅基地使用权”创造条件，保障宅基地“三权分置”改革的顺利推进①。但原宅基地使用权对农户而言仅仅是人役权中的使用权，这种制度设定已不符合实现宅基地资产功能的要求。作为人役权类型之一的使用权，仅只能满足个人（家庭）需要，不能收益和转让或交由他人行使。这显然有悖于宅基地“三权分置”盘活宅基地资源以及提高农户宅基地财产权益的制度目标。将农户资格权塑造为用益权，赋予农户一定的收益权能和处置权能，有利于农户将宅基地用于经营性用途或将一定期限使用权流转，能够提高宅基地利用效率和农户财产收益。二是农户资格权应从土地用途管制意义上的居住权拓展至房屋保障意义上的居住权。传统居住权是非所有人居住他人房屋的权利，是一种直接的居住需求保障。但现阶段宅基地制度的住房保障功能主要通过土地保障实现，即农民集体向农户无偿分配宅基地然后由农户自行修建房屋。国家通过土地用途管制确保农户只能将宅基地用于满足自身居住需求。但宅基地资源供给稀缺、农户异质性等因素导致农户实际居住水平严重分化。为保障集体成员农户实际居住水平，我们认为农户资格权应回归居住权的本源，即房屋保障。具体来说，农民集体不仅应该供给宅基地而且还应通过多种形式如集中居住等为全体成员提供平等的、较高水平的住房保障。三是农户资格权应“按人设定”和“按户实现”。作为人役权的农户资格权，其权利设定必须为满足特定人利益。此处的“特定人”即为农民集体成员。从这一意义上讲，农户资格权是集体成员权的衍生性权利②。集体成员身份的确定是以个人为基本单元，从制度衔接一致性考虑，农户资格权也应“按人设定”。但考察农户资格权的实现问题时，情况又有所不同。一方面，现行“一户一

---

① 岳永兵，刘向敏．农户资格权探讨［J］．中国土地，2018（10）：21-23.

② 张力，王年．“三权分置”路径下农村农户资格权的制度表达［J］．农业经济问题，2019（4）：18-27.

宅”的宅基地分配制度以“户”为分配单位，为最大程度减少制度变迁成本，农户资格权实现应继续以“户”为单位；另一方面，宅基地及房屋对全体家庭成员而言是“共有共用”，在消费或利用方面具有不可分性，以“个人”为单位行使权利在理论和技术层面均不可行。所以，农户资格权又应“按户实现”。四是农户资格权实现形式的多样性。随着农村“小农经济”生产方式的逐渐衰退，农户异质性逐渐增强。为适应不同农民集体具体情况及农户的差异化需求，农户资格权实现方式应多样化。对于亟须宅基地满足建房需求的农户，应按照“一户一宅”原则分配宅基地，在后备土地资源不足地区，可通过集中居住、异地搬迁、集体租赁住房等方式满足住房需求；对于享有农户资格权但尚未分配宅基地或享有集体住房保障的农户，应通过确权颁证或备案公示等方式正式确立其权利；对于已不依赖于宅基地提供居住保障的农户如农业转移人口等，应建立农户资格权的有偿退出机制；对于跨农民集体流动的农户，应建立农户资格权跨集体流动机制，L 县就允许农户跨村跨镇有偿取得宅基地，以此保障农户的居住需求；对于已放弃集体成员身份的农户，应允许其在一起期限内保留农户资格权，等等。五是农户资格权客体的有限性。农民集体的本质是农户“经济联合体”，其基本功能为满足一定地域和血缘关系范围的团体成员的共同利益和生存保障需要。从这一角度出发，全体成员平等地享有农户资格权。换言之，同一农民集体内部的不同成员应从农民集体处获得同等的宅基地权利。同一农民集体内部，宅基地区位条件不同的同时伴随着宅基地价值、建设成本等的不同。因此，农户获得的宅基地在质量方面总是不平等的。再者，集体后备宅基地资源的稀缺性、宅基地的不可移动性与农户“多占”宅基地的“自利”动机决定了宅基地的利用存在“外部性”：某一农户对宅基地占有的排他性意味着其他农户丧失了利用同块土地的机会；某一农户对宅基地的不当利用或过分利用会给临近农户带来负外部性。基于此认识，应对农户资格权客体即农户所能分配的宅基地作出一定限制。农户资格权只是保障了农户无偿享有一定面积和质量的宅基地（或对等权益），对于超过面积和质量的宅基地，农户应支付对价①。西部地区L县发布的农村宅基地有偿使用指导意见中就明确规定了“初次分配无偿使用，对超出规定面积的部分有偿使用”的宅基地有偿使用标准。综上所述，农村宅基地“三权分置”后农户资格权的性质虽为人役权，但与传统宅基地使用权的人役权性质以及西方人役权制度相比又具有中国特色。农村宅基地“三权分置”改革必须从这一特殊性质出发配置农户资格权权能并配套进行相应制度设计。

6.1.4 农户资格权与集体所有权、使用权关系之考察

农户资格权是在传统集体所有权和宅基地使用权“两权分离”基础上通过制度创新创设的新型权利；“三权分置”后农户资格权是与集体所有权、使用权并列的独立产权。为全面认识农户资格权的权属定位，必须深入考察农户资格权与集体所有权和使用权之间的关系。一方面，我们认为农户资格权派生自集体所有权，是农村集体经济组织将集体所有权核心权能让渡给其成员后形成的权利。依据产权理论，集体所有权应包含完整的占有、使用、收益和处置权能，尤其是占有和处置权能，是体现所有权主体对宅基地绝对支配权的核心权能。但实践中作为集体所有权主体的农村集体经济组织，仅拥有有限的占有权和处置权：一是在符合规划基础上有权决定宅基地在集体成员之间的初始分配；二是在特定条件下有权收回农户手中的宅基地使用权。集体成员参与宅基地分配的法律强制性以及宅基地使用权期限的长期性使得农村集体经济组织实际上只能被动、消极地行使占有权和处置权。换言之，宅基地的占有和处置权能实际上已让渡给作为成员的农户，继而可能的使用权和收益权也由农户行使。农户在一定

---

① 李凤章，赵杰．农户宅基地资格权的规范分析［J］．行政管理改革，2018（4）：39－44.

程度成为宅基地事实上的所有权行使者。农户以集体成员为基础对宅基地拥有“准所有权”式的权利。农村宅基地“三权分置”后，农户资格权作为人役权直接与农户集体成员身份“挂钩”。农户针对宅基地所拥有的“准所有权”式的权利就集中表现为农户资格权，体现着农户对宅基地的直接支配权。另一方面，我们认为农村宅基地“三权分置”后的使用权是农户行使农户资格权的产物，是农户让渡给其他主体宅基地一定期限内的使用、收益和处置权能的“凝结”。“三权分置”后，农户针对宅基地拥有较为完整的占有、使用、收益和处置权能。原归属于农户的宅基地使用权伴随宅基地（住房）的开发经营转化为“资格权”和使用权，前者由农户享有、后者一般由社会经营主体享有，或者农户自己经营使用。当农户自己经营使用宅基地时，农户资格权与使用权“合二为一”，农户资格权体现为农户对宅基地狭义的占有权；当农户单独将使用权流转给社会经营主体时，农户资格权除包含农户对宅基地狭义的占有权外，还体现为农户对使用权的收益权和最终处置权。

基于上述分析，我们可尝试对农户资格权做出界定：农户资格权是为保障农户居住需求而创设的一种特殊的人役权，其权利内核在于农村集体经济组织成员有权向农村集体经济组织申请无偿分配一定面积和质量的宅基地用以满足修建住宅的需要或享受由集体经济组织主导的多种形式实现“户有所居”，具体权能包括对宅基地狭义的占有权以及对宅基地使用权的最终处置权和收益权。

6.2　农户资格权的权能配置

6.2.1　宅基地分配请求权

农村集体经济组织成员拥有以“户”的名义请求集体依据有关法律

法规无偿分配一定面积、一定区位条件的宅基地用以建设住宅的请求权。前文已经分析，作为人役权的农户资格权应“按人设定”但“按户实现”。此处的“户”并非纯粹是户籍管理的范畴，其更是一个与农户生产生活方式相联系的范畴。“一户一宅”情景下，“户”具体可分为以下几种情况：一是户籍层面已经分户的集体成员仍然居住在一起，如父母与已婚子女共同居住；二是户籍层面同户的集体成员共同居住在一起；三是集体成员和非集体成员共同居住在一起；四是居住在农村宅基地之上的家庭全体成员不是集体成员，如非集体成员的外部人员通过房屋继承占有宅基地、本属于集体成员的人员“市民化”后未退出其占有的宅基地等。在“一户一宅”“面积法定”的制度框架下，只有上述前三种情况中尚未分配获得法定面积或人均宅基地面积低于法定面积标准的集体成员享有请求集体依据有关法律法规无偿分配一定面积、一定区位条件的宅基地用以建设住宅的请求权。宅基地的分配应以集体成员实际占有宅基地的情况为基础：凡是已经实际占有宅基地（不管是分配获得、继承获得抑或内部转让获得）的集体成员，均不再享有无偿向集体申请分配宅基地的权利。在向尚未分配获得法定面积或人均宅基地面积低于法定面积标准的集体成员分配宅基地时也应考虑其实际居住情况：一是分配的单宗宅基地应设置最小面积（此最小面积往往超过法定人均宅基地面积）以保障“独人户”（集体成员单独居住或一个集体成员与非集体成员共同居住）的生活需要；二是已经占有宅基地的集体成员由于生产生活需要需新址建房时，必须将原归属于其占有的宅基地复垦或按照市场价格向集体申请有偿使用；三是尚未分配获得法定面积或人均宅基地面积低于法定面积标准的集体成员可通过原址扩建或分户后向集体申请法定面积范围内的宅基地。在实践中，目前有不少地方开始探索宅基地的有偿分配。笔者认为过高的有偿分配费用实际上违背了农户资格权的性质。如浙江部分地区在推进宅基地有偿分配改革中就存在农户承担过高费用的问题：台州市山前村以“拍卖竞价”方式分配新增宅基地，户均承担宅基地价款超过14万元；富阳市民强村以“抽签+付费”方式分配宅基地，户均承担宅基地价款16.2万元，若考虑建房押金，则农户为申请宅基地需自备资金32.2万~36.2万元。高额的有偿使用费完全背离了宅基地的福利保障功能，与农户资格权人役权性质背道而驰。高额的有偿使用费会强化农户的“私有产权”认知，农户会认为宅基地是其购买的，会削弱农村集体经济组织的所有权主体地位、增强后续宅基地制度改革的阻力。综合权衡，宅基地分配环节的有偿使用只能限定在保持宅基地公平分配的有限范围内：一是超过法定面积的宅基地应按照市场价格收取有偿使用费；二是较好区位条件的宅基地可以以一定市场化形式收取级差地租，如针对区位条件极佳的少数点位可探索实行宅基地优先选择权挂牌定向拍卖。

6.2.2 居住保障权

我国农村住房保障制度是一种宅基地保障而不是直接的住房保障。“一户一宅、面积法定、符合规划、依法审批”的宅基地无偿分配制度只是保障了农户建房所需土地的供给。建房所需资金主要由农户自筹。农户只享受到最低层次的宅基地保障，而住房的其他方面如房屋质量、基础设施和公共设施等近乎毫无保障。这导致农村住房保障制度陷入困境：一是农村贫困人口住房问题得不到有效解决；二是宅基地保障可持续性不足，部分地区已出现“无地可分”局面；三是农户居住质量得不到保证，等等。因此，农村住房保障制度应从宅基地保障向直接的住房保障过渡。这与作为人役权之农户资格权的要义相一致：农户资格权应从土地保障意义上的居住权拓展至房屋保障意义上的居住权。从该意义上讲，为解决农户住房保障问题，应将居住保障权作为农户资格权的应然权能。从我国国情出发，农户住房保障无法脱离农村土地集体所有制的基本制度框架。农户住房保障应由农村集体经济组织和国家（政府）通过一定形式共同提供。

具体来说，对于享有农户资格权的农户来讲，不仅享有向农村集体经济组织申请分配宅基地的权利，更重要的是还享有由农村集体经济组织和国家（政府）为其提供一定质量住房保障的权利。

6.2.3　使用权流转后的监督管理权

农户资格权内含的宅基地监督管理权，其主要功能在于平衡农户与使用权人的关系以确保后者合法、合理、正当地开发利用宅基地，是作为农户资格权主体的农户“对宅基地使用权的正当性基于合同责任而实现的校正权”。农村宅基地“三权分置”后，在大多数情况下农户会将一定期限内的使用权通过转让、抵押、入股等方式流转给其他市场主体，由此造成农户资格权与使用权分离的产权格局。吴郁玲等（2018）的研究就表明，由于近郊农村农户住房财产价值属性显化程度高以及农户权利意识较强，宅基地使用权确权对农户宅基地流转行为存在显著的正向影响。但从“三权分置”后的产权格局来看，宅基地使用权确权对于宅基地流转的影响主要体现在需求侧，通过稳定使用权流入方的收益预期，提升其流入使用权的积极性。但从供给侧来看，农户在流转出使用权后将在较长期限内丧失对宅基地的直接支配权，面临“失地”等风险。在这个意义上，通过建立农户资格权确保农户对宅基地的监督管理权对于农户流转使用权行为具有正向激励作用。再者，农户进行使用权流转决策时容易出现非理性行为，导致决策“失误”。杨卫忠（2019）的研究就表明，使用权流转的高度不确定性以及农户自身知识和经验的缺乏等因素会导致农户忽视自身实际情况而“盲目跟风”其他农户流转使用权的决策行为，即所谓“羊群效应”，从而做出关于“是否流转”的非理性决策。这就要求通过赋予农户一定范围内对使用权行使过程的监督管理，以实现对农户非理性流转决策的修正，尽可能维护农户权益、降低前期非理性决策带来的损失。具体来说，农户资格权人享有的宅基地监督管理权主要包括两个方面。一是使用权流转期限内的监督权。农户在使用权流转期间，有权对使用权人进行监督，对其使用权再次流转的方式和手段、宅基地开发经营项目的合法性与正当性等各方面进行监督约束。二是使用权到期后的收回权。不管是从理论层面还是已有实践考察，使用权流转都具有期限性。因此，收回期限届满的使用权是农户资格权的应然权能。当然，在实践中，农户资格权人由于各种主客观因素可能会怠于行使上述权利。此时作为集体所有权主体的农村集体经济组织为维护全体成员的共同利益可代农户资格权人行使上述权利。

6.2.4 宅基地有偿退出时农户资格权的维持权

在工业化和城镇化加快的背景下，农村“人地关系”发生了新的变化。这种“人地关系”的新变化主要表现为城乡建设用地的“双增长”和农户进城后宅基地的闲置、低效利用。引导激励农户有偿退出闲置、低效利用的宅基地对于实现宅基地财产价值、促进宅基地集约节约利用、改善农户居住条件以及促进农业转移人口市民化具有重要意义。实践中宅基地有偿退出主要有以下几种情况：一是土地征收时农户宅基地转变为国有土地的同时农户由于转变为城镇居民而失去农户资格权；二是城乡建设用地增减挂钩、农户集中居住、集体经营性建设用地入市等情况下农户不完全退出宅基地；三是农户由于进城落户而将宅基地有偿退回集体经济组织并彻底放弃农户资格权。考虑到农户资格权的独立性、农户的选择权以及农户长远生计，我们认为应适当将农户资格权的存续与宅基地的实际占有相分离，赋予农户宅基地有偿退出时农户资格权的维持权。针对实践中宅基地的有偿退出方式，农户资格权的维持权表现为以下几种形式：（1）农户宅基地被地方政府出于公共利益需要征收后，在集体经济组织获得与宅基地价值相对应的土地补偿费后，农户可选择继续保留其农户资格权，基于此，农户可重新向集体经济组织申请重新分配宅基地或与其他集体成员平等参与由集体经济组织主导开发建设的集中居住区、农民公寓等项目的住房分配；（2）城乡建设用地增减挂钩、集体经营性建设用地入市、农户进城落户后将宅基地有偿退回集体经济组织等情况下农户完全退出宅基地后，农户完全退出宅基地往往意味着农户在城镇或其他集体经济组织已获得稳定住所，但各种不确定因素的存在使得农户有“返乡”的可能和需要，因此应赋予农户在完全退出宅基地后一定期限内维持其农户资格权的权利，在一定条件下，可重新回到原集体经济组织申请分配宅基地或享受由集体经济组织提供的其他居住保障如农民公寓等；（3）城乡建设用地增减挂钩、集体经营性建设用地入市、农户集中居住项目等情况下农户不完全退出宅基地，在这种情况下，农户在将原宅基地复垦后到集中居住区居住，间接退出了其占用的部分宅基地，其集体成员身份并未失去，集中居住区所占土地的集体所有性质并未改变（所有权主体可能发生变化），其仍然享有农户资格权，应通过权属调整为其颁发房屋所有权证和与房屋建筑面积相对应的土地使用权证。赋予农户资格权一定的维持权在西部地区L县农村宅基地“三权分置”改革中已得到实践，L县明确规定自愿有偿退出宅基地以及就地农转非的人员可在一定条件下保留农户资格权。

6.2.5　宅基地救济权

源于集体成员权的农户资格权同样存在权利救济的问题。缺乏救济程序的农户资格权必然成为“虚幻的权利”。相关法律虽已明确农户所拥有的宅基地使用权的用益物权属性，但并未建立相应的宅基地使用权救济程序：一是宅基地使用权权利主体“户”和权能内容不明，导致权利救济缺乏着力点；二是行政救济渠道效率低下且缺乏权威；三是当事人举证困难导致救济不能；四是相关当事人对行政救济结果的抗拒导致救济无效。“三权分置”后，宅基地的产权归属关系和利用关系更加复杂。农户在市场交易过程中的有限理性特征也使得农户对自身宅基地权利的“自力救济”更加困难。在这一背景下，突破传统宅基地权利救济机制的弊端，建立与农村宅基地“三权分置”制度改革相匹配的农户资格权救济机制显得尤为重要。农户资格权救济机制必须以产权为基础，换言之，必须将宅基地救济权正式确立为农户资格权的基本权能，具体包括撤销权、诉讼权、索赔请求权、知情权等。在实践中，潜在的可能侵害农户宅基地分配请求权、居住保障权、宅基地监督管理权等合法权益的主体包括地方政府及其相关部门、村民委员会、村民小组、集体经济组织、集体内部其他农户以及其他自然人、法人等市场主体。因此，应因地制宜建立多层次的宅基地纠纷解决机制，包括司法审判、行政裁决（如行政复议等）、基于乡村“熟人社会”的社会调解等。

6.3 农户资格权的制度供给

6.3.1 完善相关法律，确立农户资格权的法律地位

从保障农户权益和规范农村宅基地“三权分置”改革角度出发，应逐步将农户资格权上升为法律术语继而实现该权利的法定化。从现行立法进程来看，农户资格权入法已具备法律基础。根据2019年8月26日《全国人民代表大会常务委员会关于修改〈中华人民共和国土地管理法〉、〈中华人民共和国城市房地产管理法〉的决定》第三次修正的《土地管理法》第六十二条对宅基地相关制度进行了创新。尽管此次修订的《土地管理法》并未正式规定农村宅基地“三权分置”的相关内容，但其中关于“户有所居”以及“盘活利用闲置宅基地和闲置住宅”的相关规定为农村宅基地“三权分置”入法预留了法律空间。其中，“户有所居”的规

定与本书所提农户资格权作为人役权的居住保障功能“不谋而合”。因而，我们完全可以以此次《土地管理法》修订为契机，将农户资格权纳入后续立法进程，确立农户资格权的法律地位。具体的入法路径如下：一是建议推动《土地管理法实施条例》的修订，正式将农村宅基地“三权分置”的相关内容予以立法确认，尤其是要明确农户资格权权利性质、权利内容及其行权方式；二是推进《宅基地法》立法工作，明确规定农户资格权法律性质、权利内容、取得规则等相关内容；三是建议将农户资格权纳入不动产统一登记，当“资格权”和使用权“合二为一”时，颁发宅基地使用权证书（与房屋所有权一起）即可，当农户流转或有偿退出宅基地使用权后，向农户颁发农户资格权证书，并载明具体权能、监督权限、到期收回等事项；四是由国务院或农业农村部等部门适时出台专门行政法规或部门条例对农村村民实现“户有所居”的体制机制进行详细的顶层制度设计，确保“保障农户资格权”能落到实处。

6.3.2 农户资格权的取得机制

农户资格权的人役权性质决定了农户资格权的取得必然建立在农民集体成员身份基础上。换言之，农户资格权的取得机制与农民集体成员认定制度密切相关。农户资格权作为农民集体成员权的表现形式为成员提供住房保障。① 但我国在国家层面还未建立统一的集体成员权认定标准。② 从地方法规及相关政府规章来看，集体成员权认定标准主要包括以下几方面：一是村庄户籍；二是长期、固定的在村庄生产、生活；三是以集体土

---

① 程秀建．农户资格权的权属定位与法律制度供给［J］．政治与法律，2018（8）：29－41.

② 陈美球，廖彩荣，冯广京，王庆日，蒋仁开，张冰松，翁贞林．农村集体经济组织成员权的实现研究——基于“土地征收视角下农村集体经济组织成员权实现研讨会”的思考［J］．中国土地科学，2018，32（1）：58－64.

地为基本生活保障①。从基层实践来看，农村集体经济组织多是基于村民自治的村规民约认定集体成员身份，具体的标准庞杂，尚未形成得到广泛认同的标准，出现了包括“唯户籍论”“户籍＋土地承包/权利义务关系/劳动能力/生产生活/土地保障”“非户籍论”“唯承包权论”等不同标准②。这种多样的政策和实践做法导致集体成员身份的司法认定陷入困境。突出表现为不同法院对集体成员身份认定的司法态度呈现出明显的冲突⑤。集体成员身份认定机制的混乱给农村宅基地“三权分置”后农户资格权的确权带来了困难。因此，基于集体成员权认定的现有政策和实践做法建立农户资格权的取得机制对于包括农村宅基地“三权分置”在内的农村土地制度改革具有重要意义。结合农村土地管理的实践以及户籍制度回归人口管理功能的改革趋势，我们认为集体成员权认定标准在剥离户籍因素基础上应主要包括以下三个方面：一是长期、固定的在村庄或集体经济组织范围内生活或从事生产经营活动；二是需要依赖集体土地为其提供住房保障；三是履行作为成员对农民集体或集体经济组织的义务。从农户资格权认定主体来看，毫无疑问，应由农村集体经济组织通过法定民主议事程序对某农民是否享有农户资格权以及如何获得农户资格权进行认定。为保持政策的延续性并最大程度降低改革成本，农户资格权取得机制的构建应采取渐进式策略，“老人老办法，新人新办法”。第一，对于本身已是集体成员或由集体成员繁衍并在集体土地上生产生活的人员即是“老人”，自动获得农户资格权。其中已经申请获得宅基地使用权的成员其农户资格权与使用权“合二为一”；尚未申请并获得宅基地使用权的成员其

---

① 唐浩．集体成员权界定标准问题研究［J］．农业经济与管理，2019（1）：45－52.

② 陈美球，廖彩荣，冯广京，王庆日，蒋仁开，张冰松，翁贞林．农村集体经济组织成员权的实现研究——基于“土地征收视角下农村集体经济组织成员权实现研讨会”的思考［J］．中国土地科学，2018，32（1）：58－64.

⑤ 江晓华．农村集体经济组织成员资格的司法认定——基于372份裁判文书的整理与研究［J］．中国农村观察，2017（6）：14－27.

农户资格权由农村集体经济组织单独确认。第二，对于基于法定婚姻关系、收养关系或国家政策（如政策性移民等）等后天迁入农民集体生产生活的人员，有条件获得农户资格权。获得农户资格权的条件是迁入者本人为非城镇居民且不在其他农民集体享有农户资格权。第三，对于不属于上述两种情况又在农民集体所有土地上生产生活的人员，其能否取得农户资格权就需要严格按照前文所属集体成员权认定的三个标准进行判定。将"长期、固定的在村庄或集体经济组织范围内生活或从事生产经营活动"作为获得农户资格权的第一个条件能够避免部分人员出于投机或投资目的申请分配使用宅基地从而与农户资格权人役权性质所体现的住房保障功能相悖，确保宅基地能够用于满足农户资格权人本人及其家庭建房需要。再者，流入农民集体的新增人口中有一部分是收入水平相对较高的群体，这个群体依靠自身经济实力完全可以通过市场化方式如租赁、转让、房屋联建等方式满足自身居住需求，而无须成为集体成员、也无须获得农户资格权。这一限定条件能够确保为构建使用权（以及房屋）流转市场预留制度空间，有利于农村建设用地市场的发育以及更有效率的配置农村宅基地土地资源。最后，农民集体作为"利益共同体"，有自身利益边界，具有自我利益保护倾向。外来人口是难以无偿获得农户资格权的。外来人口如想获得农户资格权从而享受相关住房保障必须对农民集体履行一定的义务，以此换取农民集体成员的认同。履行义务的形式包括为集体发展作出重大贡献、通过向农民集体支付对价有偿获得农户资格权等。

6.3.3　农户资格权的实现机制

农户行使农户资格权在实践中主要有以下两类情况：一是农户已凭借集体成员身份无偿分配获得相应宅基地，当农户对宅基地的占有关系发生变化时农户资格权独立显现；二是农民个体基于集体成员身份已获得农户资格权，但由于种种主客观因素并未无偿分配获得宅基地或享受由集体经济组织提供的其他住房保障，此时农户资格权独立存在。上述两种情况下，农户资格权都是独立存在的，因此就涉及农户如何实现其农户资格权以确保“户有所居”的问题。基于上述情况，农户资格权的行使机制又分为以下几种具体类型。（1）农户自愿完全退出宅基地（住房）时农户资格权的实现机制。在城镇化进程中，一些农户通过多种途径在城镇工作或已在城镇定居生活，其已取得城镇户籍并有稳定工作，通过宅基地的有偿退出，彻底放弃农户资格权；还有一些在土地利用总体规划确定的城镇建设用地规模范围内的农户，将原“资格权”和使用权全部退出，实践中探索通过集中建设农民公寓、农民住宅小区等方式获得对价城镇商品住房来实现其农户资格权。（2）农户自愿且不完全退出宅基地时农户资格权的实现机制。在农户自愿基础上，通过增减挂钩、集体经营性建设用地入市等手段将农户原宅基地复垦获得“指标”，然后将愿意集中居住的农户搬迁到“集中统建、多户联建”居住小区。农户将原有“资格权”和使用权交回集体经济组织，但在集中居住小区又重新获得新的“资格权”和使用权，此时“资格权”是对新住房所占宅基地的狭义“占有权”。（3）当然，上述两种情况下的农户也可以选择保留农户资格权，农户在宅基地有偿退出、城乡建设用地增减挂钩、集体经营性建设用地入市等情况下退出宅基地后，可以在不要求补偿或少获得补偿的情况下保留其农户资格权，留待以后再凭借农户资格权向集体经济组织申请无偿或有偿分配宅基地或参与各种针对集体成员的集中居住区建设项目。（4）农户将使用权采取转让、入股等方式流转后其农户资格权的实现机制。在使用权流转事前、事中及事后，拥有农户资格权的农户与使用权受让主体之间存在明显的信息不对称，使用权受让主体拥有大量私人信息，农户对使用权受让主体进行监督的信息成本巨大，因而农户个体对使用权受让主体监督面临失效的风险。因此，必须由政府通过制度设计降低“资格权”行权成本：一是国土管理部门必须依据规划和用途管制对使用权受让主体开发经营活动进行严格监管；二是建立起使用权受让主体开发信息的强制定向公布制度，即使用权受让主体必须定期向“资格权”主体公示关于宅基地的开发利用方式、开发强度及相关信息。（5）尚未分配获得宅基地使用权的集体成员农户之农户资格权的实现机制。实践中有许多享有农户资格权但却未分配获得宅基地的集体成员。针对这部分成员，其农户资格权实现机制如下：一是对于有申请分配宅基地需求和意愿的成员，集体经济组织尚有后备宅基地资源的应按照“一户一宅”相关规定予以分配宅基地，对于人均土地少、后备土地资源匮乏等不具备实施“一户一宅”的地区，集体经济组织可在集中居住区等项目中优先为这些集体成员分配土地或住房；二是对于目前没有宅基地需求和意愿的成员如由于务工、就学、服兵役等长期在外的进城务工人员、大学生以及在役部队人员等，应正式确认其农户资格权并为其确权颁证，明确其有权在需要的时候返回集体经济组织按照相关规定参与宅基地分配或住房分配。

6.3.4　建立“返乡”农户的农户资格权恢复机制

农户资格权的完全退出往往是伴随着退出农户“非农化”和“市民化”过程出现的。在城镇化过程中，农户由于进城务工、土地征收、升学等因素已经在城镇落户就业或长期居住在城镇时，便有了有偿退出宅基地并放弃农户资格权的需要。但从实践出发，已经“非农化”或“市民化”的农户是有“返乡”可能性的。自2008年金融危机以来，大量进城农民工返回农村，在城镇化主流趋势下，出现了农民工“返乡”的人口逆城市化现象。从“返乡”农民工行为特征来看，主要分为老一代农民工“返乡养老”和新一代农民工“返乡就业”和“返乡创业”几种情况①。

① 沈东. 由城入乡：安镇的人口逆城市化实践［D］. 华东师范大学学位论文，2017：138-147.

除此之外，城市中大量进城务工农户工作依然不稳定，长期往返于城乡之间，属于"候鸟式"的迁徙①。从保障农户长远发展来看，我们必须为"进城"农户可能的"返乡"行为提供制度保障。最为重要的保障措施之一就是要建立具有弹性的土地制度尤其是宅基地制度以保障其居住需求。这样才能为"离城返乡"的农户创造选择空间②。这种弹性的宅基地制度必须兼顾优化宅基地资源配置效率与保障"进城"农户"返乡"后居住需求两项目标。宅基地"三权分置"后使得建立这种弹性的宅基地制度成为可能。通过"放活宅基地使用权"可以实现优化宅基地资源配置效率的目标，而适度保留"进城"农户的农户资格权则能够保障其"返乡"后的居住需求。具体来说，就是为"返乡"农户建立农户资格权的恢复机制。第一，建立农户资格权有偿退出的反悔制度。当农户由于"进城"退出农户资格权（连同使用权），农村集体经济组织在有偿收回农户宅基地以后应以协议方式规定一定期限的反悔期（反悔期不宜过长），如半年。在反悔期内，农村集体经济组织对所收回宅基地的开发利用不得实质性改变农户房屋现状。同时，反悔期内，农户可以原价从农村集体经济组织处购回已退出的宅基地并补偿其回购行为给农村集体经济组织带来的损失。第二，建立"返乡"农户有偿使用宅基地或购买集中居住项目房屋的机制。若农户在反悔期后"返乡"的，在农村集体经济组织尚有可支配宅基地的情况下，农户按照当期当地的农户资格权有偿退出补偿标准向农村集体经济组织支付对价后获得规定面积的宅基地用于修建房屋。若本集体经济组织已开展集中居住区等项目，在满足既有集体成员住房分配需求前提下，"返乡"农户可以成本价购买集中居住区房屋。"返乡"农户获得宅基地或房屋后，其集体成员身份也随之恢复。第三，针对符合宅基

---

① 刘国栋．农村宅基地"三权分置"政策的立法表达——以"民法典物权编"的编纂为中心［J］．西南政法大学学报，2019，21（2）：17－28.

② 贺雪峰．论中国式城市化与现代化道路［J］．中国农村观察，2014（1）：2－12，96.

地申请条件（享有农户资格权）但暂时放弃申请宅基地并进城落户的农户，应保留其在原农村集体经济组织的宅基地分配权力，一定年限内（如 10 年）可自愿返回原村庄参与宅基地无偿分配。如江西余江为统筹解决居住稳定与放活的矛盾，对于符合宅基地申请条件但暂时放弃申请宅基地并进城落户的村民，允许其 15 年以内自愿回村取得宅基地建房①。第四，明确"返乡"农户恢复农户资格权的认定条件。针对"进城"农户建立基于农户资格权的住房保障机制目的在于延伸农户资格权居住保障权能的保障范围，发挥农村集体经济组织对"返乡"农户住房需求的"兜底"式保障作用。为逐步切断"进城"农户与宅基地之间的"脐带"关系以及防止出于投资、投机目的购买宅基地，应明确"返乡"农户恢复农户资格权的认定条件：一是此处的"返乡"农户仅指在"进城"前已获得集体成员身份继而农户资格权的人员，不包括集体成员农户资格权人有偿退出宅基地后获得的配偶、子女及其他亲属；二是必须提供证明材料证明"返乡"时名下无其他可用于居住的房产；三是"返乡"农户必须声明本人将出于养老、就业、创业等目的长期居住在农村集体经济组织所在地。

6.4　本章小结

农户资格权作为农村宅基地"三权分置"改革中新创设的权利类型，主要承载宅基地的保障功能，目的在于保障农户的"生存能力"。从这个意义上讲，农户资格权应是一种针对农村集体经济组织成员的特殊的人役权。从农户资格权应具备的权能来看，本章从理论和实践角度出发，提出作为特殊人役权的农户资格权应包含宅基地分配请求权、居住保障权、监督管理权等具体权能。权利的意义在于权利主体能够有效行使该权利。因

① 陈基伟．农村农户资格权实现方式浅议［J］．中国土地，2019（3）：16－18.

此，必须针对农户资格权的具体实现方式进行相应的制度设计。本章从明确农户资格权的法律地位、农户资格权的取得机制、农户资格权的实现机制以及针对“返乡”农户的农户资格权恢复机制等几方面提出相应的制度建议。

第 7 章

使用权：流转困境、理论审视与制度建构

使用权在农村宅基地“三权分置”中的作用是激活宅基地的资产功能。通过使用权赋予农户和宅基地实际使用者按照最佳用途使用宅基地的权利和机会。换言之，农户通过行使具有用益物权属性的使用权来实现其对宅基地的“财产权利”。前文分析指出，宅基地及宅基地产权的难以流转导致其资产功能难以实现进而影响到农户的“财产权利”。而放活使用权则为促进宅基地市场化流转、盘活闲置、低效利用宅基地提供机会和途径，有助于增加农户财产性收入、改善农户居住环境、促进农村经济发展以及促进农业转移人口市民化等，从而能够更好促进农户发展。尽管宅基地使用权早在 2007 年颁布的《物权法》中已被界定为用益物权，但因未剥离身份属性和保障功能，宅基地使用权用益物权属性“有名无实”。“放活宅基地使用权”是真正实现宅基地使用权用益物权属性的制度改革举措。已运行数十年的严格限制宅基地使用权流转的相关制度形成明显的“路径依赖”特点。在这种背景下，“放活宅基地使用权”必然在法律和实践层面面临诸多困境。这一论断已在前文关于西部地区 L 县农村宅基地“三权分置”后农户福利水平的实证评价结果中得到反映。相关实证分析

表明，尽管整体上农户在参与农村宅基地“三权分置”后福利水平得到改善，但反映农户“财产权利”的两项功能性活动“家庭经济”和“市场机会”的评价值低于福利改善的临界值。也就是说，“放活宅基地使用权”在实践中仍然是农村宅基地“三权分置”改革的“短板”。基于此，本章将从使用权流转面临的困境、使用权流转困境的理论审视以及流转制度的建构三个方面对“放活宅基地使用权”问题进行研究。

7.1 使用权流转面临的困境

7.1.1 使用权流转加剧“小产权房”问题

“小产权房”问题由来已久，是我国独特城乡二元土地制度的产物。“小产权房”是在社会实践中形成的约定俗成的称谓。《国土资源部办公厅、住房和城乡建设部办公厅关于坚决遏制违法建设、销售“小产权房”的紧急通知》（2013 年）关于“小产权房”的表述如下：“农村集体土地不得用于经营性房地产开发，城镇居民不得到农村购买宅基地、农户住房和‘小产权房’。”由此可见，“小产权房”主要是指在集体所有土地上违法开发建设或违法对外销售的房屋。一般来说包含三种情形：一是在集体土地上开发销售的商品房；二是集体或农户将存量住房出售给集体外部人员（包括其他集体经济组织成员和城镇居民）；三是城镇居民购买宅基地修建住房，等等①。从实践来看，第一种情形最为普遍，第三种情形较

① 钟凯．论“小产权房”类型化流转的路径选择——兼评国土资源部《中华人民共和国土地管理法（修正案）（征求意见稿）》[J]．中国不动产法研究，2017，16（2）：135－149.

少。从“小产权房”土地来源看，其主要的土地供应来源于农户的宅基地。如果从产权角度来看，房屋所有权归私人所有，法律并未禁止其自由买卖①。宅基地使用权的非法转让（主要是转让给其他集体经济组织成员和城镇居民）被严格禁止。因此，“小产权房”的根源在于宅基地使用权的流转被严格限制在集体经济组织内部。农村宅基地“三权分置”的重要内容之一就是“放活宅基地使用权”，即通过使用权的自由流转盘活闲置、低效利用的宅基地。“放活宅基地使用权”必然将农村土地（主要指宅基地）的实际使用主体范围扩展至集体经济组织外部。而且从农村宅基地“三权分置”试点地区实践来看，农户直接出售房屋和一定期限使用权已为部分试点地区所采纳。如成都市郫都区就允许农户在交纳一定比例土地有偿使用费之后转让房屋所有权和不超过30年的使用权②。因此，随着农村宅基地“三权分置”改革的持续推进，如果不放开农户直接转让使用权，制度改革将难以继续推进；反之，则必然会涉及“小产权房”的问题。当然，政府在允许农户直接转让使用权后也可以通过用途管制禁止将宅基地用于非集体经济组织成员的住宅建设。但从实践上来讲，政府此时的用途管制因巨大制度成本而不具有可操作性。因此，既然政府允许农户直接转让使用权（或者以集体建设用地使用权名义），那么政府部门就必然要为受让人办理不动产登记并颁发土地使用权证。此后的土地使用权及房屋所有权完全可以像国有土地商品房一样入市自由交易。农村房屋的分散性决定了政府不可能有效进行用途管制以确保宅基地不用于商品住宅开发。受让人完全可以依据收益最大化原则理性选择将所受让宅基地用于商品住宅建设还是其他用途。因此，随着使用权的“放活”，宅基地用于修建可入市交易的住宅将会加剧“小产权房”问题。这实际上也是目

① 《土地管理法》（2004年）第六十二条规定：“农村村民出卖、出租住房后，再申请宅基地的，不予批准。”

② 邵兴全. 农村宅基地“三权分置”改革初探——以成都市郫都区为例证［J］. 现代经济信息，2018（22）：481－482.

前宅基地“三权分置”改革试点进展缓慢的重要原因之一。

7.1.2 使用权主体开放下集体资源的“竞争性”使用

在乡村振兴过程中，随着农村经济产业的发展，农村流动人口（包括来自城镇的流动人口和来自其他农村地区的流动人口）的规模日益增大，这些农村流动包括来自城镇和其他农民集体的养老人群、度假人群、就业人群、创业人群等。农村宅基地“三权分置”后，使用权的合法流转为这些流动人口长期居住在特定农民集体区域提供了途径。因此，农村宅基地“三权分置”后，农民集体中外来流动人口的规模将有可能继续增加。与“农业转移人口市民化”相对应的农村流动人口“本地化”将成为乡村社会治理所面临的新问题。这其中最核心的问题就是农村流动人口与农民集体成员之间关于集体资源的“竞争性”使用。集体资源的“竞争性”使用问题一方面表现为由集体提供的基础设施和公共服务的“竞争性”使用，另一方面表现为与集体经济组织成员身份相联系的集体资源的分配。平等享受公共资源和服务是农村流动人口融入所在农民集体的重要原因①。为深入推进农村宅基地“三权分置”改革就必须为这些农村流动人口长期居住在农村创造条件，但农村流动人口长期居住农村又会由于和本地农民集体成员“竞争性”使用集体基础设施和公共服务而受到农民集体成员的排斥从而阻碍农村宅基地“三权分置”的推进。农村宅基地“三权分置”后之所以会出现外来人员与本集体经济组织成员之间“竞争性”使用基础设施和公共服务的问题，主要是由农村基础设施和公共服务的供给方式决定的。农村基础设施和公共服务自身的外部性以及政府财力的有限性使得农村基础设施和公共服务的供给长期主要依靠发挥农户的主体地位，即依靠农户及农村集体经济组织“共建共享”。刘圣欢等

① 王春光．外来农村流动人口本地化的体制性困境［J］．学海，2017（2）：93－101.

（2018）的研究表明，农村大部分基础设施和公共服务由本集体经济组织成员通过筹资筹劳等方式提供①。农村宅基地“三权分置”后，大量外来者依托于受让的使用权长期在乡村居住或经营，必然涉及使用由集体经济组织提供的基础设施和公共服务。由于集体经济组织及其成员经济承受能力有限，其提供的基础设施和公共服务往往只能满足本集体成员的共同诉求。在基础设施和公共服务难以完全排他的前提下，现行政策又未赋予集体经济组织向外来者收取相关费用的权利。外来者有“搭便车”与本集体成员竞争使用基础设施和公共服务的激励并且能够采取实际行动。如大理市银桥镇在探索宅基地“三权分置”后，吸引了大量外来者基于使用权开展客栈、餐饮等经营活动，造成本地居民用电用水紧张、污水垃圾增加以及交通拥堵等问题。② 在城乡二元户籍制度下，集体经济组织中的外来者在子女入学、医疗以及享受其他基本公共服务方面受到限制，这影响到外来者“安居乐业”的追求。这一问题最主要的原因在于外来者往往很难获得集体经济组织成员身份③。因为集体经济组织成员身份与农村户籍往往直接“挂钩”。这就引申出另一个问题，农村宅基地“三权分置”后使用权的受让人能否取得集体经济组织成员身份？如果使用权受让人不能取得集体经济组织成员身份，那么其就难以同等享受包括子女入学等基本公共服务。但如果允许宅基地“三权分置”后的使用权受让人取得集体经济组织成员身份，那又会带来新的问题：集体经济组织成员身份背后代表着土地承包经营权、集体资产及收益分配权等各项权益，权益的背后是各项集体资源的分配权，不管是采取无偿还是有偿的方式，使用权受让人获得集体经济组织成员身份都意味着要与“土著”居民竞争

---

①② 刘圣欢，杨砚池．农村宅基地“三权分置”的权利结构与实施路径——基于大理市银桥镇农村宅基地制度改革试点［J］．华中师范大学学报（人文社会科学版），2018，57（5）：45－54.

③ 叶剑锋，吴宇哲．宅基地制度改革的风险与规避——义乌市“三权分置”的实践［J］．浙江工商大学学报，2018（6）：88－99.

土地资源及其他集体资源。上述与集体资源利用与分配相关的问题就成为有可能阻碍农村宅基地“三权分置”改革“放活宅基地使用权”的风险因素。

7.1.3 现行用途管制下使用权流转陷入困境

土地用途管制制度是我国土地制度的重要内容。现阶段，针对农村宅基地的土地用途管制主要集中于两点：一是任何单位和个人不得将宅基地用于经营性用途①；二是农户只能将宅基地用于建造住宅及其附属设施②。宅基地用途管制制度最大的问题在于其严重滞后于农村宅基地开发利用实践。随着乡村振兴的进一步发展，农村宅基地的功能已经发生变化，从单纯的居住保障功能转向兼具生产、仓储等资产功能③。这一点从宅基地的实际利用样态即可得到佐证。比如随着乡村旅游的兴起，农户利用自家农房或宅基地开展手工制作、住宿、电商、餐饮、养老、文创等产业经营情形的大量出现④；浙江等东部沿海地区在乡村工业化过程中，个体私营经济往往从家庭作坊起步，农户在宅基地上乱搭乱建现象十分普遍⑤；城市尤其是大城市郊区出现的大量“小产权房”，等等。宅基地实际开发利用

---

① 《土地管理法》（2004）第四十三条规定任何单位和个人使用土地必须使用国有土地。虽然2019年《全国人民代表大会常务委员会关于修改〈中华人民共和国土地管理法〉的决定》删除这一条款并正式允许集体经营性建设用地入市，但并未规定宅基地可以直接入市，关于宅基地只是规定进城落户村民可自愿有偿退出宅基地。

② 《物权法》第一百五十二条规定：“宅基地使用权人依法对集体所有的土地享有占有和使用的权利，有权依法利用该土地建造住宅及其附属设施。”

③ 瞿理铜．基于功能变迁的农村宅基地制度改革研究［D］．北京：中国农业大学，2016：37－59.

④ 宋志红．乡村振兴背景下的宅基地权利制度重构［J］．法学研究，2019，41(3)：73－92.

⑤ 贺雪峰．现行土地制度与中国不同地区土地制度的差异化实践［J］．江苏社会科学，2018（5）：21－30，273.

方式违背宅基地用途管制制度已成为普遍现象。这说明现行宅基地用途管制制度已严重滞后于宅基地利用实践。农村土地制度改革必须回应实践对改革宅基地用途管制制度的需求。当然，也有学者认为，放松宅基地用途管制、允许宅基地用于经营性用途仅对东部地区合理，而中西部地区应继续坚持现有的基本制度。理由如下：（1）东部经济发达地区宅基地及住房具有很高的财产价值，且宅基地的经营性利用成为普遍现象；（2）中西部农村宅基地占集体建设用地90%以上，并在农户进城以及缺少第二、第三产业的情况下，宅基地数量过剩并且财产价值低，对变更宅基地用途、盘活宅基地缺乏需求；（3）对于中西部农村而言，在以代际分工为基础的半工半耕生计模式下，闲置宅基地是进城人员的基本保障，因此宅基地对于进城农户具有重要意义，保持宅基地制度稳定在政治、社会层面具有重要意义①。上述观点虽有其合理性，但稍显偏颇。尽管中西部地区人口外流、第二、第三产业缺乏是客观现实，但乡村振兴战略的提出和实施正是为了扭转这一现象。中西部地区经济发展落后不完全是客观因素造成的，很大一部分原因还在于以往的国家发展战略和制度。乡村振兴内在要求充分保障土地（尤其是建设用地）生产要素的供给。正是因为中西部地区集体建设用地的90%以上都是宅基地，因而放松对宅基地用途管制对于保障乡村振兴所需土地要素才具有不可替代的意义。再者，宅基地的居住保障功能与放松宅基地用途管制并不矛盾。对于包括进城农户在内的农民群体而言，重要的是“户有所居”而不一定是“一户一宅”。农户进城以后，只要在一定时期内保留宅基地权益（比如可将宅基地使用权转化为股权、建设用地指标等）即可起到为进城农户保留“退路”的目标。维持宅基地利用现状不变只是一种最为消极的为农户保留“退路”的手段。试想如果农村衰落、宅基地荒废了，

---

① 贺雪峰．现行土地制度与中国不同地区土地制度的差异化实践［J］．江苏社会科学，2018（5）：21－30，273.

进城失败的农户又如何返回农村生产生活。因此，最为合适的方式是允许转变宅基地用途进而盘活宅基地实现乡村振兴。农村宅基地“三权分置”后，按照现行试点政策，是严禁将宅基地用于商品房开发的，即使允许也是在非常严格且有限的条件下探索比如四川都江堰“联建”模式等。因此，如果宅基地仅能用于住宅用途，那么社会投资者就没有意愿和激励流入使用权。对于东部地区，由于宅基地巨大财产价值已经显化，因此无论政策制度是否允许，将宅基地用于经营性用途的现象将继续增加。现行宅基地用途管制制度也难以得到有效执行。使用权的不规范流转恐将严重损害法律的威严。而广大中西部需要借助宅基地的经营性开发带动乡村振兴，如果制度不允许宅基地转变用途，使用权就难以流转，宅基地势必成为“鸡肋”财产，“食之无味，弃之可惜”。综上所述，如果不改变现行土地用途管制制度对宅基地开发利用的过度限制，使用权的流转将陷入困境。农村宅基地“三权分置”制度改革也难有实质性进展。

7.1.4 使用权流转期限的确定面临法律障碍

农村宅基地“三权分置”后，伴随农户资格权和使用权的分置，使用权流转的常态是农户在保留农户资格权基础上将使用权流转给集体经济组织成员之外的个人和企业。对于企业来讲，合理确定使用权流转期限就至关重要。当然，使用权期限的确定首先与使用权流转方式有关。如果使用权流转采取出租等债权式流转方式的话，使用权流转期限完全可以参照《中华人民共和国合同法》关于租赁期限的规定，即租赁期限不得超过 20 年①。

① 《中华人民共和国合同法》第二百一十四条规定：“租赁期限不得超过二十年。超过二十年的，超过部分无效。租赁期间届满，当事人可以续订租赁合同，但约定的租赁期限自续订之日起不得超过二十年。”

如果使用权流转采取出让、转让、入股等物权性流转方式，流转期限的确定则面临法律障碍。作为建设用地的宅基地，由于其开发利用的特殊性，实践中使用权流转主要采取物权性流转方式。此时，以法律形式确认使用权流转期限对于使用权人意义重大。（1）明确使用权流转期限是使用权价值评估的基础。马克思地租地价理论和现代资产定价理论均表明，土地价格由地租、收益期限和贴现率决定。使用权价值评估是使用权流转的前提和基础、受让人成本核算的要求以及使用权再次流转的需要。为准确评估使用权的价值，必须明确使用权的期限。一般而言，使用权物权性流转期限越长，意味着使用权的价值越高。（2）明确使用权流转期限是稳定受让人收益预期促进长期投资的需要。对于使用权受让人而言，其对使用权的需求其实是一种引致需求。其对宅基地的利用一般是通过在其上建设房屋等固定资产的方式来实现。而固定资产在开发利用过程中最主要的特征在于其价值是逐渐转移至产品或转化为受让人效用的。因而对于宅基地受让人而言，其为流入使用权而支付的对价也要经过一个较长时期才能"回本"并实现盈利。因此，只有明确使用权流转期限，使用权受让人才能据此合理确定其投资方式、投资强度以及对宅基地的开发利用方式。如果使用权流转期限过短或者"不确定"，那么使用权受让人就会由于收益预期不稳定而采取短期投资、快速回笼资金、快速盈利的开发利用模式。（3）明确使用权流转期限是使用权再次流转的要求。使用权受让人在初次流入使用权后大多数情况下很难一直保持对宅基地的直接占有或利用直到使用权期限届满。更为常见的情况是使用权人出于各种主客观原因会采取抵押、出租、入股、转让等方式将其流入的使用权再次流转。从理论和实践双重角度出发，使用权人只能将其拥有的剩余期限的使用权予以流转。但确认使用权剩余期限的前提是使用权初次流转的期限必须首先确立。基于上述考量，农村宅基地"三权分置"后，流转使用权时必须明确使用权的期限。但从现行法律制度来看，确立使用权流转期限面临"于法无据"的法律障碍。仔细梳理现行法律，与使用权直接相关的规定主要集中于《物权法》和《土地管理法》中，但这两部法律均未涉及使用权期限的问题。《物权法》主要规定了宅基地使用权的权能（占有和使用）、灭失以及权属变更登记等4条①；《土地管理法》涉及宅基地使用权的条款只有一条，主要规定了“一户一宅、面积不得超标、符合规划、依法审批以及出租、出卖房屋后不得重新申请宅基地、户有所居”等内容②。且这些规定主要针对农户向集体申请无偿分配的宅基地，而不包括宅基地“三权分置”后农户流转出的使用权。农村宅基地“三权分置”首次打破宅基地使用权不得流转给非集体经济组织成员的制度传统，现行法律对于这一情况尚无相关规定。因此，为进一步促进和规范宅基地“三权分置”后使用权的流转，应尽快完善相应法律法规，明确使用权的流转期限。

7.1.5 现行法律制度对“房地一体”原则的规定

《物权法》明确了宅基地使用权的用益物权属性，但仅限于宅基地使用权的身份属性和居住保障功能，在立法上采取了差别化的设计，具

---

① 《中华人民共和国物权法》第一百五十二条、一百五十三条、一百五十四条和一百五十五条。

② 《中华人民共和国土地管理法》(2019) 第六十二条规定：“农村村民一户只能拥有一处宅基地，其宅基地的面积不得超过省、自治区、直辖市规定的标准。人均土地少、不能保障一户拥有一处宅基地的地区，县级人民政府在充分尊重农村村民意愿的基础上，可以采取措施，按照省、自治区、直辖市规定的标准保障农村村民实现户有所居。农村村民建住宅，应当符合乡（镇）土地利用总体规划、村庄规划，不得占用永久基本农田，并尽量使用原有的宅基地和村内空闲地。编制乡（镇）土地利用总体规划、村庄规划应当统筹并合理安排宅基地用地，改善农村村民居住环境和条件。农村村民住宅用地，由乡（镇）人民政府审核批准；其中，涉及占用农用地的，依照本法第四十四条的规定办理审批手续。农村村民出卖、出租、赠与住宅后，再申请宅基地的，不予批准。国家允许进城落户的农村村民依法自愿有偿退出宅基地，鼓励农村集体经济组织及其成员盘活利用闲置宅基地和闲置住宅。国务院农业农村主管部门负责全国农村宅基地改革和管理有关工作。”

体来说就是剥夺了宅基地使用权的收益权能[①]并限制其流转。农村宅基地“三权分置”后的使用权已不具备身份属性和居住保障功能，因而剥夺其收益权能并限制其流转的基础已不存在。从理论上讲，应“还权赋能”，重塑宅基地之使用权的用益物权属性。制约宅基地的使用权回归用益物权属性从而实现市场化流转的最大法律障碍在于现行法律对土地产权流转“房地一体”原则的规定。从土地实际利用过程来看，“房”和“地”必须结合在一起才能发挥其使用价值。“房”或“地”的单独流转都会在实质上破坏对方的使用。因此，对于“房”或“地”的流转才确立了“房地一体”的流转原则。这是保证用益物权实现的必然要求。《物权法》在“建设用地使用权”一章也正式确认了国有建设用地使用权流转的“房地一体”原则[②]。但反观同作为用益物权的宅基地使用权，依照现行法律规定，其流转的基本原则为“地随房走”而不是“房地一体”。《土地管理法》虽然明确规定农户可以出卖或出租房屋，但相关政策却禁止城镇居民购买农户宅基地或农村住宅；《中华人民共和国担保法》（以下简称《担保法》）规定个人所有的房屋和地上定着物可以用于抵押，但又明确规定宅基地使用权不得用于抵押[③]。从上述规定来看，现行法律未承认宅基地使用权的流转，只是在房屋流转的前提下“默认”宅基地使用权的被动流转。总而言之，现行法律下宅基地

---

① 《中华人民共和国物权法》第一百一十七条规定：“用益物权人对他人所有的不动产或者动产，依法享有占有、使用和收益的权利。”但关于宅基地使用权权能内容的第一百五十二条却规定：“宅基地使用权人依法对集体所有的土地享有占有和使用的权利，有权依法利用该土地建造住宅及其附属设施。”两条款作对比即可发现，宅基地使用权被剥夺了收益权能。

② 《中华人民共和国物权法》第一百四十六条规定：“建设用地使用权转让、互换、出资或者赠与的，附着于该土地上的建筑物、构筑物及其附属设施一并处分。”第一百四十七条规定：“建筑物、构筑物及其附属设施转让、互换、出资或者赠与的，该建筑物、构筑物及其附属设施占用范围内的建设用地使用权一并处分。”

③ 《中华人民共和国担保法》第三十四条和第三十七条的相关规定。

使用权流转的规则是“地随房走”。这种宅基地使用权和房屋所有权流转之间的“人为对立”明显与《物权法》所确立的“房地一体”流转原则相悖①。这种对“房地一体”原则的否定，其影响会继续延伸到农村宅基地“三权分置”后使用权的流转过程。一是严重制约农户房屋的合法流转。房屋是农户的合法私有财产，自由流转是应有之义。但“房”“地”的不可分性以及物权的完整性使得房屋受让人必然要求同时获得物权性质的“地权”（宅基地使用权）。但按照现行法律，非集体经济组织成员受让房屋后无法完整确权登记颁证，其只能获得房屋所有权证而不能获得土地使用权证。这就为后续一系列的产权纠纷埋下隐患。二是废弃宅基地的再利用陷入困难。随着农村人口的流出，“空心化”成为农村尤其是偏远地区农村的普遍现象。“空心化”现象比较严重的地区甚至出现了大量房屋已经毁损的废弃宅基地。房屋已经毁损的宅基地即使按照“地随房走”原则也不能进行流转，因为“房”已经灭失。三是宅基地财产价值无法实现，不利于提高农户财产收入。从房地产价值构成来看，地上房屋由于折旧因素会不断贬值，而土地由于区位因素的变化具有升值潜力。对“房地一体”原则的规定使得宅基地使用权无法流转，其价值也就无法在房地产交易过程中实现。在这种情况下，农户宅基地财产价值就无法充分实现，制约了农户财产性收入的提高。因此，如若宅基地“三权分置”改革后法律对宅基地“房地一体”原则的规定得不到纠正，那么其必然会严重制约使用权的市场化流转过程。

---

① 贺日开．农村宅基地流转、收回及补偿的制度建议［J］．唯实，2014（12）：81－82.

7.2　使用权流转困境的理论审视

7.2.1　使用权的权利性质为地上权

依据早期罗马法，“土地是主物，植物或建筑物是从物，因而植物和建筑物归土地所有人所有。”① 这即是“添附”原则——一切建筑于地面上的建筑物归土地所有权人所有。随着商品经济发展，这一规定严重限制了建筑人的权利，对经济发展极为不利。为此，罗马法规定了地上权，“允许建筑人在向土地所有权人支付了地租以后，可以享有以保存建筑物和其他工作物为目的的权利”②。罗马法地上权制度相继为大陆法系国家继承和发展。时至今日，地上权已发展成为一项成熟的物权，其具体权能包括：土地的占有和收益权、物权请求权、处置权、相邻权、取回权、补偿请求权等③。以地上权理论考察我国现行宅基地制度可以看出，宅基地使用权的身份属性及权能受限的特征使其具有明显的“人役权”性质。这种带有“人役权”性质的宅基地使用权难以兼顾宅基地的社会保障功能和资产功能。④ 按照地上权塑造使用权对于突破现行宅基地制度的弊端、实现宅基地财产价值和融资功能具有重要意义。一是地上权对于权利主体没有特殊限制。将使用权确立为地上权可突破现行宅

---

① 周相．罗马法原论［M］．北京：商务印书馆，1994：390.

② 杨立新．论我国土地承包经营权的缺陷及其对策——兼论建立地上权和永佃权的必要性和紧迫性［J］．河北法学，2000（1）：5－13.

③ 苏杭，张斌．地上权制度之历史研究——兼评我国地上权立法［J］．河南司法警官职业学院学报，2007（2）：67－69.

④ 温世扬，韩富营．从“人役权”到“地上权”——宅基地使用权制度的再塑造［J］．华中师范大学学报（人文社会科学版），2019，58（2）：20－29.

基地制度对使用权人必须为本农民集体成员的身份限制。二是地上权包含更加丰富的用益物权权能。地上权人在履行支付租金等义务后不仅可以针对土地行使使用权能，还可以享有收益和处置权能（转让、抵押、继承等）。权能的丰富为突破现行制度对使用权流转的限制奠定了法律基础。三是地上权一般为有偿、有期限取得，是对现行宅基地福利分配制度的补充。这种有偿、有期限获得的方式有利于保障集体所有权人和农户资格权人的宅基地财产权利，避免使用权“一权独大”。总之，将使用权性质界定为地上权，能够突破“人役权制度本身所携带的身份性‘硬伤’”①。从现阶段宅基地制度改革实践出发，作为地上权的使用权应至少包含以下三方面权能。首先，以宅基地开发经营为基础赋予使用权人使用权能：将宅基地用于生产经营性用途之权能；通过增减挂钩等手段将宅基地复垦后获得“集体建设用地指标”并将其在农村产权市场上公开交易转让之权能；在符合规划前提下将宅基地复垦所获“集体建设用地指标”依法转化为集体经营性建设用地并用于生产经营性用途之权能，等等。其次，以实现宅基地资源配置效率为目标赋予使用权人处置权能：使用权转让之权能；宅基地通过增减挂钩等手段复垦转化形成之集体建设用地指标的转让之权能；集体建设用地指标依法转化形成之集体经营性建设用地使用权的转让权能；使用权抵押、集体经营性建设用地使用权抵押及集体建设用地指标质押之权能，等等。最后，与使用权能、处置权能对应之收益权能：使用权能实现后产生的经营收益索取权；处置权实现后的要素收益索取权；宅基地征收时的补偿收益分配权，等等。

---

① 温世扬，韩富营．从“人役权”到“地上权”——宅基地使用权制度的再塑造［J］．华中师范大学学报（人文社会科学版），2019，58（2）：20－29.

7.2.2　使用权流转与集体公共设施和公益事业市场化配置

农村宅基地“三权分置”剥离了宅基地使用权身份属性从而大大开放了使用权主体的范围。外来者的流入带来了资源尤其是集体公共设施和公益事业的“竞争性”使用问题。为解决这一问题，我们必须深入考察集体公共设施和公益事业的性质。按照公共产品理论，公共设施和公益事业毫无疑问属于公共产品的范畴。但具体到村公共设施和公益事业的话，其性质又有所不同。正如前文所说，大部分村公共设施和公益事业实际上由全体集体成员筹资筹劳或集体经济组织投资建设（本质上还是由全体成员分担）并提供。在乡村社会人员结构相对封闭的情况下，村公共设施和公益事业的受益人也主要集中于集体经济组织成员，基于此，村公共设施和公益事业的“排他性”得以实现。村公共设施和公益事业的性质与公共产品中的“俱乐部产品”类似。但农村宅基地“三权分置”后，非本集体经济组织成员受让使用权后长期于集体土地上居住或开展经营活动就打破了乡村相对封闭的人员结构。但大部分村公共设施和公益事业是由全体集体成员分担成本或利用本属于全体成员共享的资源如政府专项补贴等建设的，因此，不属于集体经济组织成员的外来者不应无偿“搭便车”享受这些公共设施和公益事业。换言之，应按照市场化收费形式满足外来者对村公共设施和公益事业的需求。尽管村公共设施和公益事业为“俱乐部产品”，但不同类型的村公共设施和公益事业的排他性是有区别的：部分村公共设施和公益事业的排他性主要体现为集体空间的进入壁垒，如村内公共道路，如果外来者没有获得使用权并长期居住或开展经营活动，一般而言不存在频繁使用村公共道路的问题，但是一旦其获得集体土地使用权并长期居住或开展经营活动，那么村内公共道路就无法有效或低成本排除不付费外来者的使用；部分村公共设施和公益事业由于消费上具有可分性，因此可以有效排除不付费者的使用，如停车场。因此，使用权流转就成为村公共设施和公益事业排他性收费的制度工具。具体来说，具有消费可分性或可以低成本排他的村公共设施和公益事业的收费相对简单，直接按照市场价格对外来者进行收费即可。但对于前文所述排他性主要体现在进入环节的村公共设施和公益事业，那么必须在使用权流转交易环节向外来者收费。结合实践中的做法，在使用权流转时（无论是农户直接流转使用权还是由集体经济组织作为主体流转使用权），集体经济组织应以使用权成交金额为基础、根据村公共设施和公益事业的成本及规划情况合理确定缴费比例、向使用权受让人收取专项收益调节金。而对于由政府财政建设并供给的公共基础设施和公益事业，只需改革现行户籍制度，取消户籍与公共服务之间的“挂钩”关系即可。通过受让使用权而长期居住在集体经济组织内的外来者无须获得集体经济组织成员身份。

7.2.3 “地权平等”要求逐步放松宅基地用途管制

作为最重要的生产要素之一，土地的利用过程具有很强的外部性。土地产权主体在行使其私人产权时一旦滥用其权利便会对其他产权主体和社会产生负外部性。土地用途管制作为一项制度，其初衷就在于对私有产权进行约束以确保其不侵害公共利益。土地用途管制“作为政府对国土利用进行的强制性调节控制，其本质是公权对私权的约束，是公共政策与公共利益的集中体现，是公权力的使用手段。”① 土地用途管制制度的正当性在于其是出于维护公共利益而对私人土地利用方式进行的规范和约束。同样的道理，宅基地用途管制制度的正当性基础也应在于维护公共利益。因此，我们应从公共利益视角考察农村宅基地用途管制相关问题。农村宅基

① 夏方舟，杨雨濛，陈昊．基于自由家长制的国土空间用途管制改革探讨［J］．中国土地科学，2018，32（8）：23－29.

地作为农村建设用地的主要内容，毫无疑问，其开发利用过程与公共利益密切相关：农村宅基地作为约 7.9 亿[①]农村居民住房保障的物质基础，对于维护广大农村居民的住房需求和社会稳定具有重要意义；宅基地的低效利用和无序扩张还会影响到我国耕地保护、生态安全、粮食安全等公共利益目标，等等。农村宅基地的利用方式与公共利益密切相关。因而，政府加强对农村宅基地实行用途管制具有理论上的正当性。在建立城乡统一建设用地市场的时代背景下，应以城乡“地权平等”为基本原则建立城乡统一的土地用途管制制度。2019 年《全国人民代表大会常务委员会关于修改〈中华人民共和国土地管理法〉的决定》已经正式将集体经营性建设用地直接入市纳入《土地管理法》。这一举措标志着城乡土地“地权平等”目标又超前迈进了一步。但离使用权的直接入市交易还有很大的距离。应在实践中进一步探索使用权的直接入市，从而能够真正实现城乡土地“地权平等”及回归宅基地用途管制制度的“公共利益”目标。

7.2.4　应以“城乡统一”为原则确定使用权流转期限

农村宅基地“三权分置”后使用权流转期限难以确定的一个重要制度原因就在于传统宅基地制度下宅基地使用权期限的模糊性。从产权期限看，尽管现行法律并未规定宅基地使用权的期限。但从宅基地管理实践和党的政策文件来看，我国传统宅基地使用权的基本特征是“长期使用、长期不变”。这一点可从 1961 年《农村人民公社工作条例修正草案》、1963 年《中共中央关于各地对社员宅基地问题作一些补充规定的通知》关于宅基地的表述中看到。学界关于“长期使用、长期不变”的理解也相当

---

① 根据《2018 年国民经济和社会发展统计公报》，2018 年末，全国大陆总人口 13.9538 亿人，户籍人口城镇化率为 43.37%，由此推算出农村户籍人口约为 7.9 亿人。

具有争议性，主要有宅基地使用权“永久不变”①、集体与成员协商确定期限②以及设定固定期限（70 年）③ 等观点。从农户角度来看，宅基地使用权的获得是基于其集体成员身份，因而只要农户集体成员身份存在并需要宅基地提供住房保障，宅基地使用权理应成为一种永久的使用权④。只不过随着宅基地财产价值的凸显以及农村宅基地“三权分置”改革的推进，农户行使永久性宅基地使用权的方式发生了变化。农村宅基地由农户永久占有的特征将继续由作为人役权的农户资格权承载；使用权完全剥离身份属性，任何主体均可合法获得使用权，使用权成为一项真正的用益物权——地上权。从这个角度出发，固定期限是使用权地上权性质的内在要求。那么，农村宅基地“三权分置”后使用权的期限如何确定呢？有学者主张应限定继受取得之使用权的最高期限为 70 年⑤。此观点在一定意义上也是出于与从城镇商品住宅国有建设用地使用权出让期限保持一致，有助于建立城乡统一的建设用地市场。与之相对应，使用权流转期限的确定也应采取类型化的思路，与使用权流转后的类型化用途相对应。这样才是建立“城乡统一的建设用地市场”的完整要求。农村宅基地“三权分置”使用权流转期限的确定可参照国有建设用地使用权出让的相关规定，按照规划用途确定出让年限⑥。

---

① 张国华．论宅基地使用权的可流转性及其实现［M］．北京：法律出版社，2013：160.

② 高圣平．宅基地性质再认识［J］．中国土地，2010（1）：20－24.

③ 刘俊．农村宅基地使用权制度研究［J］．西南民族大学学报（人文社科版），2007（3）：116－123.

④ 孙建伟．论宅基地“长期使用”权［J］．暨南学报（哲学社会科学版），2016，38（3）：58－64，130.

⑤ 高海．宅基地“三权分置”的法实现［J］．法学家，2019（4）：132－144，195.

⑥ 按照《中华人民共和国城镇国有土地使用权出让和转让暂行条例》的规定，土地使用权出让最高年限按用途确定：1. 居住用地七十年；2. 工业用地五十年；3. 教育、科技、文化、卫生、体育用地五十年；4. 商业、旅游、娱乐用地四十年；5. 综合或者其他用地五十年。

7.2.5 使用权物权性流转是贯彻“房地一体”原则的合意选择

关于农户房屋流转后如何处置使用权的问题，实践中既有将房屋受让人所享有的土地权利等同于租赁权的，如大理等，也有将房屋受让人所享有的土地权利等同于物权的，如德清、L县等[①]。但从理论视角分析，关于破解农户住房及宅基地流转中“房地一体”原则之困境的途径，学界主流观点集中于通过创设宅基地“法定租赁权”来解决现行宅基地制度下房屋受让人无法获得宅基地使用权的“房地产权分离”之困境[②]。陈小君（2019）认为通过在宅基地上设置租赁权可解决宅基地的流转问题，并提出宅基地法定租赁权是权利主体依照法律规定享有的在一定期限内有偿使用宅基地的权利[③]。高圣平等（2019）认为非本集体经济组织成员受让住房后不能获得宅基地使用权而仅能获得宅基地租赁权[④]。但是也有学者对“宅基地法定租赁权”这一途径进行了质疑。宋志红（2019）就提出“宅基地法定租赁权”这一设想存在以下几方面的局限：一是不利于土地资源高效利用和农户土地权益保护；二是实际操作过程面临租赁期

---

① 宋志红．乡村振兴背景下的宅基地权利制度重构［J］．法学研究，2019，41（3）：73－92.

② 陈小君．宅基地使用权的制度困局与破解之维［J］．法学研究，2019，41（3）：48－72；高圣平，吴昭军．宅基地制度改革的试点总结与立法完善——以《土地管理法》修订为对象［J］．山东社会科学，2019（8）：103－111；张建文，李红玲．宅基地使用权继承取得之否定——宅基地“法定租赁权”的解释路径［J］．河北法学，2016，34（12）：28－39；王毅，王有强．农村宅基地法定租赁权研究［J］．安徽农业大学学报（社会科学版），2018，27（1）：77－81.

③ 陈小君．宅基地使用权的制度困局与破解之维［J］．法学研究，2019，41（3）：48－72.

④ 高圣平，吴昭军．宅基地制度改革的试点总结与立法完善——以《土地管理法》修订为对象［J］．山东社会科学，2019（8）：103－111.

限、租金支付等难题；三是权利效力相对物权较弱；四是适用范围小（仅适用于“地随房走”的情况）①。笔者比较认同宋志红教授的观点，“宅基地法定租赁权”的设想尽管有其合理性，但与宅基地的利用实践脱节，其适用性不足以全面推广。宋志红（2019）全面梳理现行法律法规和政策文件后并未发现明令禁止宅基地使用权出租的相关规定②。在传统宅基地制度下，尽管宅基地使用权由于承载居住保障功能而被赋予公法负担，但从其性质及《物权法》规定来看，宅基地使用权的性质应为私法范畴内的个人产权。宅基地及房屋产权流转的以下几个特点决定了必须以宅基地使用权的物权性流转实现“房地一体原则”：一是房屋所有权是完整的自物权性质的私人所有权，“房”“地”密不可分的物质联系要求其产权主体必须一致，房屋所有权和宅基地使用权主体的分离会导致产权主体无法独立进行理性决策，因而“房”和“地”的资源配置也就无法实现“帕累托最优”，甚至是“帕累托改进”也变得不可能；二是从实际的利用过程来看，房屋所有权人有权利、有激励也有必要对房屋进行改建、扩建、修缮等，从而房屋的使用寿命具有长期性，从维护房屋所有权角度来看，应保护其长期占有宅基地的权利，这种长期占有宅基地的权利从其实际意义上考察已然是一种用益物权，如若承认房屋所有权人只享有宅基地租赁权，唯一的选择就是不允许房屋所有权人进行任何可能延长房屋使用寿命的行为，这又不符合现实；三是宅基地使用权物权性流转完全可以弥补“宅基地法定租赁权”式流转的弊端，宅基地使用权物权性流转既可以适用于“地随房走”下宅基地使用权的被动流转，也可适用于宅基地的单独流转，可有效适应宅基地流转的各种情况，可充分实现宅基地财产价值维护农户合法权益，以出让、转让等为主要方式的宅基地使用权物权性流转制度可直接与城镇国有建设用地流转制度接轨从而降低制度运行成本。

①② 宋志红. 乡村振兴背景下的宅基地权利制度重构［J］. 法学研究，2019，41（3）：73－92.

总而言之，农村宅基地“三权分置”应逐步放开使用权的物权性流转，使建设用地使用权及其上房屋流转的“房地一体”原则在宅基地之使用权的流转中实现，从而真正实现宅基地的市场化配置。

7.3　使用权流转制度的建构

7.3.1　使用权流转的基本原则

农村宅基地“三权分置”后，使用权的流转会给农村社会带来一系列不确定因素。为保证农村宅基地“三权分置”改革的有效推进，结合前文对使用权流转相关问题的分析，我们认为使用权流转必须遵循以下基本原则。

1. 坚持宅基地集体所有制性质不改变

《宪法》规定：“中华人民共和国的社会主义经济制度的基础是生产资料的社会主义公有制，即全民所有制和劳动群众集体所有制。”因此，坚持宅基地集体所有制性质不改变是坚持社会主义的本质要求①。使用权流转后社会资本的介入将使得宅基地占有方式、利用方式和权属关系更加复杂化，在一定程度上会冲击集体所有权的主体地位。因此，为坚持宅基地集体所有制性质不改变，使用权流转制度的设计就必须兼顾集体所有权的实现。

2. 坚持耕地保护的基本国策

耕地保护以及坚守“18亿亩耕地红线”对我国“粮食安全”的战略

---

① 韩立达，王艳西等．农村宅基地“三权分置”：内在要求、权利性质与实现形式[J]．农业经济问题，2018（7）：36－45.

意义不言而喻①。使用权的流转为宅基地财产价值的实现和用途的转变创造了“制度通道”。作为经济人，包括农户、集体经济组织和社会资本等在内的市场主体在“潜在利润”的激励下有扩大宅基地占地面积的动机，甚至是违法违规占用农用地或者耕地。农地“非农化”就成为使用权流转中不得不予以防范的重大风险，严重威胁耕地保护基本国策。因此，必须加强对使用权流转过程中农地“非农化”的管制，坚持耕地保护基本国策。

3. 确保农户利益不受损

“以人民为中心”的发展思想告诉我们，“增进人民福祉”是发展的根本目的。农村宅基地“三权分置”改革作为乡村振兴战略的有机组成部分，其根本目的是增进广大农户的福祉。使用权流转是提高广大农户财产收入、促进农村产业兴旺、农户生活富裕以及农村生态宜居的手段和途径。因此，使用权流转必须首先保护农户——宅基地使用权初始主体——的利益。当然，保护农户利益的“内核”在于使用权流转方式的选择应有利于保障农户的生产生活和长远生计。

4. 坚持市场配置宅基地资源的主体地位

现行宅基地制度最主要的问题之一就在于带有强烈计划经济色彩的配置方式制约了宅基地财产价值的实现。因此，为更好实现宅基地资产功能，就必须充分发挥市场机制在使用权流转中的作用，建立起可自由流动的使用权交易市场。核心就在于地方政府要退出使用权流转的微观领域，充分尊重包括集体经济组织、农户以及社会资本的市场主体地位，使用权“是否流转”“如何流转”应交由相关市场主体自由协商确定。

5. 坚持渐进改革原则

我国改革开放40多年之所以能够取得瞩目的成就，“摸着石头过河”

① 王卿，陈绍充．基于粮食安全视角的“18亿亩耕地红线”的战略意义研究［J］．宏观经济研究，2010（3）：75－78.

的改革思想起到了关键性作用[①]。“摸着石头过河”思想的核心就在于渐进式改革，在“小步”探索中实现制度的持续优化调整。现行宅基地制度的福利保障和身份属性特征是新中国成立70多年以来宅基地制度逐渐演变的结果。我国农村宅基地制度变迁过程具有强烈的路径依赖特征。从这个角度看，渐进式制度变迁在正常情况下相比强制性制度变迁是更为有效的制度变迁策略。因此，突破宅基地的福利保障功能和身份属性实现宅基地的市场化流转也应继续贯彻“摸着石头过河”的改革思想，采取渐进式改革策略，鼓励各地方在风险可控的前提下先行先试。

6. 坚持差异化原则

区域经济发展不平衡是新时代我国的基本国情。各地区在宅基地管理、利用过程中面临的主要问题也不同[②]。因而，应因地制宜、因时制宜合理进行使用权流转的微观机制设计和流转方式选择。

7.3.2　使用权流转的总体思路

基于上述使用权流转的基本原则以及宅基地管理及利用的实践，使用权流转过程的开展应遵循如下总体思路。

1. 实现农户“住有所居”是使用权流转的基本前提

使用权流转的核心在于实现宅基地财产价值和生产要素功能。而目前制约宅基地使用权流转的最大政治考量就是宅基地使用权对农户的居住保障功能。因此，使用权流转的首要工作就是实现农户“住有所居”。这是使用权流转的前提也是使用权流转机制设计不可或缺的内容。对于农村闲

---

① 姚树洁．“摸着石头过河”与顶层设计有效结合——中国40多年改革开放伟大奇迹的关键［J］．人民论坛，2019（19）：80－81.

② 贺雪峰．现行土地制度与中国不同地区土地制度的差异化实践［J］．江苏社会科学，2018（5）：21－30，273.

置、低效利用的宅基地来说，其形成的原因不外乎农户进城居住或者“一户多宅”。这部分宅基地本身已不承担居住保障功能，因而可以直接放开自由流转。当然农村大部分宅基地还承载了保障农户居住需求的功能。从制度的普惠性要求来看，也应创造条件帮助这部分农户实现宅基地财产价值。实践中这部分宅基地大部分未达到集约利用的状态，因此在满足农户居住需求的前提下还有提升集约利用度的空间。关键就是制度创新，实践中已经出现的“宅基地换房”“城乡建设用地增减挂钩”等就是在满足农户居住需求前提下通过盘活闲置、低效利用宅基地将结余宅基地（建设用地）或建设用地指标用于开发建设过程的制度创新。总之，在保障农户居住需求的基础上，在符合规划和用途管制的前提下，农户应自主决定宅基地的利用方式①。

2. 修改完善相关法律法规为使用权流转奠定产权基础

市场交易的实质是产权的交易。使用权流转实质上是使用权及其相关产权的交易。但现行包括《物权法》《土地管理法》《民法典》等相关法律对宅基地使用权流转的种种限制已经严重制约了宅基地使用权的可交易性。这一点在前文分析中已体现。使用权流转必须修改完善相关法律法规，赋予使用权充分的流动性：（1）允许农户或农村集体经济组织与“社会投资者”采取入股、出租、转让、合作等方式实现使用权的流转；（2）允许农村集体经济组织通过增减挂钩等对宅基地复垦形成之集体建设用地指标进行公开交易；（3）允许农村集体经济组织在符合规划和用途管制前提下通过权属调整将宅基地复垦形成之集体建设用地指标转化为集体经营性建设用地并通过入市转让相应使用权或自己开发经营等；（4）赋予宅基地（住房）使用权、宅基地复垦转化形成之农村集体建设用地指标使用权、集体建设用地指标依法转化为集体经营性建设用地使用权等抵押权。

① 杨一介．论农村宅基地制度改革的基本思路［J］．首都师范大学学报（社会科学版），2019（4）：42－49.

3. 因地制宜构建多样化的使用权流转模式

宅基地开发利用不仅受到制度环境的影响，还受到经济条件的制约。具体来说，由于地区经济环境、区位条件、市场主体异质性需求、市场发育情况等经济条件的差异，宅基地实际开发利用模式也应有所不同。农户自主经营、农户直接流转、农户部分流转、指标交易、规模开发等都是实践中出现的宅基地流转模式。为从制度上对使用权流转进行规范，我们有必要对实践中出现的使用权流转模式进行类型化分析并从制度完善角度提出相应建议。这也是宅基地流转制度建构的核心。

7.3.3 宅基地条件化有偿使用机制

20 世纪 90 年代初，全国绝大部分省市既已实行宅基地有偿使用。[①] 不过为减轻农户负担及维护社会稳定，1993 年中央下发《关于涉及农民负担项目审核处理意见的通知》明确取消宅基有偿使用费。但随着城镇化的快速推进和农村宅基地“人地关系”的变化。“一户一宅”“无偿使用”的传统宅基地制度陷入困境，主要表现为“一户多宅”现象普遍、宅基地大量闲置、宅基地布局混乱、乡村振兴所需建设用地短缺等[②]。究其原因，大多与农村宅基地的无偿分配使用有关。宅基地无偿分配催生了“不占白不占”“你占我也占”“闲置荒废也不退回”等问题[③]。传统农村宅基地制度的无偿分配使用导致宅基地分配利用陷入“公地悲剧”困境。因此，农村宅基地制度改革必须突破传统宅基地无偿分配的福利制度，实

---

①③ 杨雅婷．我国宅基地有偿使用制度探索与构建［J］．南开学报（哲学社会科学版），2016（4）：70－80.

② 曾旭晖，郭晓鸣．传统农区宅基地“三权分置”路径研究——基于江西省余江区和四川省泸县宅基地制度改革案例［J］．农业经济问题，2019（6）：58－66；陈红霞．有限市场化宅基地有偿使用机制及其改进——基于四川泸县田坝村的实践思考［J］．农村经济，2019（1）：104－110.

行一定条件下的宅基地有偿使用制度。实践业已证明，宅基地有偿使用能有效缓解“一户多宅”“低效闲置”“超占乱占”等宅基地资源低效配置问题①。宅基地有偿使用机制必然无法脱离集体所有制和福利保障性宅基地制度的制度环境。这就要求宅基地有偿使用机制的构建必须兼顾农村宅基地制度改革所面临的“路径依赖”特征。应在保障农户基本居住需求的限度内延续传统宅基地制度无偿分配的做法；而对于超出基本居住需求保障范畴的宅基地分配和使用，应建立具有中国特色的宅基地有偿使用制度。一是明确宅基地有偿使用的范围。宅基地分配请求权和居住保障权是农户享有的基本权利。作为农村集体经济组织成员，农户有权向所在农村集体经济组织申请无偿获得规定面积和质量（主要是区位差异）的宅基地用于满足基本居住需求。在此基础上，宅基地有偿使用的范围如下：（1）对于存量宅基地，应在“定人定面积”基础上对超出标准外的部分按照实际面积收取宅基地有偿使用费；（2）对于集体成员农户新申请的宅基地或集中居住类项目中重新分配的房屋（宅基地）应实行“定人定面积”基础上的“双有偿”，超过规定面积标准的宅基地按照实际超标面积收取有偿使用费，依据“土地竞租”原理确定宅基地的标准区位，优于标准区位的宅基地实行“竞价选位”，降低位置分配的不公；（3）为适应农村人口流动的实践并与农户资格权的取得机制相协调，宅基地有偿使用应打破行政区域限制拓展至其他集体经济组织成员，按照完全有偿使用的方式满足其对宅基地的需求。二是明确宅基地有偿使用收费标准。从制度功能来看，针对农村集体经济组织成员的宅基地有偿使用制度的首要功能并不是实现宅基地财产价值而是为了在保障农户居住需求基础上优化配置宅基地资源实现宅基地的集约节约利用。因此，宅基地有偿使用费无须也不能反映宅基地土地价值。按照宅基地价值收取有偿使用费时，若宅基

① 李川，李立娜，刘运伟，袁颖．泸县农村宅基地有偿使用制度改革效果评价［J］．中国农业资源与区划，2019，40（6）：149－155.

地价值过高，则农户会拒交或与宅基地保障功能相悖；若宅基地价值过低，则宅基地有偿使用制度难以打破宅基地制度所面临的“公地悲剧”困境。实践中，宅基地有偿使用费虽受土地价值影响但并不反映宅基地本身的价值①。因此，宅基地有偿使用收费标准应由全体集体成员以集约节约利用宅基地为基本原则协商确定。但为达到约束农户行为的目的，宅基地有偿使用应实行分类型、阶梯式和累进式的收费方式。三是明确宅基地有偿使用费的收取主体及保障机制。依据马克思地租理论，地租是土地所有权的经济表现形式。宅基地有偿使用费在实质上是一种地租，因此应由集体所有权主体即农村集体经济组织收取。但农村集体经济组织不具有执法权，在面对农户的拒交行为时往往“无能为力”。为保障宅基地有偿使用制度顺利推进，应建立农村集体经济组织收取宅基地有偿使用费的保障机制：（1）立法确立农村集体经济组织收取宅基地有偿使用费的权利，并赋予农村集体经济组织向法院申请并由法院强制收取有偿使用费的权利；（2）宅基地有偿使用费收取的奖惩制度，对于按时、足额、长时间段缴纳宅基地有偿使用费的农户应累进式给予优惠，同时对恶意不交、严重逾期不交或抗交的农户应计算惩罚性质的滞纳金并与农村集体经济组织收益分红等农户权益相挂钩。四是明确宅基地有偿使用费的监督管理及用途。宅基地有偿使用费应“取之于民，用之于民”。一方面应加强地方政府和集体成员对农村集体经济组织的监督，避免其侵占集体利益；另一方面，应明确规定所收费用只能用于满足全体成员公共利益或发展集体经济。

7.3.4　宅基地有偿退出机制

自 2015 年农村宅基地制度改革试点以来，各试点地区探索了多种针

① 陈红霞．有限市场化宅基地有偿使用机制及其改进——基于四川泸县田坝村的实践思考［J］．农村经济，2019（1）：104 - 110.

对存量闲置、低效利用宅基地的有偿退出模式，如天津“宅基地换房”模式、浙江嘉兴“两分两换”模式、安徽金寨“置换”模式、重庆“地票”模式、成都温江“双放弃”模式等。现有模式呈现出两个明显特点：一是有偿退出大多是在政府主导下进行的，获取建设用地指标是政府的主要动力；二是宅基地有偿退出的补偿资金主要来自地方财政资金和建设用地指标收益，项目对财政依赖程度高①。这种政府主导的、带有计划经济色彩的宅基地有偿退出方式除了存在农户参与度不高等问题外，在实践中遇到的最大瓶颈在于资金不足，难以在大范围内进行推广复制②。因此，宅基地有偿退出应积极探索更加市场化的途径。第一，应建立多样化的宅基地有偿退出方式。从理论和实践出发，农户资格权有偿退出主要分为以下三种情况。一是农户自愿完全退出宅基地（住房）。在城镇化进程中，一些农户通过多种途径在城镇工作或已在城镇定居生活，其已取得城镇户籍并有稳定工作，通过获得宅基地（住房）相应对价，彻底放弃宅基地使用权；还有一些农户完全退出城镇建设用地规模范围内的宅基地，通过集中建设农民公寓、农民住宅小区等方式获得城镇范围内对价商品房来实现“户有所居”。二是农户自愿且不完全退出宅基地。在农户自愿基础上，通过增减挂钩等手段将农户原宅基地复垦获得“集体建设用地指标”，然后将愿意集中居住的农户搬迁到“集中统建、多户联建”居住小区。农户将原宅基地使用权交回集体经济组织，但在集中居住小区又重新获得新的宅基地使用权。通过集中居住，农户实际占有宅基地的面积和区位发生变化，主要表现为面积减少、区位优化。三是尚未分配获得宅基地

---

① 张勇．农村宅基地有偿退出的政策与实践——基于2015年以来试点地区的比较分析［J］．西北农林科技大学学报（社会科学版），2019，19（2）：83－89.

② 胡银根，余依云，王聪，吴欣．基于成本收益理论的宅基地自愿有偿退出有效阈值——以改革试点区宜城市为例［J］．自然资源学报，2019，34（6）：1317－1330；胡银根，王聪，廖成泉，吴欣．不同治理结构下农村宅基地有偿退出模式探析——以金寨、蓟州、义乌3个典型试点为例［J］．资源开发与市场，2017，33（12）：1411－1416.

使用权的集体成员由于“非农化”等因素放弃集体成员身份。现实中缺乏可用于分配的土地、土地用途管制等因素导致部分享有农户资格权的集体成员无法按照“一户一宅，面积法定”的制度获得应归属其的宅基地使用权。依据现行做法，这部分集体成员在放弃集体成员身份时就无法获得相应补偿。应围绕这部分成员建立集体成员身份有偿退出机制，在放弃集体成员身份时依据规定宅基地面积获得相应补偿，依据具体情况和个人意愿采取货币补偿、社保补偿、房屋补偿、进城购房补助、购买城镇职工基本养老保险补贴等多样化的方案①。

第二，应建立市场化、多样化的宅基地有偿退出融资机制。依赖政府财政资金兜底的宅基地有偿退出制度是不可持续的，而只有以宅基地自身价值为基础的宅基地有偿退出补偿机制才具有可推广性和可持续性。基于此，应建立市场化、多样化的宅基地有偿退出融资机制。一是宅基地整治复垦结余建设用地指标交易。这种方式已经作为宅基地有偿退出的重要融资渠道，但主要在城乡建设用地增减挂钩的框架内运作。从市场化角度出发，应进一步拓展建设用地指标交易的范围，一方面拓展现行城乡建设用地增减挂钩指标交易范围，允许结余建设用地指标跨省交易，另一方面应借鉴成都地区“小挂”模式，允许结余建设用地指标在集体土地上“落地”。二是集体经营性建设用地入市交易。有偿退出的宅基地在满足集中居住区建设等需要后结余的建设用地就地作为集体经营性建设用地入市，通过出租、转让、自主开发等方式获得要素收益。三是集体经营性建设用地抵押或结余建设用地指标质押融资。充分发挥金融资本对宅基地有偿退出的支持，将农户退出的土地或结余的集体建设用地指标作为标的物向金融机构抵押贷款用于对农户的补偿。四是积极引入社会资本。由农村集体经济组织出面引入并委托社会企业全面负责宅基地有偿退出。由社会企业

---

①　郭晓鸣，虞洪．建立农村宅基地自愿有偿退出机制的现实分析与政策构想——基于四川省的实证研究［J］．农村经济，2016（5）：3－9.

先行垫资对农户进行补偿并负责整治、开发建设农户退出的宅基地。按照“谁投资，谁收益”的原则，社会企业获得建设用地指标等所带来的相关收益。

7.3.5 限定条件下使用权的直接流转

从目前的法律制度规定来看，农户无法直接将使用权以转让、抵押等流转方式流转给非集体经济组织成员。农村宅基地“三权分置”后，突破这一规定，即允许农户直接将使用权采取转让、抵押、出租等方式流转包括城乡居民和各类企业等市场主体。主要理由如下：（1）宅基地“三权分置”后的使用权作为地上权，本身应是具备可交易性的用益物权，包含使用、收益和处置权能，农户此时作为使用权主体，行使处置权直接流转使用权是应有之义。（2）现有制度及政策试点往往以“担忧”农户非理性行为导致其陷入“失宅”困境为由限制农户直接流转使用权，取而代之的是以地方政府或农村集体经济组织为主导推动包括“增减挂钩”等多种形式的统一开发模式实现使用权流转入市。但实践证明，此种方式由于委托代理、政府或集体经济组织非理性决策、违背农户意愿、“被上楼”等因素并未充分维护农户权益。相反，农户作为宅基地使用权的主体，在清晰的使用权流转规则下，会基于自身情况通过理性思考作出对自己最为有利的决策，不会出现系统性“失宅”风险。从这个角度看，农户直接流转使用权反而有可能比政府和集体经济组织过度干预情况下更有效率。（3）从使用权流转实践来看，农户私下流转使用权的情况也比较普遍，高曈等（2018）的研究就表明，在拥有优越经济区位条件和优美自然环境的近郊农村和远郊风景秀丽农村，农户私下流转宅基地是较普遍的行为，这种“私下流转”给农户宅基地财产权益保护带来了风险，制度变革应响应实践要求，通过允许农户直接流转使用权对大量存在的使用权私下流转行为予以规范。基于上述考虑，应允许农户将自己合法拥有的使用权采取转让、出租、入股、抵押、合作经营等方式流转给社会个人和企业。但考虑到现实中农户宅基地来源及功能的复杂性，必须为农户流转宅基地使用权设置条件。一是宅基地使用权的取得必须合法。对于“一户一宅”框架下通过依法向集体经济组织申请无偿分配获得的宅基地的使用权可以直接入市流转；对于符合规划和用途管制但超过规定人均宅基地占地面积或通过继承等合理方式形成“一户多宅”等情况下的宅基地应在向集体经济组织缴纳有偿使用费或补交土地出让金后可入市流转；对于不符合规划和用途管制、由农户非法占用集体土地尤其是农用地而形成的宅基地，不应确权颁证，同时也要禁止其流转。二是符合规划和用途管制。使用权流转往往意味着宅基地利用方式和利用强度的改变。在这种情况下，使用权流转后的用途也应符合规划和用途管制。当然，很多乡村缺乏土地利用规划或土地利用规划编制不合理，这制约了使用权的流转。因此，必须加紧编制乡村土地利用规划。规划的编制必须以集约节约用地和满足当地农户经济发展实际需要为基本原则。三是使用权流转必须以农户居住有保障为前提。宅基地具有居住保障功能，为避免有可能发生的农户“失宅”问题，应将农户“住有所居”作为使用权流转尤其是抵押、转让等物权性流转的前提。“住有所居”只要求农户具有稳定住所即可，而不应要求农户必须拥有住宅。换言之，农户在城镇已购买商品住宅、农户“一户多宅”或者农户通过长期租赁获得稳定住所均符合“住有所居”的要求。四是农户流转使用权必须向集体经济组织和产权交易所等官方交易平台备案。已有试点政策往往要求农户流转使用权要首先得到集体经济组织同意。笔者认为此种做法是对农户权利的不当限制，而且实践中也难以有效执行。为体现集体经济组织所有者地位，农户流转使用权时须向所在农村集体经济组织备案登记。同样，单个农户由于使用权总体价值不是很高，出于节约交易成本考虑，也不应强制要求农户必须在产权交易所等官方平台交易，建立使用权交易的事后备案制度即可。

7.3.6 “共建共享”视角下使用权的流转：宅基地原址开发

周其仁教授指出，“打破城乡壁垒的土地合法流转与统一的土地市场交易，形成农户与各相关利益方共同分享城市化土地增值的新格局”对于缩小城乡差距实现城乡统筹具有重要意义①。这一思想对于农村使用权流转同样具有重要的实践意义。农户以宅基地为主的资源禀赋决定了只有引入社会资本并由社会资本和农户共享由使用权流转所带来的增值收益才能真正实现乡村振兴。而使用权流转及宅基地开发利用中农户与社会资本方“共建”则是实现利益“共享”的重要途径。发生于经济发达东部地区和西部农村综合改革实验区的房屋联建则是“共建共享”式使用权流转的实践样态，东部地区“共建共享”的主要形式为民营公司利用多余或闲置宅基地修建多层公寓，1～2层归农户，2～3层及以上由公司通过以租代售方式租售给城镇居民②。但此种形式明显违背“城镇居民不得到农村购买宅基地、农民住宅或小产权房”的政策。西部地区尤其是西部地区得益于宅后重建的特殊政策，开展了系列房屋“联建”项目。成都宅基地“联建”的主要形式是由联建方出资利用农户宅基地进行房屋建设活动，房屋建成后由农户和联建方共享房屋产权，具体形式有约定联建方使用权期限（即将全部或部分联建房一定期限使用权让渡给联建方，到期房屋回归农户）和约定产权分割（农户和联建方按约定划分联建房产权份额，分割办理房屋所有权证和土地使用权证，其中联建方获得集体建设用地使

---

① 周其仁．还权赋能——成都土地制度改革探索的调查研究［J］．国际经济评论，2010（2）：54－92，5.

② 朱明芬，范正宇，邓容．农村宅基地使用权隐性流转的归因分析与规范引导对策建议［J］．甘肃行政学院学报，2016（1）：92－104，129.

用权证）两种[①]。除此之外，北京的“共享农庄”模式也是“共享共建”式使用权流转的有益探索，使用权的具体流转方式为在不改变使用权权属的前提下采取租赁和合作开发方式实现农户和企业的收益共享[②]。这些实践样态的共同特征在于在不改变宅基地使用权权属关系或允许农户保留部分宅基地使用权的基础上实现宅基地的经营性开发利用。而且，实践业已证明这种“联建”方式确实能够有效改善农户在居住环境、公共服务、就业和家庭经济等方面的福利水平[③]。但就目前而言，此种“共建共享”式的宅基地原址开发面临的最大障碍在于土地产权无法分割。目前除四川等地因特殊政策可为联建方办理集体建设用地使用权证外，其他地区受制于现行法律无法为联建方进行产权分割及确权颁证。这严重制约了以农户为主体的宅基地原址开发的进一步发展。笔者认为，在渐进式改革原则下，应对现行法律法规和制度做进一步完善：一是鉴于目前《土地管理法》已完成修订，建议在后续出台的《〈土地管理法〉实施细则》中将农户与社会资本方合作进行宅基地原址开发正式纳入并成为使用权流转方式之一；二是按照“房地一体”原则建立可行的产权分割及登记颁证机制，房屋在具备物理可分性的基础上分别登记颁发房屋所有权证，至于土地使用权的确权颁证问题可采取两种思路，第一种思路为共有产权思路，由农户与社会资本方按照房屋产权相对比例按份共有使用权，第二种思路为分别颁证，农户按照房屋所占地基面积颁发宅基地使用权证，社会资本方按照其拥有房屋所占的地基面积颁发集体建设用地使用权证并与现行城镇国有建设用地使用权相关制度接轨；三是为避免与“城镇居民不得到农村购买宅基地、农民住宅或小产权房”的政策相冲突，应明确规定产权分割后

---

① 章合运．基于成都联建房的宅基地联建房产权流动的实践、法律困境与突破［J］．中国土地科学，2013，27（10）：11－15.

② 宋龙艳．共享农庄让市民拥有第二个家［J］．投资北京，2017（11）：54－55.

③ 姚树荣，熊雪锋．宅基地权利分置的制度结构与农户福利［J］．中国土地科学，2018，32（4）：16－23.

的产权主体除原农户外只能为农村集体经济组织成员（本集体成员或其他集体成员）或法人，包括城镇居民在内的其他自然人在此种模式下不得获得使用权。

7.3.7 集体建设用地增减挂钩：宅基地异地规模开发

当下，农村土地制度改革的重要内容之一就是盘活包括宅基地在内处于闲置或低效利用状态的农村集体建设用地。这其中尤为重要的就是如何盘活宅基地。通过制度创新实现宅基地的“化零为整”对于满足农村产业发展对建设用地的需求具有重要意义。针对这一问题，已实行多年的城乡建设用地增减挂钩政策值得我们借鉴。城乡建设用地增减挂钩政策通过“周转指标”形式将拆旧区宅基地复垦形成的发展权转移至城镇建新区用于征收农用地①。通过“周转指标”的运用将拆旧区零散宅基地复垦并将指标集中到建新区用于成规模的土地征收，在一定程度上间接实现了宅基地的规模开发经营。这对于提高农户财产收入具有一定的意义。但从乡村振兴“产业兴旺、生态宜居、乡风文明、治理有效、生活富裕”的整体要求来看，现行城乡建设用地增减挂钩政策至少在以下几方面存在缺陷：一是城乡建设用地增减挂钩项目对于拆旧区农户而言实际上是“以土地换资金”，在农村集体建设用地总量有限的前提下，这种模式使得乡村未来产业发展失去建设用地保障②；二是城乡建设用地增减挂钩“周转指标”行政计划配置的运作模式与“发挥市场配置资源的决定性作用”的改革趋势相悖，城乡建设用地增减挂钩“周转指标”由政府实行总量控

---

① 郑俊鹏，王婷，欧名豪，刘震宇．城乡建设用地增减挂钩制度创新思路研究［J］．南京农业大学学报（社会科学版），2014，14（5）：84－90.

② 叶裕民，戚斌，于立．基于土地管制视角的中国乡村内生性发展乏力问题分析：以英国为鉴［J］．中国农村经济，2018（3）：123－137.

制和层层分解方式分配到各地方①，这使得“周转指标”供给与各地方经济发展需求不匹配；三是在政府主导的城乡建设用地增减挂钩中，地方政府因过分追求“周转指标”而损害农户合法权益，如农户“被上楼”“上高楼”等现象②；四是随着2019年《土地管理法》的修订，“公共利益”清晰界定下土地征收范围的缩小和集体经营性建设用地入市的立法确认进一步缩小了对城乡建设用地增减挂钩“周转指标”的需求，该政策的适用性将下降。因而，我们借鉴指标转移形式实现宅基地“化零为整”的同时要避免城乡建设用地增减挂钩制度自身的上述缺陷。为此，我们提出更加市场化的集体建设用地增减挂钩思路。集体建设用地增减挂钩与现有城乡建设用地增减挂钩政策的最大区别在于“周转指标”落地为集体建设用地而不是通过土地征收转化为城镇国有建设用地。这一思路早已在成都得到实践，即成都“拆院并院”政策（或称为“小挂钩”项目）。成都“拆院并院”政策（或称为“小挂钩”项目）的主要特点为：一是“建新区”保留集体建设用地性质；二是节约的集体建设用地指标只能在本乡镇范围内使用。③ 因此，集体建设用地增减挂钩最大的价值在于能够将宅基地的土地发展权留在乡村并为乡村发展提供所需建设用地。另外，成都在集体建设用地增减挂钩探索中将指标使用范围限制在本乡镇范围内的做法有待商榷，指标交易范围过小阻碍了指标供需双方的快速匹配，同时也不利于最大化集体建设用地价值。在市场化和渐进式改革原则下，笔者建议：（1）将集体建设用地增减挂钩与城乡建设用地增减挂钩作为“姊妹”政策一并纳入建设用地增减挂钩试点并进一步拓展试点范围；（2）在保

---

① 蔡继明．城乡建设用地“增减挂钩”的政策效应［J］．中国党政干部论坛，2016(6)：65－68.

② 黄锦东．城乡建设用地增减挂钩制度的演进及机理——基于制度变迁理论的分析［J］．国土资源情报，2019（1）：40－46.

③ 成都市国土资源局．成都市集体建设用地整理与集中使用管理暂行办法［DB/OL］．2019－11－30.

障农户“住有所居”前提下明确将宅基地纳入集体建设用地增减挂钩项目拆旧区复垦范围；(3) 逐步拓展集体建设用地增减挂钩指标使用范围，由本乡镇范围拓展至市级行政辖区范围；(4) 逐步引导集体经济组织、社会投资者主导集体建设用地增减挂钩项目，地方政府逐步“退居二线”回归规划管制和宏观调控职能；(5) 地方政府主导建立交易及管理平台，保障项目规范运行。

7.3.8 集体经营性建设用地入市制度：使用权“转性”通道

2019 年 8 月 26 日，十三届全国人大常委会第十二次会议审议通过了《中华人民共和国土地管理法》修正案。这标志着我国农村土地制度改革迈向一个新的阶段。其中关于宅基地制度主要增加了几条规定：一是在无法保障“一户一宅”的地区，提倡县级政府采取措施实现“户有所居”；二是农村村民住宅用地批准权限由县级人民政府下放至乡（镇）人民政府；三是允许农村村民有偿退出宅基地以及鼓励集体经济组织和农户盘活利用闲置宅基地及其住宅①。从整体来看，此次《土地管理法》并未将农村宅基地“三权分置”改革予以立法确认。但其“鼓励农村集体经济组织及其成员盘活利用闲置宅基地和闲置住宅”的规定实际上在一定程度上为使用权的流转预留了空间。本次《土地管理法》另一亮点是正式确立了集体经营性建设用地入市制度的法律地位。从现有法律出发，集体经营性建设用地入市为盘活闲置宅基地及住宅提供了一条合法、可行的路径。从农村土地利用实践来看，符合入市条件的存量集体经营性建设用地主要为乡镇企业用地和出租给他人的商业用地，但这部分用地总量少而且主要分布于东部集体经济较为发达的地区。因而，必须界定“可以转换为

① 全国人民代表大会．中华人民共和国土地管理法［EB/OL］. 2019－11－30.

集体经营性建设用地的其他土地的实际范围”，否则，集体经营性建设用地入市制度难以发挥实际作用①。从农村土地结构来看，宅基地是农村集体建设用地的最主要组成部分。因此，建立宅基地转换为集体经营性建设用地的“制度通道”就至关重要。参照《土地管理法》（2019）相关规定②，使用权转换为集体经营性建设用地使用权的合法前提条件是宅基地为土地利用总体规划、城乡规划确定为工业、商业等经营性用途，在此基础上进行权属变更登记为集体经营性建设用地。因此，笔者建议在后续《〈土地管理法〉实施条例》中明确规定宅基地在符合土地利用总体规划、城乡规划关于土地用途相关规定的前提下可依法变更为集体经营性建设用地，相应的宅基地使用权“变性”为集体经营性建设用地使用权。宅基地使用权转变为集体经营性建设用地使用权从而实现流转还需解决另一个问题，即农户的宅基地使用权如何转变为土地所有权人即农村集体经济组织的集体经营性建设用地使用权。因为《土地管理法》第六十三条第一款明确规定集体经营性建设用地入市的主体只能为土地所有权人。可行的途径就是农村宅基地的有偿退出。通过宅基地有偿退出，农村集体经济组织可以收回农户闲置或低效利用的宅基地。这就要求我们应进一步深化和推广农村宅基地有偿退出制度。

7.3.9 使用权流转与政府市场调控：土地增值税

宅基地“三权分置”改革将市场机制进一步引入宅基地资源配置过

---

① 杨遂全．论集体经营性建设用地平等入市的条件与路径［J］．郑州大学学报（哲学社会科学版），2019，52（4）：35－39.

② 现行《中华人民共和国土地管理法》第六十三条第一款规定：“土地利用总体规划、城乡规划确定为工业、商业等经营性用途，并经依法登记的集体经营性建设用地，土地所有权人可以通过出让、出租等方式交由单位或者个人使用，并应当签订书面合同，载明土地界址、面积、动工期限、使用期限、土地用途、规划条件和双方其他权利义务。”

程，有利于培育农村土地市场以及构建城乡统一建设用地市场。与此同时，“市场失灵”问题在使用权交易市场仍然存在；伴随使用权交易市场的形成和开放，城镇房地产市场存在的“炒房”“炒地”等问题也有可能出现，导致其他社会资本“炒卖”“炒买”使用权及其房屋牟取暴利；使用权交易的开放将直接对城镇国有建设用地市场产生冲击，尤其是有可能对城镇商品房市场造成冲击；宅基地复垦转化形成之集体经营性建设用地的入市还会对政府“土地财政”造成影响，周末等（2020）① 已通过实证研究证实农村宅基地入市会导致城镇国有土地价格下降。本书认为，应通过市场机制来对宅基地（住房）、“集体建设用地指标”以及集体经营性建设用地用途进行调节：一是开征农村土地增值税，主要目的是调节农村土地特别是建设用地增值收益在国家、集体和农户之间的分配；二是按照宅基地（住房）、“集体建设用地指标”以及集体经营性建设用地的不同用途收取不同比例土地增值税，以此来调节农村土地特别是农村集体经营性建设用地的供给与需求，促进市场均衡的实现。通过税收来调节农村土地市场，能够抑制农村“炒地”“炒房”行为，减少对城镇商品房市场的冲击以及促进地方政府财政收入来源转换。

7.4 本章小结

尽管在理论层面可以将农村宅基地“三权分置”后的使用权塑造成为地上权，但在实践中“放活宅基地使用权”仍然面临诸多困境。要顺利推进农村宅基地“三权分置”改革必须正视这些客观存在的困境。为

---

① 周末，谢海滨，王天韵，李墨凡．农村宅基地入市改革对城市国有土地价格的影响效应分析——基于微观土地交易数据的准自然实验研究［EB/OL］．江苏社会科学，2020：1－10.

此，本章首先分析了实践中使用权流转面临的一些主要困境，包括“小产权房”问题、宅基地用途管制、使用权流转期限等。其次，从理论层面探讨了应如何突破使用权流转面临的上述困境。最后，从制度层面提出了促进使用权流转的建议。使用权流转应遵循集体所有制性质不改变、保护耕地、确保农户利益不受损、坚持市场配置宅基地资源的主体地位、坚持渐进式改革以及差异化等原则。在上述基本原则指导下，本章从宅基地条件化有偿使用机制、宅基地有偿退出机制、限定条件下农户直接流转使用权、共建共享式宅基地原址开发、集体建设用地增减挂钩式宅基地异地规模开发、宅基地使用权转性为集体经营性建设用地使用权入市等方面提出了具体的使用权流转制度建议。

第8章

结论与展望

8.1 研究结论

在“乡村振兴”国家发展战略背景下，全方位提高农户的生活质量是贯彻落实习近平新时代中国特色社会主义思想的内在要求。当前阶段，盘活包括宅基地在内的农村土地资源是全方位提高农户生活质量的关键抓手。农村宅基地“三权分置”制度改革是党中央为全方位改善农户生活质量、盘活宅基地资源而进行的伟大制度创新。本书基于阿马蒂亚·森可行能力理论对农村宅基地“三权分置”展开了系统研究，结论如下：

(1) 实行农村宅基地“三权分置”改革是提高农户可行能力促进农户发展的内在要求。本书将阿马蒂亚·森可行能力理论等发展理论与我国乡村振兴背景下“三农”问题相结合提出“三农”问题的核心在于提高农户的可行能力。而现行宅基地制度却严重制约了农户“生存能力”“财产权利”“发展能力”三层次可行能力的实现。因此，必须通过农村宅基地“三权分置”改革促进农户可行能力的实现：集体所有权的产权功能主要在于通过农村集体经济组织来更好实现农户“发展能力”层次的可行能力；农户资格权的产权功能主要在于通过明晰权利的方式更好实现农户“生存能力”层次的可行能力；宅基地之使用权的产权功能则主要在于通过剥离宅基地身份属性以及强化宅基地的用益物权属性更好实现农户宅基地“财产权利”层次的可行能力。

（2）西部地区L县农村宅基地“三权分置”的实证研究表明，农村宅基地“三权分置”改革对于提高农户可行能力具有积极意义。对西部地区L县农村宅基地“三权分置”后农户整体福利水平的定量评价表明：①农户在参与农村宅基地“三权分置”后福利水平整体有所改善；②从农户可行能力的层次来看，农户的“生存能力”和“发展能力”均得到了明显的提高，而农户的“财产权利”未得到明显改善；③从具体功能性活动来看，农户福利水平改善最为明显的是居住条件和公共服务两个方面；④L县在实施农村宅基地“三权分置”过程中对家庭经济的重视不够；⑤L县在实施农村宅基地“三权分置”过程中由于种种因素，既没有赋予农户流转、利用宅基地足够的自由，也没有构建起有效的宅基地流转市场。

（3）为更好地促进农户“发展能力”层次可行能力的实现，应强化并贯彻落实宅基地集体所有权的“物权”属性。作为农村宅基地集体所有权的主体，“农民集体”的属性为：由集体内部农户以土地“共同占有”为基础形成的“经济联合体”。因此，依法成立、具有独立法人地位的农村集体经济组织应成为农村宅基地集体所有权主体的具体组织形式。为提升农村集体经济组织有效行使宅基地集体所有权的能力，以更好促进农户“发展能力”层次可行能力，应贯彻落实《物权法》精神，强化宅基地集体所有权的“物权”属性。具体来说，就是在保障农户合法宅基地财产权益基础上，按照“存量”+“增量”的权能配置思路赋予农村集体经济组织关于宅基地充分的占有、使用、收益和处置权能。

（4）为更好地促进农户“生存能力”层次可行能力的实现，农村宅基地“三权分置”后的农户资格权应是一种特殊的人役权。福利保障功能是传统宅基地制度的基本特征。换言之，宅基地制度的基本功能之一是保障农户的“生存能力”。在经济体制转型过程中，与宅基地制度相关的户籍制度、社会保障制度、就业制度、公共服务制度等尚未实现全面配套和系统改革，这就要求继续保留宅基地制度的福利保障功能，即农户资格权的产权功能。结合宅基地制度的基本特征和人役权制度的权利内核，我们认为农村宅基地“三权分置”后的农户资格权应是一种特殊的人役权。

（5）为更好地促进农户“财产权利”层次可行能力的实现，农村宅基地“三权分置”后的使用权从权利性质上来讲应是地上权。从产权功能来看，农村宅基地“三权分置”后的使用权毫无疑问应成为一种较为完整的用益物权以满足市场交易对产权流动性的要求。这就要求农村宅基地“三权分置”后的使用权既要摆脱传统宅基地制度身份属性特征的限制，又要符合市场机制对完整用益物权的要求。在此种情况下，大陆法系地上权制度就为农村宅基地“三权分置”后使用权的“适度放活”提供了理论基础。将农村宅基地“三权分置”后的使用权界定为地上权，能够在保障农户权益的基础上给予宅基地使用权人更加稳定的产权预期，有利于更好实现农户的宅基地“财产权利”。

8.2 研究展望

土地问题关涉农户最核心的利益，因此农村土地制度改革必须慎之又慎。农村宅基地“三权分置”改革必须立足于保障农户的利益诉求，这是改革的最大“底线”。本书提出的一些具有创新性的观点和对策建议还必须留待更多的农村宅基地“三权分置”实践来检验。因此，在今后的研究中，笔者将继续收集并深入分析全国各地在实践中探索的行之有效的农村宅基地“三权分置”相关案例并进行更加深入的实证研究，以不断丰富和完善本书的研究结论。

参考文献

中文期刊：

［1］蔡继明．城乡建设用地“增减挂钩”的政策效应［J］．中国党政干部论坛，2016（6）：65－68.

［2］蔡立东．宅基地使用权取得的法律结构［J］．吉林大学社会科学学报，2007（3）：141－148.

［3］陈锋．分利秩序与基层治理内卷化：资源输入背景下的乡村治理逻辑［J］．社会，2015，35（3）：95－120.

［4］陈广华，罗亚文．宅基地“三权分置”之法教义学分析——基于试点地区改革模式研究［J］．农村经济，2019（2）：23－30.

［5］陈红霞，况安．宁波实践：农民住房财产权抵押问题研究［J］．中国房地产，2017（27）：3－8.

［6］陈红霞．有限市场化宅基地有偿使用机制及其改进——基于四川泸县田坝村的实践思考［J］．农村经济，2019（1）：104－110.

［7］陈华彬．人役权制度的构建——兼议我国《民法典物权编（草案）》的居住权规定［J］．比较法研究，2019（2）：48－59.

［8］陈基伟．农村农户资格权实现方式浅议［J］．中国土地，2019（3）：16－18.

［9］陈藜藜，宋戈，邹朝晖．城乡统筹发展下宅基地退出“指标”入市交易模式及其利益分配研究［C］.//2016年中国新时期土地资源科学

与新常态创新发展战略研讨会暨中国自然资源学会土地资源研究专业委员会30周年纪念会论文集. 东北大学，2016：262－271.

［10］陈美球，廖彩荣，冯广京，王庆日，蒋仁开，张冰松，翁贞林. 农村集体经济组织成员权的实现研究——基于“土地征收视角下农村集体经济组织成员权实现研讨会”的思考［J］. 中国土地科学，2018，32（1）：58－64.

［11］陈美球，廖彩荣. 农村集体经济组织：“共同体”还是“共有体”？［J］. 中国土地科学，2017，31（6）：27－33.

［12］陈淑云，周静. “小产权房”合法化的破解路径与产权确定［J］. 湖北社会科学，2016（1）：74－79.

［13］陈小君. 宅基地使用权的制度困局与破解之维［J］. 法学研究，2019，41（3）：48－72.

［14］陈耀东，吴迪，龚淋. 我国宅基地信托流转的法律探究［J］. 中国房地产，2018（33）：41－47.

［15］陈耀东. 宅基地“三权分置”的法理解析与立法回应［J］. 广东社会科学，2019（1）：223－230，256.

［16］陈振，罗遥，欧名豪. 宅基地“三权分置”：基本内涵、功能价值与实现路径［J］. 农村经济，2018（11）：40－46.

［17］程玲. 可行能力视角下农村妇女的反贫困政策调适［J］. 吉林大学社会科学学报，2019，59（5）：163－169，223.

［18］程秀建. 农户资格权的权属定位与法律制度供给［J］. 政治与法律，2018（8）：29－41.

［19］崔宝玉，王纯慧. 论中国当代农民合作社制度［J］. 上海经济研究，2017（2）：118－127.

［20］邓大才. 中国农村产权变迁与经验——来自国家治理视角下的启示［J］. 中国社会科学，2017（1）：4－24，204.

［21］邓大松，刘志甫. 我国农村公共物品有效供给问题与策论［J］.

江西社会科学，2016，36（10）：54－58.

［22］刁其怀．农村宅基地使用权制度存在的问题及改革方向［J］．农村经济，2011（10）：82－85.

［23］刁其怀．宅基地退出：模式、问题及建议——以四川省成都市为例［J］．农村经济，2015（12）：30－33.

［24］董祚继．“三权分置”——农村宅基地制度的重大创新［J］．中国土地，2018（3）：4－9.

［25］范兰丹，严志强，彭定新，梁航佳．农村宅基地退出的实践探索及优化调控研究［J］．湖北农业科学，2018，57（21）：172－176.

［26］方福前，吕文慧．中国城镇居民福利水平影响因素分析——基于阿马蒂亚·森的能力方法和结构方程模型［J］．管理世界，2009（4）：17－26.

［27］方葛晨，钱奕陶，林瑾，范艺腾．基于Logistic回归模型的农户宅基地流转意愿与认知分析——以浙江省义乌市111户农户为例［J］．金融经济，2019（12）：67－69.

［28］方珂，蒋卓余．生计风险、可行能力与贫困群体的能力建设——基于农业扶贫的三个案例［J］．社会保障研究，2019（1）：86－95.

［29］房建恩．乡村振兴背景下宅基地“三权分置”的功能检视与实现路径［J］．中国土地科学，2019，33（5）：23－29.

［30］冯娜娜，沈月琴，孙小龙，刘雅慧．“三圈理论”视角下农村宅基地退出模式比较——基于义乌市的观察［J/OL］．中国农业资源与区划，2020（3）：1－8.

［31］冯双生，张桂文．宅基地置换中农民权益受损问题及对策研究［J］．农业经济问题，2013，34（12）：31－39，110－111.

［32］付文凤，郭杰，欧名豪，易家林．基于机会成本的农村宅基地退出补偿标准研究［J］．中国人口·资源与环境，2018（3）：60－66.

［33］傅晨，任辉．农业转移人口市民化背景下农村土地制度创新的

机理：一个分析框架 [J]. 经济学家，2014 (3)：74－83.

[34] 傅熠华. 农民工农村宅基地退出的决策逻辑——基于全国2328户农民工家庭的实证研究 [J]. 经济体制改革，2018 (6)：70－75.

[35] 高飞. 农村宅基地“三权分置”政策入法的公法基础——以《土地管理法》第62条之解读为线索 [J]. 云南社会科学，2020 (2)：95－103，187.

[36] 高海. 宅基地“三权分置”的法实现 [J]. 法学家，2019 (4)：132－144，195.

[37] 高进云，乔荣锋. 农地城市流转前后农户福利变化差异分析 [J]. 中国人口·资源与环境，2011，21 (1)：99－105.

[38] 高圣平，吴昭军. 宅基地制度改革的试点总结与立法完善——以《土地管理法》修订为对象 [J]. 山东社会科学，2019 (8)：103－111.

[39] 高圣平. 宅基地性质再认识 [J]. 中国土地，2010 (1)：20－24.

[40] 高圣平. 宅基地制度改革政策的演进与走向 [J]. 中国人民大学学报，2019，33 (1)：23－33.

[41] 高帅，毕洁颖. 农村人口动态多维贫困：状态持续与转变 [J]. 中国人口·资源与环境，2016，26 (2)：76－83.

[42] 高曈，吴郁玲. 宅基地“三权分置”与不同类型农村农民宅基地流转的有效途径研究 [J]. 广东土地科学，2018，17 (5)：43－47.

[43] 高勇. 农村住房抵押融资意愿及其影响因素研究——基于全国首批试点地区的样本分析 [J]. 金融理论与实践，2017 (5)：75－82.

[44] 耿卓. 宅基地“三权分置”改革的基本遵循及其贯彻 [J]. 法学杂志，2019，40 (4)：34－44.

[45] 耿卓. 宅基地使用权收回事由类型化及立法回应 [J]. 法律科学（西北政法大学学报），2019，37 (1)：180－191.

[46] 关江华，黄朝禧，胡银根. 不同生计资产配置的农户宅基地流转家庭福利变化研究 [J]. 中国人口·资源与环境，2014，24 (10)：135－142.

[47] 关江华，黄朝禧．微观福利与风险视角的农户宅基地流转：武汉调查［J］．改革，2013（8）：78－85.

[48] 关江华．生计差异化农户宅基地退出意愿的影响研究——以湖北江汉平原为例［J］．江苏农业科学，2019（1）：1－6.

[49] 桂华．产权秩序与农村基层治理：类型与比较——农村集体产权制度改革的政治分析［J］．开放时代，2019（2）：36－52，8.

[50] 桂华．公有制视野下宅基地制度及其改革方向辨析［J］．政治经济学评论，2015，6（5）：179－195.

[51] 郭贯成，韩冰．城市近郊农户非农就业和宅基地流转意愿作用研究——基于南京市栖霞区的问卷调查［J］．山西农业大学学报（社会科学版），2018，17（4）：1－8.

[52] 郭贯成，祝晓天．代际差异视角下农户宅基地退出意愿影响因素研究［J］．江苏农业科学，2018，46（15）：301－306.

[53] 郭晓鸣，曾旭晖，王蔷，骆希．中国小农的结构性分化：一个分析框架——基于四川省的问卷调查数据［J］．中国农村经济，2018（10）：7－21.

[54] 郭晓鸣，虞洪．建立农村宅基地自愿有偿退出机制的现实分析与政策构想——基于四川省的实证研究［J］．农村经济，2016（5）：3－9.

[55] 韩冬，韩立达，张勰，等．市场化视角下农村宅基地有偿退出研究［J］．农业现代化研究，2018（1）：19－27.

[56] 韩俊英．《农村集体经济组织法》的立法路径与方案设计［J］．农村经济，2019（2）：131－137.

[57] 韩立达，王艳西等．农村宅基地“三权分置”：内在要求、权利性质与实现形式［J］．农业经济问题，2018（7）：36－45.

[58] 韩文龙，刘璐．权属意识、资源禀赋与宅基地退出意愿［J］．农业经济问题，2020（3）：31－39.

[59] 韩文龙，谢璐．宅基地“三权分置”的权能困境与实现［J］．

农业经济问题（月刊），2018（5）：60－69.

［60］何玲玲，文海鸿．“人的全面而自由的发展”理论探讨——澄清并还原马克思恩格斯人的远景发展思想［J］．社会主义研究，2007（4）：6－9，18.

［61］胡清华，伍国勇，宋珂，欧雪辉，李中．农村土地征收对被征地农户福利的影响评价——基于阿马蒂亚·森的可行能力理论［J］．经济地理，2019，39（12）：187－194.

［62］贺日开．农村宅基地流转、收回及补偿的制度建议［J］．唯实，2014（12）：81－82.

［63］贺雪峰．论土地资源与土地价值——当前土地制度改革的几个重大问题［J］．国家行政学院学报，2015（3）：31－38.

［64］贺雪峰．论中国式城市化与现代化道路［J］．中国农村观察，2014（1）：2－12，96.

［65］贺雪峰．现行土地制度与中国不同地区土地制度的差异化实践［J］．江苏社会科学，2018（5）：21－30，273.

［66］胡贤辉，刘蒙罢，文高辉．发展权视角下的农村宅基地退出增值收益分配研究［J］．国土资源科技管理，2019，36（2）：85－94.

［67］胡新艳，罗明忠，张彤．权能拓展、交易赋权与适度管制——中国农村宅基地制度的回顾与展望［J］．农业经济问题，2019（2）：73－81.

［68］胡银根，王聪，廖成泉，吴欣．不同治理结构下农村宅基地有偿退出模式探析——以金寨、蓟州、义乌3个典型试点为例［J］．资源开发与市场，2017，33（12）：1411－1416.

［69］胡银根，吴欣，王聪，余依云，董文静，徐小峰．农户宅基地有偿退出与有偿使用决策行为影响因素研究——基于传统农区宜城市的实证［J］．中国土地科学，2018，32（11）：22－29.

［70］胡银根，余依云，王聪，吴欣．基于成本收益理论的宅基地自愿有偿退出有效阈值——以改革试点区宜城市为例［J］．自然资源学报，

2019, 34 (6): 1317 - 1330.

[71] 黄健雄, 郭泽喆. 农村集体土地"三权分置"普遍性问题及其立法应对 [J]. 宁夏社会科学, 2019 (4): 76 - 83.

[72] 黄锦东. 城乡建设用地增减挂钩制度的演进及机理——基于制度变迁理论的分析 [J]. 国土资源情报, 2019 (1): 40 - 46.

[73] 黄鑫鑫, 安萍莉, 蔡璐佳, 汪芳甜, 李胜, 李学敏. 农户自主发展能力研究——以东北粮食主产区为例 [J]. 资源科学, 2015, 37 (9): 1825 - 1833.

[74] 黄兴国, 王占岐. 基于土地影响因素的农村退出宅基地再利用的模式探索 [J]. 世界农业, 2018 (11): 59 - 64.

[75] 江晓华. 农村集体经济组织成员资格的司法认定——基于372份裁判文书的整理与研究 [J]. 中国农村观察, 2017 (6): 14 - 27.

[76] 姜红利, 宋宗宇. 集体土地所有权归属主体的实践样态与规范解释 [J]. 中国农村观察, 2017 (6): 2 - 13.

[77] 姜楠. 宅基地"三权"分置的法构造及其实现路径 [J]. 南京农业大学学报 (社会科学版), 2019, 19 (3): 105 - 116, 159.

[78] 蒋省三, 刘守英. 土地资本化与农村工业化——广东省佛山市南海经济发展调查 [J]. 管理世界, 2003 (11): 87 - 97.

[79] 蒋永甫, 胡孝雯. 制度变迁与农民发展: 农村改革40年的政策逻辑 [J]. 学习论坛, 2018 (10): 5 - 13.

[80] 焦富民. 农业现代化视域下农民住房财产权抵押制度的构建 [J]. 政法论坛, 2018 (2): 130 - 140.

[81] 靳相木, 王海燕, 王永梅, 欧阳亦梵. 宅基地"三权分置"的逻辑起点、政策要义及入法路径 [J]. 中国土地科学, 2019, 33 (5): 9 - 14.

[82] 孔祥智, 高强. 改革开放以来我国农村集体经济的变迁与当前亟需解决的问题 [J]. 理论探索, 2017 (1): 116 - 122.

[83] 赖夏华, 赵小敏, 郭熙, 周丙娟. 农村宅基地使用权流转价格

评估研究［J］. 土壤通报，2018，49（5）：1054－1059.

［84］李冰. 农村贫困治理：可行能力、内生动力与伦理支持［J］. 齐鲁学刊，2019（3）：84－91.

［85］李川，李立娜，刘运伟，袁颖. 泸县农村宅基地有偿使用制度改革效果评价［J］. 中国农业资源与区划，2019，40（6）：149－155.

［86］李凤奇，王金兰. 我国宅基地“三权分置”之法理研究［J］. 河北法学，2018，36（10）：147－159.

［87］李凤章，李卓丽. 宅基地使用权身份化困境之破解——以物权与成员权的分离为视角［J］. 社会科学文摘，2018（6）：76－78.

［88］李凤章，赵杰. 农户宅基地资格权的规范分析［J］. 行政管理改革，2018（4）：39－44.

［89］李凤章. 从公私合一到公私分离——论集体土地所有权的使用权化［J］. 环球法律评论，2015，37（3）：79－94.

［90］李凤章. 开发权视角下的小产权房及其处理——以深圳经验为例［J］. 交大法学，2016（2）：90－107.

［91］李戈. 宅基地使用权抵押法律制度研究［J］. 经济问题，2019（1）：92－98.

［92］李广斌，王勇. 新型集体经济发展与乡村居住空间转型耦合机制——以苏州为例［J］. 城市发展研究，2016，23（12）：84－90，133.

［93］李欢，张安录. 农村宅基地退出前后农户福利测度及其动态变化——以浙江省德清县201户农户为例［J］. 农业技术经济，2019（7）：79－90.

［94］李怀. 农村宅基地“三权分置”：历史演进与理论创新［J］. 上海经济研究，2020（4）：75－82，127.

［95］李琳，郭志京，张毅，张伟. 宅基地“三权分置”的法律表达［J］. 中国土地科学，2019，33（7）：19－25.

［96］李文明. 中国农民发展的现实困境与改革路径［J］. 农业经济

问题，2014，35（6）：10－15，110.

［97］李雅娇，陈英，谢保鹏．宅基地“三权分置”政策实施后农户福利变化［J］．中国国土资源经济，2020，33（2）：71－76.

［98］李亚莉，胡丽娜．城镇化背景下河北省农村宅基地退出影响因素研究［J］．中国集体经济，2018（11）：8－9.

［99］李依静，莫晓玲，陈明．新型城镇化中宅基地退出意愿的影响因素与应对策略［J］．中国集体经济，2018（31）：20－22.

［100］李玥昕，陈先诚，吴春彭，李鑫．农民宅基地产权认知对退出意愿的影响研究［J］．国土与自然资源研究，2018（5）：12－17.

［101］李祖佩．乡村治理领域中的“内卷化”问题省思［J］．中国农村观察，2017（6）：116－129.

［102］梁爽．根治“小产权房”需制度创新［J］．城乡建设，2015（4）：73－74.

［103］刘国栋．论宅基地“三权分置”政策中农户资格权的法律表达［J］．法律科学（西北政法大学学报），2019，37（1）：192－200.

［104］刘国栋．农村宅基地“三权分置”政策的立法表达——以“民法典物权编”的编纂为中心［J］．西南政法大学学报，2019，21（2）：17－28.

［105］刘俊．农村宅基地使用权制度研究［J］．西南民族大学学报（人文社科版），2007（3）：116－123.

［106］刘锐．乡村振兴战略框架下的宅基地制度改革［J］．理论与改革，2018（3）：72－80.

［107］刘圣欢，杨砚池．农村宅基地“三权分置”的权利结构与实施路径——基于大理市银桥镇农村宅基地制度改革试点［J］．华中师范大学学报（人文社会科学版），2018，57（5）：45－54.

［108］刘守英，熊雪锋．产权与管制——中国宅基地制度演进与改革［J］．中国经济问题，2019（6）：17－27.

［109］刘双良，秦玉莹．农民阶层分化背景下宅基地流转与农民住房保障联动的内在逻辑与传导路径［J］．农村经济，2020（1）：32－38.

［110］刘双良，秦玉莹．宅基地“三权分置”政策的议程设置与推进路径——基于多源流理论模型视角的分析［J］．西北农林科技大学学报（社会科学版），2019（1）：60－68.

［111］刘双良，张佳．基于乡村振兴战略的宅基地制度改革发展研究［J］．科技和产业，2018，18（12）：76－80.

［112］刘双良．宅基地“三权分置”的权能构造及实现路径［J］．甘肃社会科学，2018（5）：228－235.

［113］刘晓靖．阿马蒂亚·森以“权利”和“可行能力”看待贫困思想论析［J］．郑州大学学报（哲学社会科学版），2011，44（1）：24－27.

［114］刘英博，刘彤．重构集体土地所有权的私权属性［J］．兰州学刊，2014（1）：192－194.

［115］龙静云．农民的发展能力与乡村美好生活——以乡村振兴为视角［J］．湖南师范大学社会科学学报，2019（6）：46－55.

［116］罗兵．权利与人的发展［D］．北京：中共中央党校，2017：35－61.

［117］罗明忠，刘恺．职业分化、政策评价及其优化——基于农户视角［J］．华中农业大学学报（社会科学版），2016（5）：10－19，143.

［118］吕军书，时丕彬．风险防范视角下农村宅基地继承制度改革的价值、困境与破局［J］．理论与改革，2017（4）：12－19.

［119］吕军书，翁晓宇．农户宅基地退出的补偿意愿调查及政策建议［J］．西北农林科技大学学报（社会科学版），2019（1）：51－59.

［120］吕萍，于璐源．农村宅基地制度改革与住房制度建设［J］．中国土地，2018（7）：28－29.

［121］马存利．从阿马蒂亚·森的可行能力说看我国农村环保法治［J］．南京大学学报（哲学·人文科学·社会科学版），2012，49（1）：

55－61.

［122］马俊驹，王彦．解决小产权房问题的理论突破和法律路径——结合集体经营性建设用地平等入市进行研究［J］．法学评论，2014，32（2）：82－89.

［123］马贤磊，孙晓中．不同经济发展水平下农民集中居住后的福利变化研究——基于江苏省高淳县和盱眙县的比较分析［J］．南京农业大学学报（社会科学版），2012，12（2）：8－15.

［124］马新文．阿马蒂亚·森的权利贫困理论与方法述评［J］．国外社会科学，2008（2）：69－74.

［125］马智利，韩冰洋．农业转移人口住房需求的支持机制研究［J］．农村经济，2017（9）：110－115.

［126］毛春悦，上官彩霞，冯淑怡．农村宅基地置换模式的差异性及其机理分析［J］．干旱区资源与环境，2017（10）：31－37.

［127］孟光辉．农户语境下的住房财产权与抵押登记问题［J］．中国土地科学，2016（9）：90－97.

［128］南振兴，陈果，南茜．集体土地产权制度改革框架构想［J］．当代经济管理，2014，36（10）：84－91.

［129］彭新万．农民土地财产权的现实困境与市场化实现——基于“私有”产权视角［J］．学习与探索，2014（12）：113－117.

［130］钱龙，高强，陈会广．论宅基地“三权分置”的权属特征及目标指向——兼与承包地“三权分置”比较［J］．农村经济，2020（1）：24－31.

［131］乔荣生，梁瑞敏，陈曦．马克思人的全面而自由发展思想的原初意蕴及当代启示［J］．东北师大学报（哲学社会科学版），2019（4）：90－100.

［132］祁全明．乡村振兴战略与农村闲置宅基地的开发利用——以休闲农业与互联网农业为例［J］．理论月刊，2018（7）：123－129.

[133] 秦继伟. 农村社会保障的多重困境与优化治理 [J]. 甘肃社会科学，2018 (3)：16 – 22.

[134] 秦龙. 马克思从“共同体”视角看人的发展思想探析 [J]. 求实，2007 (9)：11 – 15.

[135] 上官彩霞，冯淑怡，陆华良，曲福田. 不同模式下宅基地置换对农民福利的影响研究——以江苏省“万顷良田建设”为例 [J]. 中国软科学，2017 (12)：87 – 99.

[136] 邵兴全. 农村宅基地“三权分置”改革初探——以成都市郫都区为例证 [J]. 现代经济信息，2018 (22)：481 – 482.

[137] 申惠文. 集体土地用益物权农户主体问题研究 [J]. 河北法学，2020 (2)：151 – 162.

[138] 申惠文. 农村村民一户一宅的制度困境 [J]. 农业经济，2015 (12)：72 – 74.

[139] 沈东. 由城入乡：安镇的人口逆城市化实践 [D]. 上海：华东师范大学，2017：138 – 147.

[140] 舒帮荣，朱寿红，李永乐，陈利洪，镇风华. 发达地区农户宅基地置换意愿多水平影响因素研究——来自苏州与常州的实证 [J]. 长江流域资源与环境，2018 (6)：1198 – 1206.

[141] 宋戈，徐四桂，高佳. 土地发展权视角下东北粮食主产区农村宅基地退出补偿及增值收益分配研究 [J]. 自然资源学报，2017，32 (11)：1883 – 1891.

[142] 宋龙艳. 共享农庄让市民拥有第二个家 [J]. 投资北京，2017 (11)：54 – 55.

[143] 宋志红. 乡村振兴背景下的宅基地权利制度重构 [J]. 法学研究，2019，41 (3)：73 – 92.

[144] 宋志红. 宅基地“三权分置”的法律内涵和制度设计 [J]. 法学评论，2018，36 (4)：142 – 153.

[145] 苏杭，张斌．地上权制度之历史研究——兼评我国地上权立法[J]．河南司法警官职业学院学报，2007（2）：67－69.

[146] 孙飞，陈玉萍．中国农民发展水平模糊评价［J］．华南农业大学学报（社会科学版），2019，18（5）：45－58.

[147] 孙建伟．论宅基地“长期使用”权［J］．暨南学报（哲学社会科学版），2016，38（3）：58－64，130.

[148] 孙倩．有序推进农村宅基地“三权分置”改革［J］．人民论坛，2019（12）：96－97.

[149] 孙秋鹏．地方政府惩罚能力差异、信号传递与分离均衡——宅基地征收中的博弈分析［J］．北京社会科学，2020（3）：102－116.

[150] 孙涛，欧名豪．计划行为理论框架下农村居民点整理意愿研究[J]．华中农业大学学报（社会科学版），2020（2）：118－126，168.

[151] 孙育军，杨钰，孙玉杰．农户宅基地退出的意愿分化及其转化——以江苏省建湖县为例［J］．农村经济与科技，2018，29（21）：29－33.

[152] 汤文平．宅基地使用权之法理重塑［J］．兰州学刊，2015（5）：114－119.

[153] 唐浩．集体成员权界定标准问题研究［J］．农业经济与管理，2019（1）：45－52.

[154] 童列春．中国农地集体所有权制度理论解惑与重述［J］．南京农业大学学报（社会科学版），2018，18（2）：98－108，160.

[155] 屠世超．农村集体建设用地产权的有效实现形式——兼论农村集体经济组织的运行机制［J］．福建论坛（人文社会科学版），2016（6）：22－27.

[156] 汪险生，郭忠兴．信息不对称、团体信用与农地抵押贷款——基于同心模式的分析［J］．农业经济问题，2016，37（3）：61－71，111.

[157] 王春光．外来农村流动人口本地化的体制性困境［J］．学海，2017（2）：93－101.

[158] 王海娟，贺雪峰. 资源下乡与分利秩序的形成 [J]. 学习与探索，2015 (2)：56－63.

[159] 王海鹏，周德. 农村宅基地退出中农民权益保障路径探讨 [J]. 理论观察，2018 (8)：94－97.

[160] 王卿，陈绍充. 基于粮食安全视角的“18 亿亩耕地红线”的战略意义研究 [J]. 宏观经济研究，2010 (3)：75－78.

[161] 王湘琳. 农民发展能力：农村发展的内源动力 [J]. 广西大学学报（哲学社会科学版），2010，32 (5)：61－65，87.

[162] 王雅琴. 论“法不禁止即可为” [J]. 理论视野，2014 (4)：40－42.

[163] 王艳西. 集体永佃制：理论基础、制度内涵与实现途径 [J]. 西北农林科技大学学报（社会科学版），2018，18 (5)：9－17.

[164] 王毅，王有强. 农村宅基地法定租赁权研究 [J]. 安徽农业大学学报（社会科学版），2018，27 (1)：77－81.

[165] 王兆林，谢晶，林长欣. 基于动态联盟利益分配模型的宅基地退出增值收益分配研究 [J]. 资源开发与市场，2017，33 (11)：1300－1305.

[166] 王兆林，杨庆媛，骆东奇. 农民宅基地退出差异性受偿意愿及其影响因素分析 [J]. 中国土地科学，2018，32 (9)：28－34.

[167] 韦彩玲，蓝飞行，宫常欢. 农村宅基地退出的农户理性与政府理性——基于广西农业转移人口宅基地退出意愿的调查与思考 [J]. 西部论坛，2020，30 (2)：66－72.

[168] 温彩璇，许月明，胡建，李晓鹏，张红勋，李晋. 乡村振兴背景下宅基地“三权分置”权能实现路径研究 [J]. 世界农业，2018 (10)：243－247.

[169] 温世扬，韩富营. 从“人役权”到“地上权”——宅基地使用权制度的再塑造 [J]. 华中师范大学学报（人文社会科学版），2019，58 (2)：20－29.

[170] 温世扬，梅维佳. 宅基地“三权分置”的法律意蕴与制度实现 [J]. 法学，2018 (9)：53 – 62.

[171] 温世扬，潘重阳. 宅基地使用权抵押的基本范畴与运行机制 [J]. 南京社会科学，2017 (3)：96 – 105.

[172] 温铁军. 中国“三农”：值得深思的三大问题 [J]. 学习月刊，2005 (3)：23 – 25.

[173] 吴明发，严金明，蓝秀琳，蔡子宜. 基于模糊综合评价模型的农村宅基地流转风险评价 [J]. 生态经济，2018 (1)：94 – 97.

[174] 吴向东. 论马克思人的全面发展理论 [J]. 马克思主义研究，2005 (1)：29 – 37.

[175] 吴一恒，徐砾，马贤磊. 农地“三权分置”制度实施潜在风险与完善措施——基于产权配置与产权公共域视角 [J]. 中国农村经济，2018 (8)：46 – 63.

[176] 吴郁玲，石汇，王梅冯，忠垒. 农村异质性资源禀赋、宅基地使用权确权与农户宅基地流转：理论与来自湖北省的经验 [J]. 中国农村经济，2018 (5)：52 – 67

[177] 吴泽斌，吴立珺，王宏挺. 生态位视角下宅基地退出后农户家庭发展能力研究 [J]. 湖南农业科学，2018 (10)：115 – 119.

[178] 夏方舟，杨雨濛，陈昊. 基于自由家长制的国土空间用途管制改革探讨 [J]. 中国土地科学，2018，32 (8)：23 – 29.

[179] 肖鹏，王朝霞. 宅基地“三权分置”的制度演进、政策背景与权利构造 [J/OL]. 云南大学学报（社会科学版），2020 (3)：109 – 117.

[180] 夏沁. 农村宅基地“三权分置”改革的立法实现 [J]. 地方立法研究，2018，3 (4)：104 – 116.

[181] 夏松洁. 外部性理论视域下的农村宅基地“三权分置” [J]. 人民论坛，2018 (28)：68 – 69.

[182] 夏柱智．乡村振兴背景下的农村土地制度改革——以对土地增减挂钩的反思为切入点［J］．贵州大学学报（社会科学版），2018，36（3）：120－126．

[183] 相丽玲，牛丽慧．基于阿马蒂亚·森权利方法的信息贫困成因分析［J］．情报科学，2016，34（8）：47－51．

[184] 向勇．宅基地“三权分置”的立法意旨［J］．农业经济问题，2019（4）：10－17．

[185] 徐建军，杨晓伟．生计资产异质性视角下的农户宅基地流转意愿的微观考察［J］．数学的实践与认识，2018（9）：97－105．

[186] 徐培玮．小产权房与商品房居民居住满意度差异探究——基于京郊北七家镇的居民调查［J］．北京社会科学，2018（2）：4－14．

[187] 徐忠国，卓跃飞，吴次芳，李冠．农村宅基地“三权分置”的经济解释与法理演绎［J］．中国土地科学，2018，32（8）：16－22．

[188] 许迎春，刘琦，文贯中．我国土地用途管制制度的反思与重构［J］．城市发展研究，2015，22（7）：31－36．

[189] 薛珂．农村宅基地流转模式比较分析与路径选择研究——基于农民福利视角的实证分析［J］．世界农业，2016（8）：197－203．

[190] 雪克来提·肖开提，迪力沙提·亚库甫．乡村振兴战略导向下的宅基地“三权分置”制度改革［J］．新疆师范大学学报（哲学社会科学版），2019（5）：1－7．

[191] 严金明，迪力沙提，夏方舟．乡村振兴战略实施与宅基地“三权分置”改革的深化［J］．改革，2019（1）：5－18．

[192] 杨华．农村宅基地流转与小产权房的困境及出路［J］．探索与争鸣，2010（8）：52－55．

[193] 杨立新．论我国土地承包经营权的缺陷及其对策——兼论建立地上权和永佃权的必要性和紧迫性［J］．河北法学，2000（1）：5－13．

[194] 杨丽霞，苑韶峰，李胜男．共享发展视野下农村宅基地入市增

值收益的均衡分配［J］. 理论探索，2018（1）：92－97.

［195］杨丽霞，朱从谋，苑韶峰，等. 基于供给侧改革的农户宅基地退出意愿及福利变化分析——以浙江省义乌市为例［J］. 中国土地科学，2018（1）：35－41.

［196］杨璐璐. 农村宅基地“一户多宅”的类型与产权处置——以福建省晋江市为例［J］. 东南学术，2017（4）：79－85.

［197］杨璐璐. 农村宅基地制度面临的挑战与改革出路——基于产权完善的收益共享机制构建［J］. 南京社会科学，2017（11）：17－22.

［198］杨遂全. 论集体经营性建设用地平等入市的条件与路径［J］. 郑州大学学报（哲学社会科学版），2019，52（4）：35－39.

［199］杨文圣.《1844年经济学哲学手稿》中的人的发展三形态［J］. 求索，2018（1）：181－185.

［200］杨雅婷. 我国宅基地有偿使用制度探索与构建［J］. 南开学报（哲学社会科学版），2016（4）：70－80.

［201］杨一介. 论农村宅基地制度改革的基本思路［J］. 首都师范大学学报（社会科学版），2019（4）：42－49.

［202］杨英法. 中国农村宅基地产权制度研究［J］. 社会科学家，2016（2）：65－69.

［203］杨勇，赵宇霞. 新农村建设视域下农村集体经济助推农民发展理路研究［J］. 贵州社会科学，2013（12）：66－70.

［204］姚树洁.“摸着石头过河”与顶层设计有效结合——中国40多年改革开放伟大奇迹的关键［J］. 人民论坛，2019（19）：80－81.

［205］姚树荣，熊雪锋. 宅基地权利分置的制度结构与农户福利［J］. 中国土地科学，2018，32（4）：16－23.

［206］叶剑锋，吴宇哲. 宅基地制度改革的风险与规避——义乌市“三权分置”的实践［J］. 浙江工商大学学报，2018（6）：88－99.

［207］叶晓璐. 纳斯鲍姆可行能力理论研究——兼与阿马蒂亚·森

的比较 [J]. 复旦学报 (社会科学版), 2019, 61 (4): 52-59.

[208] 叶兴庆. 扩大农村集体产权结构开放性必须迈过三道坎 [J]. 中国农村观察, 2019 (3): 2-11.

[209] 叶兴庆. 为进城落户农民建立“三权”退出通道 [J]. 农村经营管理, 2017 (4): 22-25.

[210] 叶兴庆. 有序扩大农村宅基地产权结构开放性 [J]. 农业经济问题, 2019 (4): 4-10.

[211] 叶裕民, 戚斌, 于立. 基于土地管制视角的中国乡村内生性发展乏力问题分析: 以英国为鉴 [J]. 中国农村经济, 2018 (3): 123-137.

[212] 易小燕, 陈印军, 袁梦. 基于 Shapley 值法的农村宅基地置换成本收益及分配分析——以江苏省万顷良田建设工程 X 项目区为例 [J]. 农业经济问题, 2017 (2): 40-47.

[213] 印子. 农村宅基地地权实践及其制度变革反思——基于社会产权视角的分析 [J]. 中国农村观察, 2014 (4): 52-62, 83.

[214] 余敬, 唐欣瑜. 实然与应然之间: 我国宅基地使用权制度完善进路——基于12省30个村庄的调研 [J]. 农业经济问题, 2018 (1): 44-52.

[215] 岳永兵, 刘向敏. 农户资格权探讨 [J]. 中国土地, 2018 (10): 21-23.

[216] 岳永兵. 农村“一户一宅”制度探析 [J]. 中国土地, 2016 (8): 31-33.

[217] 曾旭晖, 郭晓鸣. 传统农区宅基地“三权分置”路径研究——基于江西省余江区和四川省泸县宅基地制度改革案例 [J]. 农业经济问题, 2019 (6): 58-66.

[218] 张凡. 走向权利的联合: 马克思主义农业合作制理论的时代价值 [J]. 社会主义研究, 2019 (4): 32-40.

[219] 张建文, 李红玲. 宅基地使用权继承取得之否定——宅基地

"法定租赁权"的解释路径 [J]. 河北法学, 2016, 34 (12): 28-39.

[220] 张晶渝, 杨庆媛. 不同生计资产配置的休耕农户福利变化研究——云南省休耕试点区实证 [J]. 中国土地科学, 2019, 33 (2): 25-32.

[221] 张军. 马克思人的发展三形态论析 [J]. 社会科学辑刊, 2002 (1): 7-12.

[222] 张军涛, 游斌, 翟婧彤. 农村宅基地"三权分置"的实现路径与制度价值——基于江西省余江区宅基地制度改革实践 [J]. 学习与实践, 2019 (3): 47-56.

[223] 张克俊, 付宗平. 基于功能变迁的宅基地制度改革探索 [J]. 社会科学研究, 2017 (6): 47-53.

[224] 张磊, 简小鹰, 冯开禹. 空间结构视角下的农民发展能力研究 [J]. 中国农业资源与区划, 2016, 37 (4): 47-51, 178.

[225] 张力, 王年. "三权分置"路径下农村农户资格权的制度表达 [J]. 农业经济问题, 2019 (4): 18-27.

[226] 张梦琳. 农村宅基地流转模式演进机理研究 [J]. 农村经济, 2017 (5): 13-18.

[227] 张素华, 张鑫. "小产权房"规制路径新探——以存量"小产权房"的调控为突破口 [J]. 中南大学学报 (社会科学版), 2017, 23 (2): 34-42.

[228] 张晓平, 何昌明, 胡紫红. 农村宅基地退出中的冲突识别——基于全国"宅改"试点余江县的调查分析 [J]. 中国国土资源经济, 2019, 32 (2): 1-11.

[229] 张旭, 隋筱童. 我国农村集体经济发展的理论逻辑、历史脉络与改革方向 [J]. 当代经济研究, 2018 (2): 26-36.

[230] 张杨波. 小产权房合法化的现实困境与路径选择——兼议土地发展权的理论争辩与经验表达 [J]. 福建论坛 (人文社会科学版),

2017（5）：151－158.

［231］张勇，汪应宏．农民工市民化与农村宅基地退出的互动关系研究［J］．中州学刊，2016（7）：43－48.

［232］张勇．农村宅基地有偿退出的政策与实践——基于2015年以来试点地区的比较分析［J］．西北农林科技大学学报（社会科学版），2019，19（2）：83－89.

［233］张勇．宅基地“三权分置”改革：“三权”关系、政策内涵及实现路径［J］．西北农林科技大学学报（社会科学版），2020，20（2）：61－68.

［234］张勇．农村宅基地制度改革的内在逻辑、现实困境与路径选择——基于农民市民化与乡村振兴协同视角［J］．南京农业大学学报（社会科学版），2018，18（6）：118－127，161.

［235］张泽颖，孙灵．农村宅基地退出的推力与补偿机制［J］．农业经济，2018（6）：92－93.

［236］章合运．基于成都联建房的宅基地联建房产权流动的实践、法律困境与突破［J］．中国土地科学，2013，27（10）：11－15.

［237］赵艳霞，李莹莹．乡村振兴中宅基地“三权分置”的内生变革与路径研究［J］．财经理论研究，2018（5）：1－8.

［238］郑俊鹏，王婷，欧名豪，刘震宇．城乡建设用地增减挂钩制度创新思路研究［J］．南京农业大学学报（社会科学版），2014，14（5）：84－90.

［239］郑晴．城市化进程中的宅基地退出机制研究［J］．湖北农业科学，2018，57（19）：72－75.

［240］郑振源，蔡继明．城乡融合发展的制度保障：集体土地与国有土地同权［J］．中国农村经济，2019（11）：2－15.

［241］钟凯．论“小产权房”类型化流转的路径选择——兼评国土资源部《中华人民共和国土地管理法（修正案）（征求意见稿）》［J］．中

国不动产法研究，2017，16（2）：135－149.

［242］周末，谢海滨，王天韵，李墨凡．农村宅基地入市改革对城市国有土地价格的影响效应分析——基于微观土地交易数据的准自然实验研究［J/OL］．江苏社会科学．2020：1－10［2020－05－03］．https：//doi.org/10.13858/j.cnki.cn32－1312/c.20200319.008.

［243］周其仁．还权赋能——成都土地制度改革探索的调查研究［J］．国际经济评论，2010（2）：54－92，5.

［244］周文，赵方，杨飞，李鲁．土地流转、户籍制度改革与中国城市化：理论与模拟［J］．经济研究，2017，52（6）：183－197.

［245］周应恒，胡凌啸．中国农民专业合作社还能否实现“弱者的联合”？——基于中日实践的对比分析［J］．中国农村经济，2016（6）：30－38.

［246］朱宝丽，马运全．“三权分置”背景下宅基地抵押融资的困境与突破［J］．农村金融研究，2018（11）：17－21.

［247］朱从谋，苑韶峰，李胜男，夏浩．基于发展权与功能损失的农村宅基地流转增值收益分配研究——以义乌市“集地券”为例［J］．中国土地科学，2017，31（7）：37－44.

［248］朱明芬，范正宇，邓容．农村宅基地使用权隐性流转的归因分析与规范引导对策建议［J］．甘肃行政学院学报，2016（1）：92－104，129.

［249］朱明芬．农村宅基地产权权能拓展与规范研究——基于浙江义乌宅基地“三权分置”的改革实践［J］．浙江农业学报，2018，30（11）：1972－1980.

［250］庄红花，袁爱华．我国农村宅基地流转法律制度的困境分析［J］．农村经济与科技，2018（12）：179－181.

［251］邹晖，罗小龙，涂静宇．基于小产权房居住满意度的实证研究——以南京迈皋桥地区小产权房社区为例［J］．人文地理，2014，29（1）：61－65.

[252] 邹伟，王子坤，徐博，等．农户分化对农村宅基地退出行为影响研究——基于江苏省1453个农户的调查［J］．中国土地科学，2017(5)：31－37.

中文专著：

[1]［德］恩格斯．反杜林论［M］．中共中央马克思恩格斯列宁斯大林著作编译局，译．北京：人民出版社，2018：100－112.

[2]［德］恩格斯，家庭、私有制和国家的起源［M］．3版．中共中央马克思恩格斯列宁斯大林著作编译局，译．北京：人民出版社，1999.

[3]［德］马克思，恩格斯．马克思恩格斯选集第2卷［M］．中共中央马克思恩格斯列宁斯大林著作编译局编，译．北京：人民出版社，1995：32－33.

[4]［德］马克思，恩格斯．马克思恩格斯选集（第2卷）［M］．中共中央马克思恩格斯列宁斯大林著作编译局编，译．北京：人民出版社，1995：615.

[5]［德］马克思，恩格斯．马克思恩格斯全集（第46卷下）［M］．中共中央马克思恩格斯列宁斯大林著作编译局编，译．北京：人民出版社，1979：218.

[6]［德］马克思，恩格斯．德意志意识形态［M］．中共中央马克思恩格斯列宁斯大林著作编译局，译．北京：人民出版社，1961：64.

[7]［德］马克思，恩格斯．马克思恩格斯全集第3卷［M］．中共中央马克思恩格斯列宁斯大林著作编译局，译．北京：人民出版社，1956：84.

[8]［德］马克思．黑格尔法哲学批判［M］．中共中央马克思恩格斯列宁斯大林著作编译局，译．北京：人民出版社，1963：1－16.

[9]［德］马克思．哥达纲领批判［M］．中共中央马克思恩格斯列宁斯大林著作编译局，译．北京：人民出版社，1965：7－15.

[10]［法］卢梭．民约论（社会契约论）［M］．何兆武，译．北京：

法律出版社，1958：30.

［11］［印］阿马蒂亚·森．贫困与饥荒［M］．王宇，王文玉，译．北京：商务印书馆，2017.

［12］［印］阿马蒂亚·森．以自由看待发展［M］．任赜，于真，译．北京：中国人民大学出版社，2012. 9.

［13］鲍宗豪，金潮翔，李进．权利论［M］．上海：上海三联书店，1993：263－266.

［14］杜伟．农村宅基地退出与补偿机制研究［M］．北京：科学出版社，2015：426－483.

［15］冯双生．中国农村宅基地置换中农民权益保护问题研究［M］．哈尔滨：哈尔滨工程大学出版社，2017：105－117.

［16］国家统计局社会科技和文化产业统计司．中国社会统计年鉴［M］．北京：中国统计出版社，2019（12）：253－338.

［17］胡银根．城乡统筹背景下建设用地优化配置的动力、绩效与配套机制研究［M］．北京：科学出版社，2017：193－207.

［18］马克思恩格斯选集（第3卷）［M］．北京：人民出版社，2012：444.

［19］祁全明．农村闲置宅基地治理法律问题研究［M］．北京：法律出版社，2018.

［20］屈茂辉．用益物权制度研究［M］．北京：中国方正出版社，2005.

［21］宋志红．中国农村土地制度改革研究思路、难点与制度建设［M］．北京：中国人民大学出版社，2017：272－330.

［22］汤剑波．重建经济学的伦理之维——论阿马蒂亚·森的经济伦理思想［M］．杭州：浙江大学出版社，2008：235.

［23］童建挺．第一国际第六次（日内瓦）代表大会文献［M］．北京：中央编译出版社，2015：347－349.

[24] 汪毅霖．基于能力方法的福利经济学——一个超越功利主义的研究纲领［M］．北京：经济管理出版社，2013（5）：90－95.

[25] 王艳萍．克服经济学的哲学贫困：阿马蒂亚·森的经济思想研究［M］．北京：中国经济出版社，2006. 3.

[26] 王兆林．宅基地“三权分置”中农民分享退地增值收益研究［M］．北京：科学出版社，2019：122－141.

[27] 魏后凯等．中国农村经济形势分析与预测（2018～2019）［M］．北京：社会科学文献出版社，2019（4）：228－248.

[28] 张国华．论宅基地使用权的可流转性及其实现［M］．北京：法律出版社，2013：160.

[29] 张英洪等．北京市城市化中农民财产权利研究［M］．北京：社会科学文献出版社，2019：182－254.

[30] 甄自恒．从公权社会到私权社会——法权、法制结构转型的社会哲学探讨［M］．北京：人民日报出版社，2004.

[31] 周相．罗马法原论［M］．北京：商务印书馆，1994：390.

[32] 朱道才．我国农村空心化问题的治理研究［M］．北京：经济科学出版社，2016：19－58，82－126.

[33] 朱苏力．法律与文学［M］．北京：生活·读书·新知三联书店，2006：112.

学位论文：

[1] 欧国良．农村宅基地流转收益分配研究［D］．武汉：华中科技大学，2019：87－161.

[2] 瞿理铜．基于功能变迁的农村宅基地制度改革研究［D］．北京：中国农业大学，2016.

[3] 王旭东．中国农村宅基地制度研究［D］．北京：财政部财政科学研究所，2010：32－80.

[4] 张勇．农村宅基地退出补偿与激励机制研究［D］．北京：中国矿业大学，2017：128－151.

[5] 朱新华．农村宅基地制度创新与理论解释［D］．南京：南京农业大学，2011.

网络电子文献：

[1] 成都市国土资源局．成都市集体建设用地整理与集中使用管理暂行办法［EB/OL］．（2008－07－17）［2019－11－30］．http：//www.csrcare.com/Law/Show？id＝22561.

[2] 国家统计局．中国统计年鉴－2019［EB/OL］．（2019－09－24）［2019－10－21］．http：//www.stats.gov.cn/tjsj/ndsj/2019/indexch.htm.

[3] 国家统计局．中华人民共和国2018年国民经济和社会发展统计公报［EB/OL］．（2019－02－28）［2019－10－10］．http：//www.stats.gov.cn/tjsj/zxfb/201902/t20190228_1651265.html.

[4] 韩俊．农业农村部就农村集体产权制度改革进展情况举行发布会［EB/OL］．（2018－06－19）［2019－10－25］．http：//www.moa.gov.cn/hd/zbft_news/ncjtcqzdggjz/wz/.

[5] 全国人民代表大会．中华人民共和国土地管理法［EB/OL］．（2019－09－05）［2019－11－30］．http：//www.npc.gov.cn/npc/c30834/201909/d1e6c1a1eec345eba23796c6e8473347.shtml.

[6] 习近平．决胜全面建成小康社会 夺取新时代中国特色社会主义伟大胜利——在中国共产党第十九次全国代表大会上的报告［EB/OL］．（2017－12－03）［2019－09－10］．http：//www.qstheory.cn/llqikan/2017－12/03/c_1122049424.htm.

论文集：

[1] 吴燕辉．新常态下农村宅基地退出机制初探［C］．湖北省土地学会2015年学术年会论文集，2016：211－215.

[2] 肖万春，李诗．基于盘活农村宅基地增加农民财产性收入研究［C］．第十四届中国软科学学术年会论文集，2018.

[3] 周丹娟．简析农村宅基地使用管理存在的问题及其措施［C］．《决策与信息》杂志社、北京大学经济管理学院．“决策论坛——创新思维与领导决策学术研讨会”论文集（下）．《决策与信息》杂志社、北京大学经济管理学院：《科技与企业》编辑部，2017：132.

报纸文章：

郄建荣．小产权房专项清理整治稳步推进［N］．法制日报，2015－02－13（06）.

英文期刊

[1] Adenegan KO，Fagbemi F，Osanyinlusi OI，Omotayo AO. Impact of the Growth Enhancement Support Scheme（Gess）‘on Farmers’Income in Oyo State，Nigeria［J］. Journal of Developing Areas，2018，52（1）：15－28.

[2] Anand S，Ravallion M. Human-development in poor countries-on the role of private incomes and pblic-services［J］. Journal of economic perspectives，7（1）：133－150.

[3] Andrew Cumbers，Neil Gray. International Encyclopedia of Human Geography（Second Edition）［M］. Amsterdam：Elsevier Science，2020：413－424.

[4] Ansari Shahzad，Munir Kamal，Gregg Tricia. Impact at the‘Bottom of the Pyramid’：The Role of Social Capital in Capability Development and Community Empowerment. JOURNAL OF MANAGEMENT STUDIES，2012，49（4）：813－842.

[5] Arindam Biswas. A framework to analyse inclusiveness of urban policy [J]. Cities, 2019, 87 (4): 174 – 184.

[6] Arun M. Onur. Beyond the Conventional——A Sociological Criticism of Sen's Capability Approach [J]. Journal of economy culture and society, 2018 (58): 229 – 245.

[7] Carlson J. Social Justice and the Capabilities Approach: Seeking a Global Blueprint for the EPAS [J]. Journal of Social Work Education, 2016, 52 (3): 269 – 282.

[8] Cerioli A., Zani S., A Fuzzy Approach to the Measurement of Poverty, in Dagum, C. and Zenga, M. (eds), Income and Wealth Distribution, Inequality and Poverty, Studies in Contemporary Economics, Springer Verlag, Berlin, 1990: 272 – 284.

[9] Cheng Long, Liu Yan, Brown Gregory, Searle Glen. Factors affecting farmers' satisfaction with contemporary China's land allocation policy – The Link Policy: Based on the empirical research of Ezhou [J]. Habitat International, 2018, 75 (4): 38 – 49.

[10] DeCesare T adecesar. Theorizing Democratic Education from a Senian Perspective [J]. Studies in Philosophy & Education, 2014, 33 (2): 149 – 170.

[11] Dejaeghere J, Wiger NP, Willemsen LW. Broadening Educational Outcomes: Social Relations, Skills Development, and Employability for Youth [J]. Comparative Education Review, 2016, 60 (3): 457 – 479.

[12] Dibra M. Le droit de participation des salariés lors des restructurations: des leçons apprises par la *capacité de pouvoir s'exprimer* en droit européen [J]. Revue Juridique Thémis, 2018, 52 (1): 1 – 56.

[13] Dingpu Liu. Development and Utilization of Rural Idle Homesteads in the Context of Rural Revitalization——A Case Study of Leisure Agriculture [J]. Agricultural research in Asia (English version), 2019 (2): 53 – 56.

[14] Emil Israel, Amnon Frenkel. Justice and inequality in space—A socio-normative analysis [J]. Geoforum, 2020, 110 (3): 1 – 13.

[15] Fan Jianhong, Zhu Xuemei. Cultivation Model of New Farmers under the Urban Rural Development: a Case Study of Guangdong Province [J]. Journal of Landscape Research, 2016, 8 (2): 68 – 74.

[16] Francesco M. Gimelli, Joannette J. Bos, Briony C. Rogers. Fostering equity and wellbeing through water: A reinterpretation of the goal of securing access [J]. World Development, 2018, 104 (4): 1 – 9.

[17] Garriga E. Beyond Stakeholder Utility Function: Stakeholder Capability in the Value Creation Process [J]. Journal of Business Ethics [Internet], 2014, 120 (4): 489 – 507.

[18] Gerry Redmond, Jennifer Skattebol. Material deprivation and capability deprivation in the midst of affluence: The case of young people in Australia [J]. Children and Youth Services Review, 2019, 97 (2): 36 – 48.

[19] Gooch E. Famine within reach [J]. History Today, 2019, 69 (11): 18 – 20.

[20] Hongxia Chen, Luming Zhao, Zhenyu Zhao. Influencing factors of farmers'willingness to withdraw from rural homesteads: A survey in zhejiang, China [J]. Land Use Policy, 2017 (11): 524 – 530.

[21] Huan Li, Xiaoling Zhang, Heng Li. Has farmer welfare improved after rural residential land circulation? [J]. Journal of Rural Studies, 2019.

[22] Hui Wang, Lanlan Wang, FubingSu, Ran Tao. Rural residential properties in China: Land use patterns, efficiency and prospects for reform [J]. Habitat International, 2012 (2): 201 – 209.

[23] Jenkins JL. Marx on full and free development [J]. Social Theory & Practice, 1996, 22 (7): 181 – 192.

[24] Jim Bingen, Alex Serrano, Julie Howard. Linking farmers to mar-

kets: different approaches to human capital development [J]. Food Policy, 2003, 28 (4): 405 – 419.

[25] Joseph I. Zajda. Education in the USSR [M]. Berlin: Pergamon International Library of Science, Technology, Engineering and Social Studies, 1980: 108 – 180.

[26] Kandiyali J. Freedom and Necessity in Marx's Account of Communism [J]. British Journal for the History of Philosophy, 2014, 22 (1): 104 – 123.

[27] Lennon H. T. Choy, Yani Lai, Waiming Lok. Economic performance of industrial development on collective land in the urbanization process in China: Empirical evidence from Shenzhen [J]. Habitat International, 2013, 40.

[28] Libang Ma, Meimei Chen, Xinglong Che, Fang Fang. Farmers' Rural – To – Urban Migration, Influencing Factors and Development Framework: A Case Study of Sihe Village of Gansu, China [J]. International journal of environmental research and public health, 2019, 16 (5): 877.

[29] Liming Wang. Rural land ownership reform in China's property law [J]. Frontiers of Law in China, 2006, 1 (3) .

[30] Lin H. Bulgakov's Economic Man – Re – thinking the Construction of Capitalist Economic Ethics Theory [J]. Journal of Business Ethics, 2014, 121 (2): 189 – 202.

[31] Maria Elena Menconi, David Grohmann, Claudia Mancinelli. European farmers and participatory rural appraisal: A systematic literature review on experiences to optimize rural development [J]. Land Use Policy, 2017, 60: 1 – 11.

[32] Michael Strong, Julie A. Silva. Impacts of hunting prohibitions on multidimensional well – being [J]. Biological Conservation, 2020, 243 (3): 148 – 451.

[33] Poiraud Cyrielle. Equality, Recognition and Social Justice: A Hege-

lian Perspective Announcing Amartya Sen [J]. Oeconomia – history Methodology Philosophy, 2019, 9 (1): 1 –28.

[34] Qian Cao, MdNazirul Islam Sarker, JiangyanSun. Model of the influencing factors of the withdrawal from rural homesteads in China: Application of grounded theory method [J]. Land Use Policy, 2019: 285 –289.

[35] Roberts MS. Understanding Farmer Decision Making in Northern Lao PDR [J]. Culture, Agriculture, Food & Environment, 2015, 37 (1): 14 –27.

[36] Rosie Day, Gordon Walker, Neil Simcock. Conceptualising energy use and energy poverty using a capabilities framework [J]. Energy Policy, 2016, 93 (6): 255 –264.

[37] Ruiqing Zhang. The Problems and Measures Existed In the Hollow Village Improvement [J]. IOP Conference Series: Earth and Environmental Science, 2018, 170 (2): 1 –8.

[38] Scheppele KL. Amartya Sen's Vision for Human Rights and Why He Needs the Law [J]. American University International Law Review, 2012, 27 (1): 17 –35.

[39] Sen, A. Capabilities, lists, and public reason: Continuing the conversation [J]. Feminist economics, 2004, 10 (3): 77 –80.

[40] Séverine Deneulin, Augusto Zampini – Davies. Engaging development and religion: Methodological groundings [J]. World Development, 2017, 99 (11): 110 –121.

[41] Shinn M. Community Psychology and the Capabilities Approach [J]. American Journal of Community Psychology, 2015, 55 (3/4): 243 –252.

[42] Smith C. No Quick Fix: The Failure of Criminal Law and the Promise of Civil Law Remedies for Domestic Child Sex Trafficking [J]. University of Miami Law Review, 2016, 71 (1): 1 –82.

[43] Kangchuan Su, Baoqing Hu, Kaifang Shi, Zhongxun Zhang,

Qingyuan Yang. The structural and functional evolution of rural homesteads in mountainous areas: A case study of Sujiaying village in Yunnan province, China [J]. LAND USE POLICY, 2019, 88 (10) .

[44] Tait A. Distance and E – Learning, Social Justice, and Development: The Relevance of Capability Approaches to the Mission of Open Universities [J]. International Review of Research in Open & Distance Learning, 2013, 14 (4): 1 – 18.

[45] Terra Lawson – Remer. Do Stronger Collective Property Rights Improve Household Welfare? Evidence from a Field Study in Fiji [J]. World Development, 2013, 43.

[46] Thanos BantisLin, James Haworth. Assessing transport related social exclusion using a capabilities approach to accessibility framework: A dynamic Bayesian network approach [J]. Journal of Transport Geography, 2020, 84 (4): 102 – 673.

[47] Tian Chuanhao, Fang Li. The Impossible in China's Homestead Management: Free Access, Marketization and Settlement Containment [J]. Sustainability, 2018, 10 (3): 798 – 816.

[48] Tobin Daniel, Glenna Leland. Value Chain Development and the Agrarian Question: Actor Perspectives on Native Potato Production in the Highlands of Peru [J]. Rural Sociology, 2019, 84 (3): 541 – 568.

[49] Walker M. Imagining STEM higher education futures: advancing human well – being [J]. Higher Education, 2015, 70 (3): 417 – 425.

[50] Wen Fan, Lifang Zhang. Does Cognition Matter? Applying the Push—Pull—Mooring Model to Chinese Farmers' Willingness to Withdraw from Rural Homesteads [J]. Papers in Regional Science, 2019, 98 (6): 2355 – 2369.

[51] William L. Niemi. Karl Marx's sociological theory of democracy: Civ-

il society and political rights [J]. The Social Science Journal, 2011 (48): 39 – 51.

[52] Xianhua Li, Kexin Yang. A Study on the “Separation of Three Powers” in China’s Homestead: Focusing on the Nature and Transfer of Rights [J]. Gachon Law Review, 2019, 12 (2): 3 – 20.

[53] Xianjin Huang, Huan Li, Xiaoling Zhang, Xin Zhang. Land use policy as an instrument of rural resilience – The case of land withdrawal mechanism for rural homesteads in China [J]. Ecological Indicators, 2018, 87 (4): 47 – 55.

[54] Xiaofang Zou, Dongsheng Li. Empirical Analysis on Rural Financial Development and Farmers’ Income Increase in China [J]. Agricultural Science & Technology, 2015, 16 (4): 776 – 781.

[55] Xuefeng Yuan, Wenpeng Du, Xindong Wei, YueYing, Yajing Shao, Rui Hou. Quantitative analysis of research on China’s land transfer system [J]. Land Use Policy, 2018 (5): 301 – 308.

[56] Xuesong Kong, Yaolin Liu, Ping Jiang, et al. A novel framework for rural homestead land transfer under collective ownership in China [J]. Land Use Policy, 2018, 78: 138 – 146.

[57] Minxin Yan. The Research on Farmers’ Income from Property Based on Agrarian Supply – side Structural Reform [J]. International Journal of Agricultural Economics, 2018, 3 (4): 89 – 93.

[58] Yang Zhou, Xunhuan Li, Yansui Liu. Rural land system reforms in China: History, issues, measures and prospects [J]. Land Use Policy, 2019 (11).

[59] Yangang Fang, Kejian Shi, Caicheng Niu. A comparison of the means and ends of rural construction land consolidation: Case studies of villagers’ attitudes and behaviours in Changchun City, Jilin province, China

[J]. Journal of Rural Studies, 2016, 47: 459 -473.

[60] Yue Wang, Zhongxiang Yu. Practice and Thinking of Rural Homestead System Reform in Anhui Province [J]. Agricultural research in Asia (English version), 2017 (3): 44 -47.

[61] YuzheWu, Zhibin Mo, YiPeng, MartinSkitmore. Market - driven land nationalization in China: A new system for the capitalization of rural homesteads [J]. Land Use Policy, 2018: 559 -569.